문학번역 : 대학에서 어떻게 가르칠 것인가?

Rimbaud's Rainbow

존 벤자민스 통번역 총서 10
한 국 통 역 번 역 학 회

John Benjamins Series

10

문학번역 : 대학에서 어떻게 가르칠 것인가?

Rimbaud's Rainbow

피터 부시, 키스턴 맴키아르 편저 | 이형진, 윤선경 옮김

HU:iNE

발간사

1960년대 캣포드(J. C. Catford)와 니다(E. Nida) 이후 통역학을 포괄하는 광의의 번역학은 현대적 본격 학문 분야로 부상하기 시작하였다. 캣포드의 '언어학적 접근'과 니다의 성서번역을 위한 '소통효과중심의 접근'에 이어 '문화전환'(cultural turn)과 '맥락전환'(contextual turn)의 패러다임 전환을 거치면서 번역학은 학제적 성격(interdisciplinarity)을 더욱더 공고히 하게 되었다.

번역학이 대표적인 학제적 학문분야인 것은 연구대상인 번역현상과 문제의 설명을 위해 가져오는 이론 틀(frameworks)과 연구방법론(research methodology)의 다양성 때문이라 할 수 있다. 번역학은 번역과정과 번역결과물을 모두 연구대상으로 삼는다. 번역사의 '블랙박스' 안에서 번역행위를 둘러싸고 연속적으로 이루어지는 무수한 의사결정 과정과 그 과정에 작용하는 다양한 변수들을 설명하는 한편 이들 작용의 가시적 구현체로서의 번역결과물을 모두 다룬다. 이렇다 보니 번역사의 머릿속에서 이루어지는 과정을 들여다보기 위해 사고발화법(Think-Aloud Protocol), fMRI(기능적 자기 공명 영상 기법), 통계처리를 포함하는 코퍼스 분석, 담화분석 및 기능문법 등 다양한 인접학문분야의 연구성과와 분석도구를 차용하기도 한다.

그러나 번역학이 언제까지나 학제성에 만족하고 있을 수만은 없다. 번역학의 학제성은 그동안 어쩌면 번역학의 일방적 '짝사랑'이었을 수도 있다는 문제의식이 필요한 시점에 와있다. 프랑스 번역학자 질(D. Gile)의 이야기는 이런 면에서 시사하는 바가 크다.

> 『번역학이』 타 학문분야와 맺어오고 있는 파트너십은 균형을 이루지 못한 경우가 대부분 이어서, 『우월한』 지위, 파워, 재정능력 및 실제 리서치 능력은 파트너 관계에 있는 학문분야가 점하하는 경우가 일반적이다. 뿐만 아니라 학제성이 패러다임의 확산을 도와 결과적으로 자율적인 학문분야로서의 통번역 연구의 지위를 약화시키고 있다.
>
> (질 2004: 29)

발생학적으로 학제성을 장점으로 강조해온 번역학의 입장에서 다시 한 번 곱씹어볼 일이다. 핌(A. Pym) 역시 대표적 번역학 학술지의 하나인 『Target 』의 역할을 되돌아보면서, 번역학이 인접 학문분야의 연구성과를 도입해오고 있는 반면, 정작 번역학의 연구성과가 인접 학문분야로 전파되는 경우는 상대적으로 드물다는 점을 지적하고 있다. 그만큼 번역학과 인접학문분야의 관계가 균형 잡힌 호혜적 지적(知的) 파트너십은 아니었다는 이야기일 것이다. 이런 시점에서 번역학을 연구하는 우리가 해야 할 일은 번역학 자체의 고유연구영역을 더 분명히 규정하는 한편 학문적 엄격성을 갖춘 연구방법론을 확립하는 일일 것이다.

존 벤자민스(John Benjamins) 출판사의 통번역 총서는 그동안 전세계적으로 번역학의 다양한 연구 성과와 새롭게 개척되는 연구방법론을 선도적으로 꾸준히 소개해왔다는 점에서 일정한 기여를 인정해야 할 것이다. 번역학 연구자라면 누구나 이 총서 가운데 최소한 한두 권 이상은 읽어보았을 정도로 번역학의 학문적 성과를 집대성하여 소개해오고 있기 때문이다. 『존 벤자민스 통번역 총서』 번역작업에 누구보다도 바쁘신 교수연구자들이 다수 자원하신 것은 바로 이 총서에 대한 지적 향수(知的 鄕愁) 같은 것이 작용한 때문은 아닐지.

국내 최초의 전문통번역학 연구단체인 한국통역번역학회(KSCI)가 이번에 『존 벤자민스 통번역 총서』가운데 대표적인 업적들을 선별하여 번역 출간하게 된 것은 특별히 의미가 크다. 1998년 학회 창립 이래 국내 최초의 한국연구재단 등재지 『통역과 번역』, 국제전문학술지 『FORUM: International Journal of Interpretation and Translation』을 발행해오면서 국내외 통번역학의 발전과 소통에 이바지해온 본 학회의 통번역총서 번역 발간이 우리말로 쓰인 번역학 자료에 목말라해 온 연구자들에게 도움이 될 수 있기를 희망한다.

경기침체로 출판계 전망이 장밋빛이지만은 않은 상황에서 "뜻있는 기획출판일수록 대학 출판부에서 맡아야 한다."며 선뜻 『존 벤자민스 통번역 총서』 출판 추진에 합의해주신 한국외국어대학교, 특히 권원순 지식출판원장님과 신선호 팀장님께 고개 숙여 감사를 드린다. 학회를 대표하여 출간을 총괄해주신 김대진 서울과학기술대학교 교수님과 실무조정을 도와준 이주연 한국외대 통번역대학원 교수님께도 감사의 마음을 전한다.

2015년 4월 1일

한국외국어대학교 영어통번역학부 교수

한국통역번역학회 회장

정호정

역자 서문

서구의 번역사에서 문학번역이 차지하는 위상과 중요성은 서구 문명의 역사와 궤를 같이 할 만큼 지대했다. 문학번역은 하나의 언어로 된 문학텍스트를 다른 언어로 소개하는 역할에만 그치지 않고, 작가와 텍스트라는 유한적인 존재에 끊임없이 새로운 생명력을 불어넣어 그 가치를 부활시키고 확장시킬 뿐만 아니라 다양한 층위의 미학적 고유성과 보편성을 재현하고 공유함으로써 인류의 문화적 자산을 구축하는 역할을 해 왔다. 이 같은 가치 때문에 문학번역은 20세기에 등장한 번역학이라는 새로운 학문 영역에서도 중요한 연구 대상과 주제로 자리매김해 왔다.

그럼에도 불구하고, 문학번역을 학문적 연구영역 안으로 유도하는 과정에서 직면하는 가장 큰 걸림돌은, '가르칠 수 없는 것' 혹은 '가르치지 못하는 것'이라고 인식되어 온 것을 학술연구의 대상으로 삼아야 하는 연구 행위의 자기 모순적 한계였다. 문학번역이라는 영역이 학생들에게 가르칠 수 없는, 혹은 가르치지 못하는 성질의 것이라면, 그 같은 '신성한' 영역에 대한 학술적 연구의 정당성이나 필요성은 무엇일까라는 딜레마에 봉착할 수밖에 없게 된다.

흔히들 예술적 영역은 천부적인 소질과 천재성을 갖추어야만 가능한 분야로 간주하는 경향이 있는데, 그럼에도 불구하고 여전히 대부분의 대학에는 예술영역을 가르치는 학과나 전공들이 존재하고, 이곳에서는 입문부터 심화과정에 이르기까지 다양한 형태의 교육을 통해 학생들의 역량을 키워내고 있다. 다시 말해, 문학번역이 마치 이 같은 천부적인 감각과 예술적 소질을 필요로 하는 분야라 할지라도, 분명 교육을 통해 그 재능을 발견하고 더욱 계발시키는 노력을 기울여야 하는 작업은 대학에서 문학번역과 관련된 활동을 하는 모두에게 근원적인 숙제로 남아있다.

이 같은 맥락에서 존벤자민 출판사의 Rimbaud's Rainbow: Literary Translation in Higher Education (1998)은 비록 출판된 지 20년 가까운 시간이 흘렀지만, 대학에서 문학번역을 가르치는 우리에게는 여전히 현재진행형 질문을 던지면서 이에 대한 답을 찾으려 한다. 특히 문학번역을 대학 강의실에서 이루어지는 교육의 측면에서, 그리고 학생들과 번역을 하는 실제의 측면에서, 또한 번역학 학술연구의 측면에서, 실질적인 문제의식을 가지고 다양한 관점에서 접근하고 있는 이 책은, 번역학이 새로운 학문영역으로 자리매김하고 있는 한국 대학에서 문학번역 교육에 대한 고민을 공유하고, 어떻게 가르치고 무엇을 가르쳐야 하는지에 대한 상징적인 방향성을 제시하고 있다.

한국의 독자들뿐만 아니라, 특히 번역에 대한 열정으로 번역학을 선택한 많은 학문후속세대들과 학생들이 오래전에 만났어야 할 책을 이제서야 번역을 통해 소개하게 된 미안함과 함께, 이번 존벤자민 총서 출판프로젝트를 이끌어낸 한국외국어대학교 정호정 교수님과, 편집과 출판 과정에서 도움과 인내를 아끼지 않았던 한국외국어대학교 지식출판원의 신선호 과장님께 진심으로 감사의 마음을 전한다.

2015년 9월

역자 이형진, 윤선경

역자 소개

역자 이형진은 미국 뉴욕주립대(빙햄턴)와 펜실베이니아주립대에서 비교문학 석·박사학위를 받고 미국 라이스대학교 Asian Studies에서 강의를 했다. 2005년부터 숙명여대 영문학부 교수로 재직하며 번역학과 문학번역을 가르치고 있다. 영어 공역서로는 Poems by Ko Hyeong-ryeol (forthcoming, 2016), The Plays of Kim Kwang-lim (forthcoming), Walking on a Washing Line: Poems of Kim Seung-hui (Cornell UP, 2010), "Bellflower" in Modern Korean Drama: An Anthology (Columbia UP, 2009), Allegory of Survival: The Theater of Kang-baek Lee (Cambria Press, 2007) 등이 있고, 한국어 역서로는 『문학번역의 세계: 외국문학의 영어번역』(한국문화사, 2009), 『글로벌 영어 미래는 있는가』(경문사, 2006) 등이 있으며, 이외에도 20여 편의 학술논문이 있다.

역자 윤선경은 한국외국어대 영어과 및 동대원에서 영문학을 전공하고, 영국 런던대학교 퀸메리에서 영문학 석사학위를 받았다. 그 후 워릭 대학교에서 수잔 바스넷의 지도하에 고전문학번역 연구논문으로 번역학 박사학위를 취득하였다. 문학번역에 관한 다수의 논문을 집필했으며, 최근에는 호메로스 서사시의 대중화에 관한 논문 'Popularising Homer: E. V. Rieu's English prose translations'(2014)이 국제저명학술지The Translator에 실렸다. 역서로는 바스넷의 『번역의 성찰』(2015)과 『번역』(2016년 출간예정) 등이 있다. 관심분야는 문학번역 전반, 특히 번역과 젠더, 영미 번역시, 모더니즘 영문학 등이 있으며, 현재 성균관대학교에서 문학번역을 강의하고 있다.

차례

제 3 장 번역학 연구

서문

경계를 바꾸는 문학번역

피터 부시 Peter Bush
이스트앵글리아대학교 (영국 노리치)

〈번역연구센터〉(Centre for Research in Translation)가 파버 앤 파버(Faber & Faber) 출판사와 함께 주관했던, 터키 출신의 2006년 노벨문학상 수상자 오르한 파묵(Orhan Pamuk)의 *The New Life*의 영어번역본 출판 기념행사에서 있었던 에피소드이다. "행사장에는 번역해주시는 분이 따로 있죠?" 출판 기념행사가 열리던 미들섹스 대학교 토튼햄 캠퍼스의 행사장으로 가기 위해 대학 정문을 지날 때, 함께 가던 일행 중에 런던 거주 터키인 지역사회에서 온 터키 분이 내게 툭 던진 질문이었다. 그 분은 런던에 살고 있는 터키출신 건축업자였는데, 세미나 행사장에서 작가 파묵에게 그 소설에서 언급되는 수 많은 장소를 정말 작가 자신이 모두 가 보았는지를 물어볼 정도로 호기심이 많은 사람이었다. 그 행사는 '번역 이론과 실제' 석사학위 과정에 재학 중인 학생들을 위한 세미나 프로그램의 일환이었는데, 아쉽게도 기금이 넉넉하지 않아서, 미국에 거주하는 파묵 소설의 대표적인 영어번역가인 구넬리 군(Guneli Gun)은 초청하지 못했다. 그러나 이날 행사는 영국에서의 문학번역 교육의 새로운 맥락과 접근법을 보여주는 좋은 기회가 되었다. 특히, 초국가적 사회라는 시대적 상황과 초국가적 출판기업들에 의해 지배되는 출판업계의 현실로부터 결코 자유롭지 않은 영국적 상황을 적나라하게 드러내 보여 주었다.

이것이 의미하는 바는 무엇일까? 문학번역 교육은 대학이라는 환경에서 매우 다양하면서도 구체적이고 역동적인 문화적, 정치적, 사회·경제적 범주 안에서 진행되고 있다는 사실이다. 문학번역은 자국의 전통과 민족 국가에 의해 만들어지고 파생되는 문화들 속에서 '외국의 것'을 인식하는 관점과 연관이 있는데, 한 국가의 엘리트 그룹에 의해서나 만들어지는 그들만의 작은 문화적 산물이나 소수의 특이한 아마추어들만의 영역이 아니라, 그 자체가 이미 국제적으로 거대해진 산업이 되어버렸다.

파묵의 신간 출판 기념행사는 이 같은 새로운 현실의 다양한 요소들을 담고 있었다. 영어권 국가에서 출판되는 모든 출판물 가운데, 믿기지 않겠지만 오직 3% 정도만이 번역서이다. 그런데도 영국에는 번역학 석사과정이 무려 15군데 이상의 대학에서 운영되고 있고, 번역에 대한 언론의 관심은 그 어느 때보다도 높은 상황이며, 또한, 이중 언어를 구사하는 인구 숫자도 그 어느 때보다 많고, 지역사회에서 문학번역이나 문예창작은 일종의 초국가적 성격의 문화적 유행이 되고 있다.

터키 작가가 런던에 있는 독자들과 영어나 터키어로 작품에 대해 이야기를 나누는데, 이들 중에서 터키 출신 독자들은 터키어로 된 원작을 이미 읽었을 수도 있으며, 터키 출신이지만 지금은 런던에 살고 있기 때문에 아마 그 자리에서 작가에게 영어로도 질문을 할 수도 있고, 그의 작품을 영어로 읽은 독자들과도 작품에 대해 이야기를 나눌 수 있을 것이다. 이 같은 상황에서 번역의 문제는 자연스럽게 대두한다.

또한, 10여 개국 출신의 번역학 학생들이 이 같은 출판 기념행사에 참석해서 도서 마케팅의 실제를 경험하게 되었는데, 대도시 한 가운데의 초국가적 성격의 다운타운에 위치한 대학 캠퍼스에서 열린 도서 출판행사에는 200여명이나 되는 학생들이 참석한 반면, 런던 문학계에서 도서 출판행사 장소로 널리 알려진 런던현대미술관에서 열리는 유사한 종류의 출판행사에는 15명 남짓 참석하는 오늘날의 현실이 시사하는 바는 크다. 즉, 새로운 종류의 독자들을 염두에 둔, 새로운 형태의 출판 마케팅의 필요성에 대해 다시 한 번 고민해 볼 필요가 있다.

조금 다른 각도에서 또 다른 경우를 살펴보면, 영어권의 베스트셀러 작가군에 속하는 줄리안 반스(Julian Barnes)나 이안 맥이완(Ian McEwan) 같은 작가들은 프랑스나 독일, 이탈리아, 스페인에서 마련되는 자신들의 작품 출판행사에 참석한 이야기들을 종종 하곤 하는데, 이들 유럽 국가의 서점에서는 해당국가의 언어로 번역된 번역서와 함께 출발어텍스트인 영어소설도 나란히 팔리고 있는 것을 볼 수 있다. 이 같은 현상은 오늘날 유럽에서 늘어나고 있는 영어 사용자들 덕분인데, 그래서 미국의 경우, 펭귄출판사나 랜덤하우스 같은 대형출판사들이 미국 내 스페인어 독자들의 독서 시장 규모와 구매력을 인지하고, 영문소설의 스페인어 번역도 출판할 뿐만 아니라 아예 미국 출판시장에 스페인어 소설도 수입해서 내놓고 있는 실정이다. 그럼에도 불구하고 미국과 영국에서의 문학번역 시장의 규모는 상당히 미미하며, 이와 관련해서 자주 인용되는 랜덤하우스 출판사 대표의 주장처럼, 랜덤하우스 같은 출판사는 외국작가들 작품의 영어번역 출판에서는 손을 떼고, 미국 작가들 작품의 외국어 번역 및 해외출판 판권이나 열심히 판매해서, 여기서 거둔 수익으로 몇 명 되지 않는 미국 베스트셀러 작가들에게 지불해야 할 엄청난 규모의 인세 비용이나 계속해서 충당해야 한다는 이야기도 나온다.

1986년 영국에 설립된 〈통번역 연구소〉(ITI: Institute of Translating and Interpreting [www.iti.org.uk])의 '번역 교육과 훈련에 관한 위원회'에 속한 분과위원회가 영국 워릭대학교(University of Warwick)에서 개최한 '제1회 국제 콜로키움: 대학교육에서의 문학번역'과 같은 학술대회를 이끌어낸 담론은 이 같은 새로운 사회경제학적 상황에 대한 인식의 영향을 받았다. 영국 대학에서 문학번역을 가르치고 실제로 번역을 하면서 번역을 이론화하는 작업을 하고 있는 영국의 학자들로 구성된 이 분과위원회는, 번역관련 학자들과 번역가들의 학술행사로는 영국에서 최대의 규모로 진행되었던 이번 학술대회를 통해 대학에서 문학번역의 위상을 높이는데 초점을 맞추어야 한다는 공감대를 형성했다. 그들은 번역관련 전문가들이 점점 더 소외되는 상황과, 대학에서는 거의 알아주지 않는 매우 지적이고 창의적인 활동이 번역이지만, 또 한편으로는 오늘날 대학의 공익적, 공공적 영역에서 이제 막 관심을 불러일으키기 시작한 번역이라는 활동에 대한 서로의 감정들을 공유할 수 있었다. 문학번역은 더 이상 주말이나, 혹은 오늘날 현실에서는 거의 기대하기 어려운 한두 달의 휴가 같은 여유 있는 시간에나 할 수 있는 활동이 아니며, 이력서에는 차라리 기재하지 않는 편이 나은 그런 종류의 활동도 분명 아니다. 위원회 첫 모임에서 장 보아스 바이에르(Jean Boase-Beier)와, 키스튼 맴키아르(Kirsten Malmkjær), 그리고 지금은 고인이 된 지오바니 폰티에로(Giovanni Pontiero)와 나는 대학에서 번역을 폄하하는 교수들 이야기나, 번역 관련 연구교수가 승진 대상에서 제외되거나, 번역출판물이 대학에서 연구업적으로 인정받지 못하는 현실의 이야기를 하면서 신세한탄을 했다. 이런 무식한 사람들의 이야기가 서서히 바닥을 드러내고 어색함과 좌절감의 침묵이 잠시 흘렀지만, 곧 이어 이야기는 자연스럽게 오늘날 번역에서 두드러진 역할을 하는 대학이나 학자들, 번역학이라는 학문의 정체성, 그리고 여기저기에서 주목을 받기 시작하는 번역학의 발전에 대한 논의로 흘러갔다.

과연 이곳 영국에서도 문학번역과 관련된 전문가들이 함께 참여하는 논의의 장을 시작할 수 있을까? 〈미국문학번역가협회〉(ALTA: American Literary Translators Association)가 미국에서 매년 자신들의 문학번역 활동과 가치를 공유하고 함께 축하하는 연례 학술행사를 개최하고 있는데, 영국의 문학번역 전문가들은 그동안 왜 이 같은 학술행사를 이끌어내지 못했을까? 영국의 번역가들과 번역관련 학자들은 이렇게 상황 탓만 하고 다른 나라의 환경을 부러워하는 것 외에는 할 수 있는 것이 없을까? 그러다가 마침내, 25여개 국가에서 온 170여명의 번역가와 학자들이 1994년 12월 크리스마스 바로 전 주말을 워릭대학교 캠퍼스에서 함께 보내는 역사적인 모임이 이루어졌다. 이 책에 실린 논문들은 바로 그 학술모임에서 논의된 이야기들의 중요한 기록이다. 번역은 우리의 열정이었고, 우리는 미묘하고 복잡한 문화 변형 현상인 문학번역에 관해, 그리고 문학번역이 대학교육과 어떤 연관성을 가지고 있는지에 대해, 어떠한 아쉬움이나 미안한 마음 없이 최선을 다해 토의를 했다. 그 노력의 결과를 담고 있는 이 책은, 그러나 단순히 정리한 학술대회 발표 자료집이 아니라, 필요한 경우 발표 내용을 상당 부분 수정해가면서까지 전체적으로 논지의 대표성을 가진 논문들로 일관성 있게 정리해 놓은 매우 상징성 있는 자료이다.

첫째, 니콜라스 라운드(Nicholas Round)의 논문에서 지적한 바와 같이, 뭔가 새로운 방향성을 시도하고자 하는 분명한 의지가 엿보이는 영국의 번역교육의 역사적 의미에 주목한다. 대학의 외국어 학과에서 이루어지는 문학번역 교육은 일반 번역교육과는 상당한 차별성을 가진다. 문체론이나 번역이론의 관점에서 접근하든, 무의식의 관점에서 접근하든, 번역하는 방법을 학습한다는 것은 창의적이고 상상력이 넘치는 글쓰기를 습득한다는 것이며, 독자와 작가에 대한 세심한 인식을 가진다는 것을 의미한다. 작가들은 문학번역이 개인적이고 주관적인 행위라는 점에는 동의하지만, 문학번역이 사회적, 문화적 네트워크의 중요한 축이라고 전제하면서도, 막상 접근하는 방법에서는 서로 차이를 보인다. 그래서 번역의 본질이나 방법, 목적에 관한 연구가 번역교육뿐만 아니라 작가들의 전반적인 글쓰기 문화에도 영향을 끼치게 되었다. 그리고 출판이나 편집, 저작권, 문학의 정전화(正典化) 현상 등도 문학번역가들에게는 중요한 관심의 대상이 되었다. 그 어떤 번역 이론가나 번역비평가도 출판사의 번역 전략이 무엇인지도 확인하지 않은 채 단순히 번역텍스트에 나타나는 '오류'만을 지적할 수는 없다. 그래서 비평적이고 내재적인 번역교육은 후기구조주의의 비평적 범주 안에 놓임으로써, 이 같은 문학비평적 담론들이 문학번역에도 도움이 되는 측면이 있다. 담론 분석은 번역과정에서 발생하는 현상들을 분석할 필요성을 강조하고, 번역에 전적으로 의존하지 않는 그런 종류의 담화들이 과연 존재할 수 있는지에 대해 궁금해 한다.

둘째, 번역 자체가 오늘날 대학교육의 범주 안에서 점점 더 주목할 만한 활동으로서 가치를 획득하고 있다. 이번 콜로키움에 참석한 대학 소속의 학자들은 모두 문학작품 번역을 출판한 경험을 가지고 있었다. 이것은 번역에서 단순히 이론이냐 실제냐의 문제나, 번역에 관한 이론만 다루는 전문가이냐 실제로 번역을 하는 번역가냐의 문제처럼 흔히 프리랜서 번역가들이 대학 교수 번역가들에 대해 가지는 고착화된 오해나 논란의 문제가 아니다. 물론 이 둘의 관계는 유연한 방향으로의 발전이나 변화에 대한 요구와 압력에도 불구하고, 변화에 매우 둔감한 대학의 구조와 제도 속에 여전히 놓여있다 보니 미묘한 관계나 갈등의 소지가 다분히 남아 있다. 번역분석은 결국 번역 그 자체가 역사적, 문학적 연구의 힘을 필요로 하는 행위라는 것을 증명하며, 어려운 선택을 앞에 두고 내리는 의사결정의 행위이면서, 동시에 가장 높은 수준에서 이루어지는 타고난 재능의 글쓰기라는 사실을 확인시켜준다. 그런 측면에서, 원본이라는 것도 번역을 통해서 만들어지며, 이 같은 관점은 대학이 그동안 고수해온 사회적인 통념, 즉 원본이 번역보다 더 높은 가치를 가지고 있다는 전통적인 지식 기반에 대해서 고유한 방식으로 문제제기 하는 역할을 수행한다.

문학번역에서 사례연구를 수행하다보면 우수한 연구자들이나 이제 박사논문을 마무리하고 있는 대학원생들이 연구하는 다양한 연구주제에 끼친 문학번역의 이질적인 영향력을 확인할 수 있다. 그런 의미에서 『율리시스』의 스페인어 번역에 관한 문제를 다룬 파리야(Mª Angeles Conde Parilla)의 논문은 연구에서 차지하는 세부적인 요소들의 중요성과, 다양한 범주의 인물들과 작가의 목소리를 찾아내고, 이를 번역텍스트에서 재현해 내는 번역가의 능력의 중요성을 보여주는 좋은 사례가 된다. 아동문학에 사용되는 표현이든, 셰익스피어 작품에 넘쳐나는 화려한 언어유희든 간에 사람들이 일상적인 것으로 여기는 이 같은 언어의 일반적인 구조적 특징들을 과연 번역가들이 어떻게 다루고 있는지에 대해 응용언어학자들이 관심을 가지고 분석해 볼 수 있다. 또한, 스페인에서 번역되어 출판된 아동문학 소설을 분석해보면, 그 당시 스페인에서 프랑코 장군의 독재를 대변하는 검열관들의 활동과 역할에 대해 많은 것을 알 수 있게 된다. 이처럼 그동안 번역이라는 투명한 방식을 통해 변형되고 해석되어지는 이 과정에 가시성을 부여함으로써 이제 사람들이 그 변형을 인식할 수 있도록 만드는 역할을 하는 번역학이라는 학문은, 그런 의미에서 다른 모든 학문분야의 학자들과 작가들에게 문제제기를 하고 있다.

갑자기 모든 것이 움직이는 느낌이다. 책에 인쇄되어 있는 텍스트는 더 이상 예전에 순진하던 그런 텍스트가 아니다. 자연스럽게 문화의 최전방에서 활동하는 문학번역가들은, 특정 국가 문화권의 규범이나 기준으로 자리매김해 왔던 것에 맞서서 지극히 개인적인 투쟁을 벌이거나, 때로는 여러 가지 이유로 인해 그 동안 인정받지 못하고 소외되었던 책이나 작품들을 번역을 통해 소개할 수도 있는데, 이는 발터 벤야민(Walter Benjamin)이 번역가의 역할이라고 설명했던 문학의 매우 중요한 부활이나 불멸의 생명력이 된다. 둘 중에 어떤 방식이든 간에, 언어의 문학적 본질과 문화의 문학적 재현이 바로 문학번역가의 역할과 사명이라고 할 수 있다. 문학번역가들은 여러 개의 문화와 언어의 층위 안에서 활동한다. 여기서 '문화간'(intercultural)이라는 용어가 자주 거론되는데, 이 과정에서 번역과 번역학은 서로 교차하는 문화 안에서 발생하는 다양한 파편화와 일시적인 통합 현상을 끊임없이 강조한다. 이 과정에서 국수주의적 절대성은 하나의 특수한 수사학적, 추상적인 개념에 불과하다. 이것은 번역과정에서 때로는 번역의 손실이나 번역의 조작, 심지어는 번역의 불가능성 등으로 표현되어 질 수 있다. 만약, 단어를 통해 존재에 가까이 다가가고, 인간의 의식을 단어로 최대한 줄일 수 있을 때까지 줄여서 가장 가까이 가져다 놓는 과정에서 중요한 역할을 하는 요소가 문학번역이라면, 그리고 그 언어 속에서 무의식적이면서 물질적인 특성을 지닌 상상력이 사면초가에 몰린 역사와 전통의 세계에 머문다면, 그렇다면 문학번역과 번역학에서 이루어지는 활동과 연구들은 이들 '가까이 다가서는 과정'의 흐르는 모래에 빠져 가라앉아 버리지 않을 수 있는 새로운 방법들을 제시할 수 있다. 컴퓨터 자판으로 글을 쓰고 있는 이 순간 손가락 끝에서 간질거리면서 쓰고 싶은 단어는 바로 '지도 만들기 혹은 좌표 그리기'(mapping)이다. 하지만, 이들 열정적인 새로운 학문적 규범의 창시자들이 새로운 세상의 질서와 오래된 세상의 학살과 퇴보 옆에 어색하게 나란히 앉아있는 상황에서, 이렇게 유행을 따르는 용어의 사용은 어쩌면 과도한 자신감의 선택일 수 있다. 이런 점에서 번역의 '치유'의 힘을 지나치게 과대평가하지 않도록 조심해야 한다.

지금 영국에서 일어나고 있는 '번역 다시 생각하기'는 이미 지난 20여 년 동안의 역사 그 너머까지 거슬러 올라가는 관심의 부활이라는 점에서 세계적 흐름이라 할 수 있다. 영국의 지식문화에서 조지 스타이너(George Steiner)는 『언어와 침묵』(*Language and Silence*, 1967), 『바벨 이후』(*After Babel*, 1975)등의 저서를 통해 이미 오래전에 번역과 관련된 본질적인 문제들을 제기했다. 이후, 진보적인 문화연구가 수잔 손탁(Susan Sontag)과의 논란이 되었던 논쟁으로 인해 잠시 밀려나기도 했지만 , 번역에 관한 그의 책들은 번역이론을 구축해가는 측면에서 아마도 번역학 이외의 분야에서 가장 많이 읽힌 책이라고 할 수 있다. 그러나 이번 콜로키움에서 발표되었거나 이 책에 실려 있는 논문들이 담고 있는 논쟁들은 대학에서의 문학번역에 관한 새로운 형태의 국제적 논의의 큰 흐름을 보여준다. 여기서 이 책의 부제인 '랭보의 무지개'(Rimbaud's Rainbow)는 아서 랭보(Arthur Rimbaud)의 유명한 소네트 〈Voyelles〉[Vowels: 모음들]의 내용을 담고 있는데, 알파벳 모음들에 대한 심미적이며 감각적인 헌정시라고 할 수 있는 이 시를 포르투갈어 번역가 아우구스토 데 캄포스(Augusto de Campos)와 아루나우두 안투네쉬(Arnaldo Antunes)가 브라질 포르투갈어로 실험적인 번역을 시도했다. 이 번역시에는 무지개 색깔별로 되어 있는 시적 언어들이 종이로 된 페이지에 묶여 있지 않고 자유롭게 움직이면서 다양한 시각적, 공간적 재현을 이루어내는데, 유럽의 언어문화 전통을 근원으로 하는 암시적 함축성을 담고 있다. 이 시를 번역한 시인들은 한편으로는 장난스럽게, 또 다른 한편으로는 전복적인 방식으로, 한때는 가장 논란의 대상이 되기도 했지만 이제는 19세기 프랑스 문학의 대표적인 시인으로 정전화되어 굳건히 자리매김한 유명한 시인 랭보의 시를 소화시켰다가 다시 뱉아내고 있다. 엘스 비에이라(Else Vieira)같은 학자는, 랭보의 시를 재해석하는 것과 같은 공격적인 카니발리즘(cannibalism), 즉 '식인문화'는 "전통적으로 소외되었던 두 공간, 즉 번역과 주변부 문화를 동시에 탈식민화시키는" 새로운 형태의 특징적인 서술 양식이라고 강조한다. 드디어, 다양한 목소리들이 유럽 식민주의자들의 단일한 목소리와 서로 겨루게 되는 것이다. 여기서 다시 한 번 이질성(heterogeneity)의 중요성과 가치를 확인할 수 있다.

제1회 〈통번역연구소〉(ITI) 콜로키움은 영국에서의 문학번역의 위상을 높이기 위한 하나의 구체적인 실천계획의 일부분으로, 결과적으로 그 같은 전략은 다양한 발전 방향을 이끌어 냈다. 1996년 9월, 영국 노리치에 위치한 이스트앵글리아대학교(University of East Anglia)에서 '문학번역의 실제'라는 주제를 가지고 개최된 제2회 〈통번역연구소〉 콜로키움에는 240여명의 열정 넘치는 학자들이 참가했다. 그 뿐만 아니라 100년 넘는 역사를 가진, 영국의 대표적인 주간 서평지 *Times Literary Supplement*도 이와 관련해서 번역을 주제로 하는 특별호도 발행했으며, 콜로키움 논문발표와 학술대회뿐만 아니라 다양한 독회활동과 공연으로도 이어졌다. 1998년 9월 영국 세필드대학교(University of Sheffield)에서 열린 제3회 〈통번역연구소〉 콜로키움은 '번역과 지역사회'를 주제로 다루었다.

〈통번역연구소〉의 분과위원회는 유럽연합 집행기관(EC: European Commission)의 유럽연합 회원국 간의 출판 및 번역지원을 통한 문화교류 확대 프로그램인 '아리안'(ARIANE)의 지원금을 통해 유럽 전역으로 그 활동범위를 확대했으며, '독자와 작가로서의 번역가'라는 주제를 가지고 전문번역가와 번역관련 학술모임, 대학들을 연계하는 작은 네트워크도 조직하였다. 이 네트워크는 번역이론과 실제의 관계와, 문학번역의 출판 문제, 그리고 이에 못지않게 중요한 문제라고 할 수 있는, 참가자들의 소속 국가에서 찾아볼 수 있는 문학번역 관련 유사성과 차이성에 대한 인식의 공유 등에 관한 비평적 이해를 이끌어내기 위해 문학번역과 관련된 다양한 주제들을 논의하는 정기 세미나도 마련했다. 이 같은 비평적 이해는 프리랜서 번역가들과 번역학자들, 출판사, 대학원생 사이의 소통 통로를 구축함으로써 새로운 세대의 문학번역가들을 양성하는데 초점이 맞춰져 있었다. 이 프로그램은 1997년 6월부터 12개월이라는 기간 동안 다양한 세미나를 개최했는데 대표적인 세미나로는, '번역교육과 연구'(런던), '번역의 수용과 편집'(프랑크푸르트 도서전시회), '문학번역의 위상 제고'(미국문학번역가협회 학술대회, 댈러스), '이중 언어 사용 맥락에서의 번역'(바르셀로나), '희곡을 위한 번역'(브뤼셀), '시 번역'(암스테르담), '문학번역의 이론과 실제'(프라하) 등을 들 수 있다.

이 같은 소통의 노력은 대학과 출판시장이 상당한 위기에 처해있는 시점에서 시작되었다. 오늘날 대학이나 출판시장은 정부와 초국가적 기업들의 시장중심적인 정책들에 의해 강요되는 대규모의 구조적 변화 요구에 직면해 있다. 국가간 경계를 초월하는 차원에서의 협력관계는 문학번역의 가치를 옹호하는데 도움이 되는 기반을 제공할 수 있다. '번역 교육과 연구'를 주제로 런던에서 개최된 세미나의 경우, 1997년 '영국 대학 연구활동 평가'(British University Research

Assessment Exercise)의 결과가 발표된 직후 개최되었는데, 이 평가결과에 의하면 번역의 경우 평가에서 0점을 받아서 앞으로 중앙 정부로부터 어떤 연구 지원금도 받을 수 없는 상황이 되어 버렸다. 결과가 발표되고 나서 번역학자들 사이에 긴장감이 형성되면서 뜨거운 논쟁이 벌어졌다. 한편으로는, 학자들이 순수연구의 중요성과 필요성을 강조하고 나섰고, 또 다른 한편에서는 학자들이 자신들의 번역이 독자들에게 선택되고 인정받는 것의 중요성을 강조했다. 이 같은 갈등은 유럽 대부분의 국가에서 비슷하게 발생했는데, 많은 대학들의 번역학과들은 번역의 실제보다는 번역의 '순수' 이론과 연구의 가치를 훨씬 더 높게 평가하는 번역학 학자들이나 응용언어학 학자들에 의해 주도되고 있기 때문이다. 그러다보니 이들 번역학 학자들 밑에서 공부하는 학생들은 번역이론이나 번역사를 주제로 하는 흥미로운 연구논문은 작성할 수 있겠지만, 실제로 번역을 직접 해 보는 교육은 전혀 받지 못하는 반면, 아이러니컬하게도 이들의 스승인 번역학 학자들은 소위 '전문가'라는 명칭이 이름에 따라다니면서 실제 번역평가나 심사에 참여하거나, 번역학 교육과정을 개발하는 과제를 의뢰받아 수행하는 상황이 벌어지고 있다.

독일 프랑크프루트에서 개최된 세미나에서는 비록 번역과 관련된 현재의 독일 대학의 척박한 상황에 대한 논의는 없었지만, 번역가와 출판관계자, 편집자와 서평가 사이의 뜨거운 논쟁은 계속되었다. 실제로 독일의 경우, 어느 대학의 어느 학과가 문학번역가를 양성하는지 제대로 알려진 바가 없었다. 그런 의미에서, 문학번역의 순수 학문적 맥락은, '국제번역가연맹'(FIT) 유럽지역위원회의 후원을 받은 '유럽번역플랫폼'과 '번역실제 기반의 이론지향(POSI: Practice Based Theory Orientation) 위원회' 등에 의해 제기된 논쟁을 부채질하는 측면이 있다. '번역실제

기반의 이론지향'(POSI)의 방향성은, 사실 독일에서 대학의 번역관련 학과를 졸업한 번역가들의 수준이, 전문번역가들의 눈에는 결코 만족스럽지 않다는 현실에서 유발되었다. 독일뿐만 아니라 유럽의 다른 대학에서도 실제 번역활동과, 학문으로서의 번역 사이의 간극을 여전히 찾아 볼 수 있다. 유럽에서는 지금도 대학의 경우, 아무리 저명한 전문번역가라고 하더라도 박사학위 미소지자인 경우 대학원 과목을 담당할 수 있는 전임교원으로는 채용될 수 없다. 제1회 〈통번역연구소〉 콜로키움이 표방한 철학에서도 볼 수 있듯이, 실제로 대학이 전문번역가들과 소통하고 협업하는 새로운 형태의 학문적 모형을 장려해야 함에도 불구하고, 대학의 견고한 학문적 위계질서는 여전히 번역의 실제보다는 번역의 전통적이고 이론적인 담론을 훨씬 더 선호하는 것이 사실이다.

끝으로, 〈통번역연구소〉의 소규모 분과위원회와 그 보다 훨씬 큰 규모의 '아리안'(ARIANE) 네트워크의 전략과 시각은 '국제번역가연맹'(FIT)의 문학번역위원회에서 도출된 범세계적 관점에서 이해할 필요가 있다. 1996년 '국제번역가연맹' 멤버른 총회에서, '국제번역가연맹'의 지역 학술대회와 지역 단위 학회 등을 통해 적극적으로 영향력을 행사해서 문학번역의 위상을 범세계적으로 향상시키는 노력을 기울이기로 의결했다. 구체적인 활동으로는, 회원국 내에서 개최되는 국내 도서전뿐만 아니라 국제 도서전 같은 대규모 국제 행사나, 대학 차원에서의 학술행사 및 학회들끼리의 연합 학술대회 등에 문학번역 관련 세미나를 꾸준히 개최하는 방안을 들 수 있다. 지난 프랑크푸르트 도서전 기간 동안은 국제센터에서 문학번역의 정치적 측면을 아프리카와 인도, 북미의 관점에서 접근하는 세미나를 개최했으며, 1998년 상파울로 도서전에서는 출판번역에 관한 세미나를, 짐바브웨 도서전에서는 아동문학에 관한 세미나를 준비했다.

세계화와 초국가기업들의 영향력 아래 놓여 있는 출판세계에서 서로 다른 국가의 상황에 대한 논의는 출판번역과 관련된 전문번역가, 번역학자, 출판관계자와 매우 밀접한 연관성을 가진다. 인도 서부의 구자라트어로 된 아동문학을 소말리아어로 옮긴 번역서는 소말리아의 출판시장 뿐만 아니라, 소말리아를 탈출한 이민자들이 많이 거주하고 있는 런던의 이스트 엔드 지역을 포함해서 전 세계 2백여 만 명이 넘는 소말리아인 이주민 지역사회를 출판시장으로 삼을 수 있다. 아프리카 북동부에 위치한 에리트레아 공화국과, 인종 차별정책인 아파르트헤이트가 끝난 이후의 남아프리카공화국에서 시행된 새로운 언어정책들로 인해 초·중·고등학교뿐만 아니라 대학에서도 번역서에 대한 수요가 증가하였다. 스페인에서는 다중언어정책으로 인해 스페인 북동부의 바스크어, 카탈로니아어, 갈리시아어의 스페인어 번역과, 스페인어의 이들 지역어로의 번역이 크게 증가했다. 이 같은 언어적 완화정책은 분명 어느 한 쪽만 혜택을 받는 일방통행적인 현상은 아니다. 그러나 학교 교과과정에서 번역서를 제외함으로써 영어의 가치를 더욱 높일 수 있다고 판단한 영국 정부의 정책을 보면 여전히 폐쇄적이고 편협한 관점들은 건재함을 알 수 있다.

민족주의나 정체성, 문화 등은 결국 정치와 글로벌 경제와 밀접하게 얽혀 있다. 문학번역가들은 정체성을 정의하고 범주를 설정하는 싸움에서 서로간의 접합과 배제의 중요한 지점에서 전문적인 역할을 수행하는 사람들이다. 이 책에서 다루고 있는 소통은, 이 같은 번역가들의 역할이 대학뿐만 아니라 문학번역가 교육과정에서 좀 더 가시적인 성과를 인정받을 수 있도록 하는데 도움이 되고자 한다. 그래서 이를 통해, 낡은 민족문화를 바꾸어놓는 초국가적 커뮤니티의 탄생을 위한 발전적인 틀을 만들어내는데 번역이 중요한 역할을 한다는 인식을 각국의 문화엘리트 계층들이 공유할 수 있기를 기대한다. 대학교육은 대학과 사회 전체를 아우르면서 새로운 문화적 정체성과 새로운 비평적 의식을 정교하게 다듬어줄 수 있는 매우 중요한 공간이다. 그 과정에서 문학번역의 이론과 실제는 그 역할과 기여에 대한 정당한 인정을 받을 필요가 있다. 그것이 가능할 때, 우리 문화는 낡은 지평선에 구속받지 않으면서 새로운 세대의 기대에 부응할 수 있을 것이다.

이형진 번역

John Benjamins Series

10 Rimbaud's Rainbow

제 1 장

번역과 번역교육

기념비, 시인, 수업
— 영국의 경험

니콜라스 G. 라운드 Nicholas G. Round
셰필드 대학(University of Sheffield)

이 글은 나의 실제 이야기를 바탕으로 쓴 것이고 부분적이지만, 말할 가치가 있다고 생각한다. 대략 한 세대 전까지만 해도 영국 대학 강좌에서 문학 번역에 관한 것을 찾기 위해선 눈을 크게 뜨고 아주 열심히 찾아보아야 했다. 그러나 결국엔 일명 "산문 작문"(prose composition)이라는 꽤 괜찮은 이름 아래 활동하는 현대 언어학자들 사이에서 찾아냈을 것이다. 산문 작문은 "준비 없이 하는 번역"(unseen translation)으로 알려진, 그러나 더욱 더 자신을 드러내지 않는 일종의 허름함에도 고상한 사촌이 있었다. 준비 없이 하는 번역은 산문 작문 프로그램의 틈새에서 주로 실행되었고, 모국어로 번역하는 것이 가질 수 있는 어떤 장점때문이라기 보다는 인간적 약점의 차원이었다. 그러나 산문 작문 그것 자체는 상대적으로 명성 있는 일이었다. 그것은 가치 없고 학교 선생이 다룰 법한 주제에 철저함을 주는 것으로 여겼다. 산문 작문 덕택에 과학자의 눈을 볼 수 있었다. 산문 작문은 잉크 묻히고 허드렛일 하는 사람과 외무부 활자를 다루는 유식한 사람들을, 모양이 다듬어지지 않은 색슨족과 자연의 프랑스어를, 평범한 소년 잭(Jack)으로부터 학식 있는 신사들을 분리시켰던 것이다. 산문 작문으로 다음과 같은 전설이 만들어졌다. 옥스포드 대학교의 올 소울즈 펠로쉽(All Souls Fellowship) 시험의 완벽한 루이스 캐럴의 시 『재버워키』(*Jabberwocky*)가 있고, 그러한 활동의 표준 책자의 공동편집자인 두 나이 든 교수들은 일요일마다 러시아 체스의 명인이나 보르헤스 이야기의 그 경쟁하는 신학자처럼 진지하게 정서본을 만들어 더 수정하고 다듬도록 급히 써 보냈다.

그 영광은(그런 적이 한 번이라도 있었다면) 이제 떠나고 없고, 비록 대학 언어전공 학과들이 여전히 학생들에게 언어"에서"(from) 언어"로"(into) 번역하게 하고 있을지라도 우리는 그렇게 하지 않고, 아니 그런 분석되지 않은 추정을 갖고 그렇게 하지 않는다. 산문 작문은 확실히 번역이었고, 더 확실히 문학적이었다. 그러나 실로 산문 작문은 이상한 점이 있었다. 나는 지금 그것의 파편화된 성격을 말하는 것이 아니다. 이런저런 방식으로 번역을 가르치는 모든 교실이나 장소에 유령처럼 출몰하게 될 어떤 것을 말하는 것이다. 번역할 때 단어를 결정될 때의 관심 수준을, 익숙한 이야기나 극의 길이와 문화나 정전과 함께 폭넓은 실러버스와 결합하는 것은 그야말로 불가능하다. 그것도 모든 정상적인 수업의 시간 제약 안에서 책 한 권 전체 번역하는 가르치는 것은 불가능하다. 산문 작문 연습의 더 큰 특징은 다음의 두 가지와 갖는 이상한 관계이다. 외국어 문화와 해당 언어의 실제 교육이 그것이다.

여기에서 그 용어의 역사를 알면 유익할 것이다. "산문 작문"과 "준비 없이 하는 번역"은 둘 다 전통적인 그리스어 및 라틴어 수업영역에 속한다. 그 과목들은 영국 사립학교에서 교육받은 지배 계층이 배우는 중요한 학과목이며, 그 계급에 진입하고자 하는 사람들이 반드시 거쳐야 할 중요한 통과의례였다. 새로 들어온 상업적인 자신의 전공분야가 그 학과목에 동화되는 것처럼 보이는 것이 현대 언어학자들에게 중요했다. 분명 지위가 어떤 방법보다도 훨씬 더 많이 중요한 프로젝트였다.

"준비 없이 하는 번역"은 "준비된 번역"과 이름이 대조적인데, 후자는 좀 더 기본적인 형태의 시험으로 응시자는 지정된 고전 문학 텍스트를 다루어야 했다. 준비된 번역은 대개 기억 연습이었고, 『고전을 잘 하는 비결』(*Keys to the Classics*)의 하위 장르에 일반적으로 의존하였고, 그 책은 무조건 외우거나 반복하도록 시저의 말이나 『아이네이스』(*Aeneid*)를 번역한 소위 "문자 그대로" 번역을 제공하였다. 그 직역들은 언어 사이의 문법 차용을 가장 중요하게 다루면서, 번역이 본질적으로 무엇인지에 대한 잠재적으로 영향력 있는 모델을 제시하였다. 그리고 "준비 없이 하는 번역"이 "준비된 번역"과 다르다면, 그 두 번역을 아주 다르게 만드는 것은 절대로 안전한 정책이 아니었다. 산문 작문의 경우, 그것 또한 그것을 받쳐주는 또 다른 연습이 있었다. 산문 작문은 운문 작문과 함께 공부하였다. 운문 작문은 영시 텍스트를 번역하는 것처럼, 그리스어나 라틴어 시를 퀀티터티브(quantitative) 미터로 짓는 것이었다. 이것의 기본은 운율 면에서 아주 적절한 하위 단위 레퍼토리를 갖는 것이었고, 그것에서 그리스어나 라틴어 시행이 만들어질 수 있다. 그 주제가 아주 쉽게 예견될 수 있는 성격인 점을 감안하면(왜냐하면, 라틴어로 모방되기에 가장 적합한 그 시는 처음부터 라틴어 모델을 모방했던 것이기 때문이다) 이 번역 연습은 리듬뿐만 아니라 언어에서도 서로 비슷했다. 그 결과 이러한 연습은 수사(rhetorical)와 형식이 강했다. 그리고 산문 작문도 마찬가지였다. 결국 산문 작문의 뿌리는 라틴어로 창작을 했던 르네상스 인문주의자들의 연습에 있었던 것이다. 그 라틴어 글은 키케로식 모델의 특수한 울려퍼짐과 리듬을 재창조하기 위해 문헌학 정보에 바탕을 둔 올바름에 대한 인식을 이용한 것이었다.[1] 로마 문화가 깃들어 있는 인문주의자들의 수사는 이 웅변가들과 지지자들이 어느 정도는 로마의 자연스런 상속자라는 정치적인 주장을 지지하였다. 이렇게 볼 때 도착어권 문화는 국제적이고 기능적인 라틴어를 사용하는 사람들이 세계였고, 그들은 모두 그 제국주의 수사에 경의를 표한다는 점에서 연결되어 있다.

그러나 작문 '기술'은 라틴어의 기능적인 영역이 배타적인 교육적 친목으로 전락한 이후에도 오랫동안 지속되었다. 현실에서 라틴어 텍스트가 등장했던 도착어권 문화는 겉껍질, 즉 텅 빈 범주로 축소되었다. 그러나 개념적으로는 그런 텍스트들은 라틴어를 말했던 문화를 여전히 다루었다. 오히려 라틴어 문화 자체라기보다는 자신의 상황에 관계되는 방식으로 그 문화를 다루었다. 사립 영국 학교를 옹호하는 편에서 있었던 내 인생에서 얼마 안 되는 아주 드문 시절 중의 하나였던 그때, 나는 1960년대 젊은이의 상상력을 위해 고대 로마인을 생생하게 그리는 것이 목적이었던 어떤 교과서의 페이지를 넘기면서 한가로이 시간을 보내고 있었다. 그 책은 꽤 최신식이었고, "공감"이 있었다. 특히 두 에세이 제목이 내 눈을 사로잡았는데, 하나는 "훈련과 교육이 어떠했기에 로마인은 적의 수가 훨씬 더 많은데도 전쟁에서 이겼는가?"였다. 다른 하나는 "당신이 로마 상원 의원임을 가정할 때 대중목욕탕에서 보낸 아침을 서술해 보시오"였다. 잠시 대중목욕탕 얘기는 차치하면, 하나의 황제 권력이 다른 황제 권력을 이해하는 것은 완벽한 순환논리를 초래했고, 그 당시 라틴어 연구에서 선호되는 번역 방식은 그 논리를 지지하기 위해 많은 일을 했다. 문화적 대응물의 폭넓은 어휘를 보면 제도와 관심사가 현대 영국과 고대 로마가 비슷했음을 알 수 있었다. 중요한 경계선인 권위와 배제라는 주제는 영어와 라틴어의 부차적인 상호작용에서 조작되었다. 새로운 것은 문제를 의미했고, 그것은 사실이었다. 영국 학교의 라틴어 교육은 "고대 로마인을 죽였다." 왜냐하면, 그 라틴어 교육은 지배자들이 생각해야 하는 기념비적인, 영원히 단순화된 이미지에 관심이 있었기 때문이다.

요즘 지배자들은 라틴어나 그리스어가 아니라 컴퓨터에 돈을 지불한다. 그 모든 것은 작은 비용의 가치도 없지만, 현대언어 학과의 "산문 작문" 수업은 과거 라틴어 교육에서의 산문 작문과 똑같이 의심스러운 상황에서 나온 것을 제외한다면 말이다. 산문 작문은 학생의 번역 노력이었지만, 읽는 것이 아니라 실수를 잡아내는 데 관심 있는 최소 범주의 독자들에게 맞춰진 텍스트를 만들어냈다. 그렇다면 실수를 제거하는 것은 이론적으로는 외국문화에 포함시킬 가치가 있는 대상으로서 그들의 두 번째, 더 이상적인 목표를 위한 번역텍스트에 맞을 것이다. 그리고 그 문화 자체는 이상적으로 영어 교육 하위문화가 요구했던 것으로 인식되었다. 보통 그것은 권위의 어떤 부분집합을 소개하는 것이었다. 독일어는 복잡한 것과 추상적인 것을 다룰 때의 용이성, 스페인어는 이국적인 것을 지배하는 것, 프랑스어는 일반화된 최고의 문화를 소개했다. 그러므로 영어에 비해 상대적으로 제한된 프랑스 어휘는 얻기 어려운 논리의 엄격함으로 행세하였다. 그것은 언어 문제나 번역 문제라기보다는 교양 쌓기에 대한 도전이었다. 많은 걱정이 "프랑스 사람이 말할 수 있는 것"으로 표현되었지만, 그러한 사람이 무엇을 읽을 지 또는 어떻게 읽을까에 대한 것으로는 표현되지 않았다. 번역되는 설명서 문단은 다른 언어로 말할 때 흥미로울 수 있는 것에 대한 범위를 결정했고, 그것과 함께 배운 문학의 하위 분야는 그것을 말하는 허용된 방식을 결정했다. 일반적으로 도착 언어 및 문화에 속한 것은 수용성이나 표현성이 아니라 권위였다. 선생님은 그 권위의 허가받은 숭배자였고 "정서본"(아! 그 복사본!)은 눈에 보이는 보증서였다. 번역은 영역에 들어가는 것이 문제였지, 텍스트나 경험을 공유하도록 복구하는 것이 아니었다. 그러므로 이러한 상황에서 모국어로 번역하는 것은 부차적이었고 명성을 얻지 못했다. 강력한 목적이 없기 때문이다.

언어 교육의 관점에서 보면 역시 전통적인 산문 작문 방법을 위해 언급할 것이 많지 않았다. 아마도 많지 않았다기보다는 더 많지 않았다가 맞을 것이다. 왜냐하면 사실 산문 작문은 언어를 전혀 가르치지 않았기 때문이었다. 그것은 1960년대에 이르렀을 때 이미 자명한 사실이었고, 다양한 유의미한 변화가 논의 중이었다. 그 변화들이 문법에 기반을 둔 언어 교육 전통 전체에 끼친 궁극적인 영향은 매우 컸다. 그러나 번역이 어느 방향으로든 외국어 학습에 별로 도움이 되지 않았다는 사실을 인정해야 하지만, 우리의 지식을 심문하고, 행사하고 심지어 확장시키는 방식을 실제로 제시하였다. 그러한 생각이 우세하는 곳에서는 매주 가르치는 산문 수업은 사라지지 않을 것이다. 그러나 산문 수업은 반드시 들어야 하는 수업이 아니라 워크숍과 같은 것이 되었다. 거의 불가피하게 산문 수업은 "산문과 번역" 수업이 되었고, 그 수업에서 번역은 두 언어 양방향으로 비중이 거의 동등하게 이루어졌다. 적어도 목표의 차원에서는 모방적인 반응보다는 창조적인 반응이 추구되고 중시되는 수업 일부가 될 수 있었다. 확실히 그것은 텍스트에 묶여 있는 창조성이었고, 요즘 우리가 생생하게 기억해야 하는 것처럼, 텍스트 창조성이 아닌 것이 어디 있는가? 여하튼 그것은 수사(rhetoric)와 이데올로기를 통해 중개되는 모방보다 더 나은 것처럼 느껴졌다. 비록 나중의, 더 시큰둥한 비전이 어떻게 우리가 그러한 반대를 주장하는 일에 그렇게 자신감을 가졌는지 궁금할지라도 말이다.

그러나 그러한 사고방식은 번역학이 그런 식으로 언어 수업에 처음 등장하기 시작하던 분위기를 보여주기 때문에 중요하다. 물론 다른 요소들도 개입하였다. 취업용 언어 수업을 듣는 학생들은 졸업 후 문학텍스트가 아닌 번역 작업에 고용될 것이고 실용적이면서도 학술적인 교육이 필요했을 것이다. 그러나 그러한 필요성은 그 당시 정의된 대로라면 대학교 밖에서 대부분 경험을 하였다. 언어 및 문학 교수자는 북아메리카의 영어 창작 수업이 맡은 역할을 알고 있을 가능성이 더 높았다. 그러나 모든 변화는 가장 비계획적이고 파편적인 방식으로 발생하였다. 피터 뉴마크(Peter Newmark)가 1981년에서야 글을 썼을 때 번역학의 초기 발전 중의 어느 것도 전통적인 대학에서 이루어지지 않았음을 확신한 것은 놀라운 일이 아니었다.[2] 진실은 우리 중 누구도 다른 곳에서 무슨 일이 일어나는지 알지 못했다는 것이다. 정말 그것을 알

만큼 관심 있는 사람들이 거의 없었다.

중요한 예외가 하나 있었는데 고의적으로 비전통적인 것을 추구한 그런 종류의 대학이었다. 에섹스(Essex) 대학에는 영문학, 러시아 문학, 프랑스 문학, 스페인 문학 등의 학과가 아니라, 언어 센터와 문학 학과가 있어야 한다고 처음에 결정했을 때는 확실히 번역학의 발전을 염두하고 내린 결정은 아니었다. 그러나 그 결과 생겨난 여러 언어와 비교문학을 연구하는 환경은 번역학이 성장할 수 있고 실제로 성장하였던 환경이었다. 번역학이 제도권에 진입한 곳은 그 당시 영국에 잘 알려져 있지 않은 수업과정이 포함된 석사 학위였고, 그것은 석·박사급이나 학부 수준의 발전을 생각할 수 있게 만들었다. 그때 그리고 그 후로 오랫동안 대부분의 곳에서 석·박사급이 성공할 가능성이 더 있어 보였다. 에섹스 대학에 있었던 사람들 몇몇은, 도날드 데이비(Donald Davie)가 가장 대표적인데, 이미 미국의 미래를 보았고 어느 정도까지는 성공했음을 알았다. 그러나 학부생의 창의력 창출에 완전한 자유를 주고 학술적으로 인정한 것은 1968년 이전 시절에는 대학 동료들이 받아들이는데 많은 설득이 필요했을 것이다. 북아일랜드 벨파스트의 퀸스 대학교의 스페인어 학사 과정에서 번역학 수업을 개설하고자 하는 작지만, 상당히 때 이른 제안을 한 사람은 바로 그 초기 에섹스 석사과정의 외부 심사위원이었던 그리고 데이비의 궁극적인 계승자였던 아서 테리(Arthur Terry)였다.

그리고 여기서 개인적인 일화로 비하되는 위협을 피할 수가 없는데, 그러한 발전에서 나 역시 작게나마 어떤 역할을 하였기 때문이다. 그러나 그것이 일어난 배경은 매우 흥미로우며, 특히 에드윈 겐츨러(Edwin Gentzler)가 미국의 초기 번역학을 설명하는 관점에서 그러하다.[3] 1960년대 중반의 벨파스트는 필립 홉스봄(Philip Hobsbaum)이 현재 〈제2의 작가그룹〉(Second Writers' Group)이라고 알려진 것을 조직하고 활기를 불어넣었던 곳이었다. 세이머스 히니(Seamus Heany), 마이클 롱리

(Michael Longley), 버나드 매클래버티(Bernard Maclaverty) 등등과 같은 작가들을 제외하고, 초기 멤버들은 주로 학자였다. 아서 테리가 그랬고 나도 짧고 불명예스러웠던 기간 동안 학자였다. 그 모임의 특징은 엄격함과 비격식이 혼재하고, 안전과 위험이 섞여 있었다. 또한 고백 성사실, 토론, 투우장, 곰 사육장 같았는데, 지금 내가 다시 만들거나 다시 얻을 수 없는 그런 궁합이었다.[4] 그러나 그 어우러짐은 모임의 발전에서 중요했던 순간에 각양각색의 작가들에게 딱 들어맞았던 것이다. 그 공적이 필립 홉스봄의 것임은 사실이지만, 이 글의 목적에는 유용한 정보가 아니다. 그의 접근방식을 지배하는 원칙 일부가 더 중요하고 관련이 있다.

그 그룹의 활동에 자명한 원칙 중의 두 가지가 벨파스트 번역학 연구로 옮겨졌다. 첫째, 원칙적으로 어떤 글도 토론할 수 있다는 주장이 있었다. 예술적 전제나 본질적인 어려움 또는 그 밖의 어떤 것도 예외가 될 수 없다. 둘째, 쓸 수 있기를 희망하는 것을 쓰지 않는다는 격언이 있었다. 우리는 글을 쓸 능력이 되는 것만을 쓸 뿐이다. 내가 말하듯이, 어떤 의미에서 보면, 이 두 가지가 번역을 위한 지혜의 시작이라고 그 작가 그룹이 지적할 필요는 없었지만, 그 그룹은 나름의 방식으로 그것들을 집중하기 위해 많은 도움을 주었다. 셋째 원칙은 만약 당신이 그 토론에 참여한다면 토론을 위한 작품을 생산해야 한다는 것이다. 이 부분에서 미흡하여 결국 나는 쫓겨났다. 그러나 그 전에 그 그룹을 통해 아서 테리와 내가 몇 편의 번역을 읽을 수 있었고, 우리는 그 번역들을 나중에 함께 계속 토론하였다. 그리고 이러한 토론에서 그 배경에 에섹스 대학의 경험을 가지고 "번역의 이론과 실제"라는 스페인어 수업이 벨파스트의 퀸스 대학에서 탄생하였다.

이제 그 우스꽝스러운 일에 대해 중얼거리는 것을 즉시 그만하겠다. 그 사건은 가장 중요한 것이 아니기 때문이다. 그것은 그런 종류의 가장 중요한 것일 수도, 아닐 수도 있다. 확실한 것은 유일한 것이 아니었다는 점이다. 그러나 내가 금방 서술한 상황은 그러한 수업이 어떻게 탄생하였는지에 대한 전형적인 예였다. 그 수업의 내용도 마찬가지였다. 평가의 절반이 학생 자신의 번역 프로젝트로 갔고, 거기서 학생은 자신이 쓴 전략, 어려움, 해결책을 토론하였다. 그러한 토론의 개념적 프레임은 스페인어에서 그리고 스페인어로 번역된 텍스트에 대한 수업을 통해 만들어졌고 그 수업에서 거의 모든 시대와 장르에서 나온 원본 발췌문을 가지고 공부하였다. 가르치는 시간의 약 3분의 1이 "이론"을 위해 남겨졌다. 이것은 나이다(Nida), 캣포드(Catford) 또는 브라워(Brower) 선집을 때로는 우리 자신의 이론에 절충적으로 살펴보는 것을 의미했다. 그러나 우리는 그 수업을 이론과 실제가 아니라 "실제와 이론..."으로 부르는 것이 맞았다. 왜냐하면, 학생들이 자신이나 다른 학생이 번역한 것을 곰곰이 생각해보면서 번역이 만들어지는 과정을 이해하는 것이 가장 중요했기 때문이다. 목적은 타인과의 열린 대화 속에서 학생 번역자를 일종의 역사적으로 중요한 기념비 석공의 견습생에서 자율적인 생산자로 업그레이드시키는 것이었다. 그것이 다른 점에서 보면 서로 많이 다를 수 있는 수업들 사이의 본질적인 유사성이었다. 그 수업들은 모두 이론 읽기를 더 많게 또는 더 적게 포함하거나, 워크숍에서 선생님이나 학생 자신의 번역을 더 많게 또는 적게 사용하였다. 그것을 살피는 것은 부분적으로 또는 전적으로 프로젝트에 기초했고 프랑스어와 스페인어 같은 현대 언어, 영어, 비교 문학적 컨텍스트가 있었다.

그 수업들이 공유하는 공동의 이상은 학생들이 진정으로 자신의 문화, 즉 도착어권 문화를 위해 번역해야 한다는 것이다. 그러나 학생들은 결코 그렇게 하지 않았다. 그들의 번역은 여전히 교수와 평가자들을 향해 있었다. 교수는 고치기 위해서가 아니라 토론하기 위해 있다고 너무 많이 항의할 수 있지만, 보통 가르치는 사람과 동일한 사람이기 마련인 평가자를 항상 조심해야 한다. 일반적인 결과는 "안전한" 텍스트의 번역 프로젝트를 선택하는 것이었다. 시는 거의 없고, 지루하고 어휘 면에서 까다롭지 않은 산문을 선호했다. 어떤 학생은 지나치게 길게 번역함으로써 보상하였다. 물론 전체 과정의 정당성을 입증해주는 것 같은 진정한 양질의 프로젝트도 있었다. 그러나 때때로 학생들은 침착한 신예 작가와, 조용한 삶을 추구하는 외국어 잘하는 야심 없는 사람 사이에 양극화된 있는 것처럼 보였다. 영어를 기본으로 하는 수업이 전자, 즉 그 신예 작가의 특징을 갖고 있고, 스페인어, 프랑스어와 같은 현대 언어 수업은 후자 즉 외국어 잘하는 야심 없는 사람의 특징을 갖는다는 나의 인상은 사실일까? 그렇든 그렇지 않든 우리는 문학번역 수업이 번역 엘리트를 만들어내기 위해서인지, 언어들이 만나는 곳에서 평등한 언어 사용을 위한 것인지 질문해봐야 한다. 어느 쪽으로든 이렇게 개념적으로 자유로운 "시인들(makars)"을 실제 교육 안에 고정시키는 것은 번역이 무엇인지 정의할 때 반드시 영향을 끼칠 것이다.

우리는 또한 그들이 생각하기에 이론을 이해한 것을 실제 번역에 문제없이 가져올 수 있다는 가정을 다시 한 번 그리고 더 열심히 생각해봐야 한다. 그들의 실제 번역이 내가 금방 서술한 전략적 수동성에 영향받지 않을 때조차도 다른 번역가들이 한 것의 예는 이것에서 여전히 중요했다. 더 오래된 더 수사적인 번역 모델이 외국 문화에 의존하는 곳에서, 이러한 접근은 텍스트의 가까움에 의존했다. 1960년대 가르치고 실천되었던 문학 비평과 눈에 띄는 유사점이 있다. 그 분야에서처럼 여기에서도 우리는 그 과정의 추정된 투명성에 대해 더 많이 의심해야 하는 필요성을 아마도 받아들여야 한다. 비록 요구되는 의심의 정도에 대해, 그리고 의심이 어떻게 행사되어야 하는지에 대한 날카로운 의견충돌이 있을지라도 말이다. 그러나 이것보다 훨씬 더 실제적인 문제가 있다. 제시된 번역 텍스트의 예는 전형적으로 번역 역사의 어떤 설명에 놓여 있었다. 이것은 일리가 있었다. 그것은 번역물과 그것의 다양한 문화적, 사회적 배경 속에서 다양한 종류와 실제 번역을 보여 주었기 때문이다. 그러나 학생들이 텍스트/문화 배경의 중요한 특징을 알아볼 거라고 가정되는 한에서만 그것은 그렇게 했다. 다시 말해서 나머지 커리큘럼이 학생들이 전체 문학 정전을 잘 알게 만드는 한에서 말이다. 대개 그것은 1960년대에는 당연하게 여겨졌다. 좋든 싫든 20년 동안의 더 열려 있는 학생의 선택, 혁신적인 수업, 정부주도의 재촉과 개별 단위로 이루어져 학생들이 선택해 들을 수 있게 한 위대한 모듈 혁명(Great Modular Revolution) 이후에 그것은 이제 안전하게 추정될 수 없다. 우리는 학생들이 번역할 때 자신이 하고 있는 일을 어떻게 이해하는지 더 많이 생각해봐야 할 것이다.

그러나 중간에 있었던 모든 변화들이 내가 말해 온 전통적인 수업의 발전과 혁신에 도움이 안 된 것은 아니었다. 유럽에서 많은 교환 학생들이 와서 교수자가 두 개 언어 사용의 관리자가 되지 않고서도 두 개 언어를 더 자유롭게 사용하는 교수/학습 상황이 되었다. 어떤 이유에서인지 이것은 잠정적이고 일시적인 번역 시도를 더 쉽게 만든다. 우리 모두는 거의 똑같은 위험에 처해 있기 때문이다. 응용언어학습 및 취업용 언어 학습에서 주로 참여하는 학생들의 경험은 언어학습의 질문과 정의를 발생시킨다. 선택과 개별 단위 수업이 그 경험을 문학적인 것과 연결시키고, 그래서 학생 수업의 다른 요소가 다른 번역 유형의 요구를 제기한다. "이론"의 통시적인 프레이밍은 새로운 공시적 모델에 의해 대체될 수 있다. 똑같은 취지의 전략들이 언어교육의 광범위한 조사에서 등장하였다. 컴퓨터의 도움을 받는 연습에서부터 통역에 이르기까지 새로운 하위 과목들이 우리에게 새로운 방식으로 번역을 심문하게 만든다. 그리고 여기에서 현대 언어학자들은 글에 방점을 두는 문학 이론에서 온 이론적 관심에서 급격히 벗어날 수 있다. 가장 놀라운 것은 최신 언어 교수자들에게 실제로 "불가능한" 주제였던 번역이 언어를 가르치는 방식이 아니라 언어 전공 학생들이 배울 것이 많은 분야로서 새로운 존경심을 얻었다는 것이다. 이것에서 세인트 앤드루스(St Andrews) 대학교의 허비와 히긴스의 "번역학 방법론"은 중요한 방식으로 대학교 언어 수업에 영향을 끼칠 것 같다.[5)]

부분적으로, 이것은 그것이 문학번역 프로그램 요소와 직업 관련 언어 수업에 일반적인 텍스트 유형에 따른 접근의 요소를 결합하고 있기 때문이다. 그 두 가지 전통은 아마도 더 새로운 방향과 함께 살아남을 것이다. 그리고 현대언어 분야 너머에 있는 학생들 또한 자신들이 번역에 참여하고 있음을 알게 될 것이다. 컴퓨터 연구는 개념적으로나 상업적으로 아주 매력적인 주제를 포기하지 않을 것이다. 언어학자들은 수년 간 번역을 멀리하더니 이제는 눈에 띄게 거리를 좁히고 있다. 영문학과 비교문학 연구는 이 분야에서 이론적으로 잘 개발시킨 자신만의 전통을 갖고 있다. 이 모든 것들은 자신만의 실제 영역과 이론을 가지고 번역학 수업을 시작할 수 있다. 모듈 수업 계획은 그들에게 그것을 할 수 있는 기회와 인센티브를 제공한다. 또한 다른 인문학 과목, 즉 법, 역사, 사회 과학이 자신만의 번역 영역을 주장하는 것을 상상하기란 그리 어렵지 않다.

우리는 모듈 혁명이 우리에게 건물을 지을 수 있는 벽돌을 주는 것인지 아니면 쓸모없는 잘려진 조각들을 주는 것인지 아직 모른다. 그것을 지배하는 천재가 레고인지 프로크루스테스인지 모른다. 광범위한 학과들을 가로질러 등장할 수 있는 번역은 심지어 일관적일 수 있다. 그러나 번역의 발전이 정반대 효과를 낼 수 있고 번역이 목적은 아니라도 공식적인 커리큘럼 정책의 결과인 요즘의 이해의 파편으로 점점 더 고통받을 수 있는 진짜 위험이 있다. 이것을 피하기 위해서는 우리가 이러한 다양한 방향에서 벗어나 (우리는 이론을 가질 수 없기 때문에) 이론이라기보다는 이론화하는 공동의 능력을 개발시켜야 한다고 생각한다.

그런 식으로 표현할 필요성이 우리가 좀 전에 살펴본 두 개의 국면에서 분명히 나온다고 생각한다. 그 기념비적인 산문 수업 전통의 실수는 수사를 통해 번역을 가르쳤다는 사실이 아니라 번역이 이루어진 방식이다. 실수는 번역이 많은 수사가 있는 활동이라는 점, 그 수사들이 어디서 오는지 호기심을 갖고 의심하지 못했다는 점이다. 초기의 "창작" 접근은 분명 학생 번역자들이 현실에서 어떻게 독립적으로 번역을 수행하는지에 대해 순진했었다. 그러나 학생들이 그렇게 당연히 원해야 하는 것을 원한 점에서 잘못한 것이 아니고 모든 경우 그들은 실망하지 않았다. 우리가 학생에게 더 큰 이론적 통일성을 주려고 애쓸 때조차도 번역학의 그 완고한 복수성을 계속 소중히 여겨야 한다.

이것의 장애물은 일련의 서로 맞물린 딜레마로 요약할 수 있다. 번역은 상호교환과 의사소통의 과정이다. 번역을 하는 사람들이 믿을 만한 번역 수행 규칙들을 따른다면 더 잘할 수 있을 것이다. 그러한 교환을 정의하고 설명하는 더 일반적인 명제 속에 우리는 이러한 규칙들이 포함될 것으로 생각한다. 현재 지식 상태에서 수행 규칙이나 더 일반적인 적용은 둘 다 결정적으로 만들어질 수 없다. 그러나 번역을 '위한' 이론과 번역에 '대한' 이론이 있다는 것은 정말 분명해 보인다. 그러면 우리는 다음과 같은 질문을 판단해야 한다. 우리는 번역을 위한 이론을 가르쳐야 하나 아니면 번역에 대한 이론? 아니면 둘 다? 둘 다 가르쳐야 한다면 어떻게 결합하고 어떤 관계로? 이러한 문제를 결정하는 방식은 아이디어가 형성되고 시험받고 수정되는 더 폭넓은 주장의 문제일 것이다. 통번역 세미나와 같은 모임이 홍보하는 그런 종류의 논쟁과 대화와 같은 것이다. 그러나 일단 우리가 일하는 곳으로 돌아가면 우리 자신의 다른 모델, 즉 대중 정책이 우리 모두 서로를 경쟁하는 것이 건강하다고 생각하는 개념상의 시장에 갇혀 있는 것을 알게 된다. 그 모델 안에서 우리는 논쟁하지 않는다. 우리는 할 수만 있다면 자신의 가게가 시장을 장악하고, 다른 사람들을 혹평하고 살아남게 하려고 하기 때문이다. 그리고 물론 우리가 그런 넌센스와 작별할 수 있는 방식을 조만간 찾지 못한다면 번역학의 입지는 아니 다른 모든 인문학 분야의 입지는 좁아질 것이다.

윤선경 번역

미주

1) 파이퍼(Pfeiffer)(1976:3-66 그리고 다른 여러 곳, 특히 30, 31-2, 53-4 쪽)

2) 뉴마크(1981:ix-x). 그 때 즈음의 영국 고등교육 기관에서 일하는 사람들은 어느 분야에서 일하든 번역학에서 일어나고 있는 일에 대해 종합적으로 설명할 수 없었다는 사실 또한 언급해야 한다.

3) 겐츨러(1993:7-12)는 미국의 번역학과 창작 수업이 연계되어 있는 현재 상황에 대해 기록한다.

4) 누구보다도 히니(1980:28-30)를 참조할 것.

5) 허비와 히긴스(1992). 또한 허비, 히긴스, 헤이우드(1995)를 참조할 것. 샌더 허비의 때 이른 죽음으로 영국의 번역학은 중요한 발전의 순간에 뛰어난 창조성을 잃었다.

참고문헌

1. Gentzler, Edwin. 1993. *Contemporary Translation Theories*. London: Routledge. Heaney, Seamus. 1980. *Preoccupations. Selected Prose 1968-1978*, London: Faber and Faber.

2. Hervey, Sándor and Higgins, Ian. 1992. *Thinking Translation. A Course in Translation Method: French to English*. London: Routledge.

3. Hervey, Sándor, Higgins, Ian, and Haywood, Louise M. 1995. *Thinking Translation. A Course in Translation Method: Spanish to English*, London: Routledge.

4. Newmark, Peter.1981. *Approaches to Translation*. Oxford: Pergamon. [2nd edn 1988, London: Prentice-Hall International],

5. Pfeiffer, Rudolf. 1976. *History of Classical Scholarship from 1300 to 1850*. Oxford: Clarendon.

번역 이론은 학부생에게 어떤 도움이 될까?

에드윈 겐츨러 Edwin Gentzler
매사추세츠 대학교 (에머스트 캠퍼스)

서론

매사추세츠 대학교(에머스트 캠퍼스)에 재직하면서 학부생들을 대상으로 하는 번역 교과과정 개발을 요청받은 적이 있는데, 그때 신설한 교과과정 중의 하나가 '번역의 이론과 실제'라는 과목이었다. 본 논문에서는 그 교과목의 운영과정에서 활용했던 전략과 성공 및 실패 사례를 논하면서 앞으로 이같은 번역 교과과정을 개발하는 과정에 교훈적인 참고가 되고자 한다. 그 과목의 내용은 크게 세 가지 영역, 즉 이론, 기술 번역학, 그리고 응용연구로 구성되었는데, 이 세 분야를 상술했던 제임스 홈즈(James S. Holmes, 1972/75; 1988 재판)의 1972년 논문은 '번역학'의 연구 체계를 정립하면서 신생학문의 출범을 알렸던 상징적인 연구 중의 하나로 손꼽힌다. 홈즈에 의하면, 이 세 가지 연구영역은 고립되거나 별개의 것이 아니라 부분적으로는 겹치기도 하면서 서로에게 변증법적 영향관계, 즉 한 영역의 발전이 다른 영역의 연구자들과 실무자들에게 영향과 도움을 주도록 되어있다. 번역학 연구에서 그 같은 상호 발전적 관계는 그동안 거의 찾아볼 수 없었는데, 그 이유는 대부분의 번역학자들은 상당히 좁은 범주의 이론적 개념에 집착하면서 도착어 텍스트 중심의 유사 경험적 개념을 옹호하고, 실제 번역작업이나 번역과정의 자료화 같은 필요성은 무시하는 경향이 있었기 때문이다. 또한 현장에서 실제로 번역을 하는 번역가들 역시 번역이론이 자신들의 번역능력 향상에 별다른 도움이 되지 않는다고 생각하면서 번역이론의 발전의 가치를 무시하는 경향이 있었다. 그러다보니 번역이론과 번역실제의 간극은 여전히 좁혀지지 않았다. 본 논문에서는 ① 번역이론의 눈부신 발전과 ② 기술번역학 연구의 발전 및 ③ 번역과정을 기록하는 새로운 자료화 작업을 논의하면서 이 같은 논의들을 학생들이 어떻게 받아들였는지를 정리하고자 한다.

이론의 눈부신 발전

조지 스타이너(George Steiner, 1975)는 지난 2,000여 년 동안 번역이론의 역사는 직역과 의역 논쟁의 지속적인 반복으로 정의할 수 있다고 주장한다. 그에 따르면 '현대' 번역이론은 구조주의와 함께 시작되었는데, 그 출발점은 스타이너에게는 바로 로만 야콥슨(Roman Jakobson)을 의미하며, 그런 관점에서 현대 번역이론은 시대의 확장을 반영한다. 만약 번역이론의 발전을 일반화시켜 말한다면, 한마디로 이론의 진정한 '폭발'이라고 할 수 있다. 언어학이나 기호학, 심리학, 철학, 문학이론, 해체주의, 폴리시스템(polysystem)이론, 수용이론, 페미니즘 및 문화연구를 하는 학자들은 모두 번역에 대한 이론을 발전시키는 데 학문적 관심을 가지고 있다. 한때 비교문학이나 언어학의 주변부 분야였던 번역이론은 오늘날 다양한 학문의 중심 무대에서 동시다발적으로 작동 중이다.

스타이너가 야콥슨의 형식주의 연구의 패러다임 전환을 구소련(러시아 형식주의)과 이후에는 체코 프라하(프라하 구조주의)에서 찾으려고 한 점은 옳다고 생각한다. 우리는 야콥슨의 『번역의 언어학적 측면』(*On Linguistic Aspects of Translation*, 1959)과 그가 정의 내렸던 '언어내적'(intralingual), '언어간'(interlingual), '기호간'(intersemiotic) 전환이라는 번역의 분류에 대한 논의로 수업을 시작했다. 이때에도 수업에서 이 세 가지 형태의 번역연습을 다루었는데, 가장 흥미로웠던 것은 아마도 '언어내적' 번역이었다. 교수님에게 이야기했던 그 내용을 친구에게 이메일이나 채팅으로 다시 설명하는 과정에서 발생하는 '언어내적' 번역이나, 한 편의 시를 문학성이 돋보이는 '언어내적' 번역에 도전해보거나, 아니면 아예 뉴욕 거리의 속어로 번역해 보는 등 다양한 종류의 '언어내적' 번역을 시도했다. 학생들은 수업에서 특히 이 부분을 별다른 어려움 없이 뛰어나게 잘 다루었다. 특히 그들은 하나의 기호 시스템, 예를 들어 음악이나 영화, 컴퓨터 화면에 있는 내용, 학술 대담, 시나 춤 같은 것을 다른 기호 시스템으로 아주 잘 옮기는 것 같았다. 또한 학생들은 '언어내적' 및 '기호간' 번역에 대한 사례들을 교수보다 훨씬 더 많이 생각해냈고, 이에 관한 토론은 활기로 가득했다. 다양한 주제에 대한 날카로운 질문들도 계속해서 나왔는데, 그 중에는 '번역은 무엇인가?', '번역에 대한 학자들의 정의는 무엇인가?', "실제' 현실에서의 번역은 무엇인가?', '학술적 번역과 실용적인 번역의 관점의 차이는 무엇인가?', '번역의 정의는 다양한 문화적 환경에 따라 달라지는가?', '번역/번안/모방 사이의 경계선은 무엇인가?' 등의 심도 있는 질문들도 있었다. 한때 '언어내적' 번역과 '언어간' 번역으로 확실하게 구분되었던 영역의 경계가 재빠르게 흐려지기 시작했는데, 특히 학생들이 영어를 영어방언이나 속어로 '언어내적' 번역을 시도하는 과정에서 그러했다.

이론 발전의 측면에서 학생들의 질문은 실제 번역 현장에서 나오는, 때로는 불편한 질문들과 비슷했다. 그러나 '번역은 무엇인가'라는 질문에 대해서는 제대로 된 답변이 나오지 않았다. 경험적 연구를 통해 알게 된 사실은, 번역은 처음에 생각했던 것보다 훨씬 더 광범위하게 널리 퍼져 있는 일반적인 현상이라는 점이다. 호세 랑베르(José Lambert,1989)는 번역된 담론은 대부분의 메시지에서 발생하고 현실에서는 그렇게 인식되지 않는다고 설득력 있게 주장한다. 자크 데리다(Jacques Derrida, 1985a, 1985b, 1992)도 대부분의 최근 연구에서 똑같은 주장을 하고 있다. 언어학자들에 의하면, 번역은 고립되어 존재하지 않을 뿐더러, 그 어떤 번역도 모든 것을 번역하는 것은 아니라고 지적한다. 『기호학: 자연과 문화의 기호-이론 토대를 위한 안내서』(*Semiotics: A handbook for sign-theory foundations of nature and culture*)에 실린 글 중 번역을 정의하고자 하는 논문에서 랑베르와 클렘 로빈스(Clem Robyns)는 한 가지 흥미로운 역설을 제시한다. 문화에 의해 번역된 것으로 여겨지는 많은 메시지들은 학자들이 세워놓은 제도나 방식과는 양립할 수 없으며, 문화적인 면에서 번역으로 인식되지 않는 메시지들은 일반적으로 번역으로 여겨지는 것과 똑같은 특징을 지니고 있다는 점이다. 물론, 현실적으로 번역학자들이 모든 데이터들을 분석하고 연구한 것은 아니며, 설명모델에 도달하지도 않았다. 우리 수업을 듣는 독일 학생이 다른 학생들을 위해 'Übersetzen'[번역하다]와 'Dolmetschen'[해석하다] 사이의 차이를 지적하였는데, 나는 'Umdichten'[다시 작업하다]에 대한 설명과, 라이프치히에서 사용되었던 번역을 덧붙였다. 우리가 공부하고 있는 것이 무엇인지 제대로 알기 전까지는 기술번역이나 과학적 번역, 언어적 번역, 이론적 번역 등에 대한 담론은 기껏 해봐야 임시적인 것일 수밖에 없다. 사실 아직도 번역학이 대상물, 즉 번역텍스트를 연구하는 것인지, 아니면 대상물 사이의 관계, 즉 전환 과정을 연구하는 것인지 명확하게 정리되지 않았다.

번역학 분야에서 제기되는 질문들은 사상이나 지식, 매개된 생각, 글쓰기, 상대성 사이의 조정, 권한 부여, 대리 혹은 대행, 민족주의 등에 대한 모든 종류의 연구활동의 최첨단에 놓여 있는 문제들이라고 생각한다. 겉으로 보기에 너무나도 순진한 질문들을 던지는 나의 학생들은 번역학에 대한 보다 심층적인 연구를 수행하기 위해 필요한 지점을 제공하고 있다. 질문의 몇 가지 예를 살펴보면, '누가 번역을 시작하고, 왜 시작하는가?', '번역을 통해서 어떤 종류의 새로운 대상이 만들어지는가?', '번역을 통해서 어떤 종류의 공간이 열리며, 그 공간은 어떻게 다시 개념화되는가?', '번역을 통해 잃어버리는 것은 무엇이며, 왜 그런 현상이 발생하는가?', '포함과 배제를 지배하는데 어떤 규칙들이 있는가?', '번역에 대한 반응으로는 어떤 것들이 있는가?', '이 반응들은 얼마만큼 문화적으로 결정되는가?', '번역할 때 지배적인 원본중심주의로부터 벗어날 수 있을까?', '지배적인 보편주의는 피할 수 있을까?', 그리고 '저항의 전략은 무엇인가?' 등이 있다.

번역의 개념을 서로 다른 언어들에서의 문화적 요소에 달려 있는 것으로 정의하는 시도는 등가의 문제와 같은 관련 이론의 문제를 제기한다. 대부분의 번역 이론들은 스타이너의 경우처럼 해석학적 모델이든, 현대 언어학에 기초한 언어학적 모델이든, 아니면 유진 나이다(Eugene Nida)의 경우처럼 문화적/기능적 모델이든, 결국 등가라는 가설에 바탕을 두고 있다. 심지어는 가장 중요한 번역학자들도 번역평가에 있어서 출발어 텍스트 중심적인 등가의 모델에서 벗어나는 것을 쉽지 않은 것으로 생각한다. 그러나 야콥슨 이후의 대부분의 문학이론가들과 유럽의 철학자들은 구문론적, 의미론적, 기능적, 역동적, 문화적, 또는 그 어떤 종류의 등가이든 간에 등가에 도달한다는 것에 회의적이다. 이스라엘 출신의 번역 이론가인 이타마 이븐-조하(Itamar Even-Zohar, 1978; 1990)와 기디온 뚜리(Gideon Toury, 1980)는 번역이 필연적으로 도착어권에서의 수용을 목표로 하기 때문에 도착어권의 문화적 규범은 왜곡을 만들어내게 된다는 점을 설득력 있게 설명하였다. 네덜란드의 번역 이론가 키티 루벤-츠바르트(Kitty Van Leuven-Zwart, 1989; 1990)는 번역된 모든 단어는 변형을 포함할 뿐만 아니라, 많은 단어들이 다중의 변형을 동시에 가지고 있다는 점을 보여주면서 1960년대 후반 체코 기호학자들이 주장한 번역 전환(translation shifts)의 논점을 뒷받침해주었다. 각각 벨기에와 영국 출신인 번역 이론가 앙드레 르페브르(André Lefevere, 1990)와 수잔 바스넷(Susan Bassnett, 1990)은 권력 기관이 어떤 방식으로 번역물 생산에 영향을 끼치고 굴절시키는지를 연구하기 위해 이미지와 이데올로기의 측면을 분석했다. 그리고 데리다의 해체주의 프로젝트는 도착어 문화권에서 등가어로 재생산할 수 있는 것은 말할 것 뿐만 아니라, 어떠한 종류의 텍스트든 원래의 의미를 파악할 수 있다는 생각에 도전장을 던진다.

솔직히 말하면, 수업시간에 데리다와 이븐-조하, 뚜리의 짧은 논문을 학부 학생들에게 과제로 내 주었는데 그들은 그 어떤 것도 제대로 이해하지 못했다. 우리 모두는 그 이유를 안다. 이런 종류의 텍스트들은 내용이 너무 복잡하고, 지나치게 전문 용어로 가득차서 소통을 방해하였다. 이븐-조하의 논문의 경우, 학생들은 그것의 '과학적' 수사학에 적대적이었다. 그리고, 번역에 대한 데리다의 생각은 수업을 듣는 학생들의 의미 회로에 과부하가 걸리게 했다. 그러나 학생들과 소통이 된 부분은 도착어 문화권의 문화적 규범, 즉 문학적이고 사회적인 규범에 대한 고려였다. 예를 들면, 뚜리 저서(1980)의 마지막 장인 『막스와 모리츠』(*Max und Moritz*)의 히브루어 번역에 대한 사례 연구는 학생들의 이해에 큰 도움이 되었다. 한 채프터에서 독일어 출발어 텍스트에서는 막스와 모리츠가 방앗간에서 빻아져 가루가 되어 땅에 뿌려졌다가 방앗간 주인집의 오리 밥이 되어 버리는 장면이 있다. 뚜리는 이 작품에 대한 다양한 번역텍스트에서 찾아볼 수 있는 차이는 도착어 문화권의 사회적 환경에 의해 좌지우지되는 사실을 설득력 있게 주장한다. 그들이 방앗간에 아예 도착하지도 못한 것으로 번역한 경우도 있고, 또 다른 번역에서는 기적적으로 구조되기도 한다. 이는 그 어떤 유태인 부모도 자신의 아이들이 그러한 폭력적인 결말에 노출되는 것을 원하지 않기 때문이다. 잘 알려져 있듯이 뚜리는 거의 모든 번역 전환은 도착어권 문화 규범에 의해 지배된다고 주장하는데, 출발 텍스트에 대한 등가는 그의 논의에서 사라졌다.

다양한 나라에서 온 학생들이 함께 모여 듣는 국제수업에서는 규범에 대한 논의나, 규범이 번역 결정에 어떻게 영향을 끼치는지에 대한 토론이 아주 생산적일 수 있다. 인도 학생은 아시아의 많은 문화권에 존재하는 종교적 금기로 인해 어떤 특정 주제, 예를 들어, 인도에서 연극이나 영화 속에서 키스하는 장면을 표현할 때 서양문화에서 많이 보아서 익숙한 방식대로 왜 표현되지 못하는지 이야기했다. 캄보디아 학생은 어떤 식으로 미학적 관심이 번역가에게 다양한 형식적 제약을 불러일으키는지 이야기했다. 독일 학생은 독일 문화에서는 언어의 정확성이 번역에 필수적이기 때문에, 번역과정에서 미국에서보다 문법적으로 더 이국적인 요소들을 받아들이게 되었다고 주장하였다. 그리고 북미 학생들은 언어적 정확성보다는 문학적 기능을 계속해서 강조하였다.

이러한 다양한 국적의 학생이 있는 수업은 번역과정을 더 이해하도록 도움이 될 이론적 개념들을 소개하는데 가장 비효과적인 반면, 번역 연구에 대한 도착어권 중심의 접근을 소개하고, 등가에 대한 전통적인 관점을 흔들어놓고, 번역을 해석할 때 이데올로기가 불가피하게 개입되는 것을 깨닫게 해주는 간접적인 효과는 거둘 수 있었다. 또한 단일 언어를 가르치는 전공학과의 울타리 밖으로 번역 교육을 옮겨서 다양한 언어와 문화에 기반하는 번역 교과과정을 만들어야 할 필요성도 보여주었다. 학생들은 교과서에 나오는 정의와 개념에서보다는, 다양한 문화권에 존재하는 번역에 대한 다양한 정의와 방식에서 더 많은 것을 배웠다. 특히 북미권 학생들은 다른 나라에서 실제 번역에 영향을 끼치는 문학적, 언어적, 이데올로기적 제약을 알고서 많이 놀라워했다.

기술번역학 연구의 발전

번역이론의 가장 흥미진진한 발전은 아마도 번역이론, 기술번역학, 응용연구 세 단계 중에서 그 중간지점, 즉 기술번역학(descriptive studies)에서 일어났을 것이다. 그동안 네덜란드와 벨기에에서는 하나의 텍스트에 대한 다양한 번역본을 비교연구하는 방법론이 생겨났다(Lambert &Van Gorp 1985; Lambert 1988; Van Bragt 1982; Vanderauvera 1985; Heylen 1993). 이 같은 번역 비교 작업은 실제로 번역하는 사람들에게 큰 도움이 될 수 있다. 올바른 번역이나 더 나은 번역이 있는 지를 지적하기 보다는 다수의 번역이 가능하며, 모든 번역은 장단점을 가지고 있음을 즉시 알 수 있다. 학생들은 번역과정에서 항상 작동하고 있는 도착어 문화권의 규범뿐만 아니라, 텍스트 선정 문제에서 시 번역에서 어떤 운율을 사용할지와 같은 훨씬 더 소소하고 개별적인 문체 관련 선택에 이르는, 번역가가 내리는 모든 주관적인 결정들도 본다.

학생들에게 가장 반응이 좋았던 것은 바스넷이 『번역학』(*Translation Studies*, 수정판 1991)에서 제시한 두 가지 사례 연구였다. 첫 번째는 카툴루스(Cartullus)의 "Poem 13"의 몇 가지 번역 텍스트를 비교한 것인데, 시의 길이, 모양, 시행의 구성, 어조의 차이를 지적하였다. 두 번째는 찰스 케네디(Charles W. Kennedy)와 에즈라 파운드(Ezra Pound)가 앵글로-색슨 시대의 시 「뱃사람」("The Seafarer")을 번역한 각각의 번역본을 비교한 것인데, 두 번역가가 서로 기독교와 이교도라는 상이한 종교적 해석을 시도한 것 뿐만 아니라, 두운이나 강세 형태, 문법 도치 및 소리 등과 같은 형식적 요소들을 어떻게 서로 다른 방식으로 재현했는지를 보여주었다. 번역을 어떻게 해야 하는지 교과서가 설명하는 것이 아니라 실제로 번역가가 어떻게 번역했는지를 살펴봄으로써 학생들은 자신감을 얻었다. 번역과정에서 선택들이 폭넓게 열려 있다는 점과, 때로는 포프(Pope)나, 존슨(Johnson), 파운드, 코플리(Copley)와 같은 번역가들이 매우 급진적인 대안들을 선택했다는 사실을 배우면서 학생들에게 새로운 세계가 열렸다. 번역이 출발어 텍스트에 대한 충실성에 의해 반드시 제약을 받는 것이 아니라, 특정 문화의 지배적 미학을 해석하거나 고착화시키고, 때로는 변화를 줄 수 있는 도구로 이용될 수 있음을 알게 되는 것은 번역을 이해하는데 많은 도움이 되었다.

학생들에게 각자의 사례연구 과제가 주어졌는데, 그들은 동일한 텍스트의 다양한 번역 텍스트를 찾는 것이 얼마나 힘든 일인지 불평했지만, 그들의 과제의 결과물은 상당한 소득을 거두었다. 중국 학생은 공자 텍스트의 몇 가지 상이한 번역본을 발견했는데, 아이러니하게도 학기 초에는 이백의 시를 번역한 파운드의 영어번역 텍스트를 비판했는데 이번에는 파운드의 공자 텍스트 번역을 꽤 마음에 들어 했다. 이와는 달리, 북미권 학생들은 동양의 현인인 공자에 대해 자신들이 생각하는 '이미지'에 딱 맞는다는 이유로 아서 웨일리(Arthur Waley)의 번역을 선호하였다. 그 중국 학생은 공자가 "저기 문이 있으니 사용하거라!"처럼 직접적이고 조금은 까칠하면서도 명령하는 어조로 제자들에게 말했다고 북미권 학생들에게 알려주었는데, 오히려 북미권 학생들은 "누가 저 문을 통하지 않고 집 밖으로 나갈 수 있다고 생각하겠는가?"(『논어』; 케너 재인용 1963:14)와 같은 웨일리의 부드러운 번역을 선호하였다. 북미권 출신의 어느 학생은 파블로 네루다(Pablo Neruda) 시에 대한 몇 편의 영어번역 텍스트를 분석하면서, 벨리트(Bellitt)나 블라이(Bly), 머윈(Merwin), 펠스타이너(Felsteiner) 같은 번역가들도 시에 담겨 있는 공포나 종종 이상하고 반지성적인 이미지를 제대로 잡아내지 못했다고 생각했다. 사실 네루다 시의 가장 관능적이고 충격적인 이미지를 잡아낼 것으로 기대되었던 두 번역가 블라이와 머윈은 사실 정말 문자 그대로의 직역으로 밋밋하게 번역하고 말았다.

거의 모든 사례 연구에서 학생들은 처음에 가졌던 기대와 반대되는 놀라운 사실을 발견하였는데, 그 같은 발견은 번역학에서 더 많은 기술번역학 연구의 필요성을 강화하였다. 번역 교육을 단일 언어만을 다루는 외국어 전공학과의 울타리 밖으로 옮기는 일이 매우 생산적이라는 사실이 다시 한 번 입증되었다. 학생들은 다른 학생들이 발견한 결과물을 통해 흥미와 놀라움을 경험하게 되었고, 구체적인 사례들은 작가와 텍스트에 대한 기존의 상투적인 '이미지'를 무너뜨렸다. 이런 맥락에서, 유럽 북해 연안의 벨기에와 네덜란드, 룩셈부르크로 이루어진 '저지대' 국가들의 번역학자들이 발전시킨 기술번역학 연구방법론들은 수업에 매우 유용한 도움이 되었다.

번역과정을 기록하는 새로운 자료화 작업

번역학자들이 번역 이론과 기술번역학 분야에서 중요한 발전을 이루었던 반면, 번역과정 연구는 별다른 기여를 하지 못했다. 이와 관련해서 영미권 문학번역가들과 독일 심리언어학자들의 연구가 영향력이 있다고 생각한다. 다니엘 바이스보르(Daniel Weissbort, 1989)는 문학번역에서 번역과정을 자료로 기록하는 새로운 연구 분야가 등장하고 있다고 주장한다. 이 새로운 분야에 펠스타이너(Felsteiner, 1980), 블라이(Bly, 1984), 바이스보르(1989), 르바인(Levine, 1991)과 같은 학자들이 중요하다. 독일어권에서 번역과정에 대한 중요한 연구가 심리언어학 분야와 번역학 분야에서 이루어지고 있는데, 특히 크링스(Hans Krings, 1988)과 한스 회닉(Hans Hönig, 1991), 쿠스마울(Paul Kußmaul, 1991)의 연구가 그러하다.

그러나 이 같은 번역과정에 대한 연구가 갖고 있는 문제는 번역가들이 자신이 번역과정 중간 중간에 메모해 둔 기록을 대중에게 공개하지 않는다는 것이다. 그 기록에는 지나친 감정표현, 원본을 번역하는 선택 등은 말할 것도 없고, 수많은 실수와 잘못된 시작, 부적절한 해결

방법의 선택 등이 다 드러날 것이다. 바이스보르는 번역과정을 재구성하기 위해 번역가들에게 자신들의 내면의 생각을 끄집어 내어 기록으로 남겨두고, 번역 초고도 버리지 말고 보관해 달라고 부탁했다. 부탁한 시인들 대부분이 답장을 보내지 않았다. 응답한 사람조차도 바이스보르의 의견에 반대했는데, 예를 들면 번역가 미카엘 함부르거(Michael Hamburger)는 번역 준비라는 것은 수 년간, 원본 속에서 살고 동화되면서 머리 속에서 이루어지는 작업이라고 주장하면서, 그렇기 때문에 그의 번역은 여러 단계의 수정본 같은 것 없이 항상 단 한 번에 이루어진다고 했다. 번역가 시손(C. H. Sisson)의 경우, 바이스보르의 요청을 받고 보니 "거짓말을 가르치는 법"에 대한 워즈워드의 시가 생각난다고 답장했다.

그럼에도 바이스보르의 책은 자신의 개인적인 공간에서 작업하는 시인의 모습을 엿볼 수 있는 기회를 제공하는데, 이는 그동안 번역학 연구나 번역 워크숍을 통해서도 이루어내지 못했던 것이다. 번역 초고 원고에는 온갖 수정과 삭제의 표시들이 있다. 번역가가 어떤 선택을 내렸는지, 하나의 선택이 텍스트 전체에 어떤 반향을 불러일으켰는지도 볼 수 있게 된다. 예를 들면, 스웨덴의 형식주의 시를 번역한 모페(Judith Moffet)는 보드판 없이 '스크래블' 같은 글자 퍼즐 맞추기 게임 하는 것에 비유를 한다. 모페의 번역원고는 특히 지저분한데, 그녀의 글은 해결책을 찾으려는 서툴고 임시방편의 절망적인 탐색을 인정한다. 그녀가 번역을 통해 글을 재구성하는 과정이 아무리 지저분하더라도 현실은 자신의 노트나 원고보다 훨씬 더 지저분하다고 주장한다. 자신의 번역에 대한 모페의 이야기는 이론가 레비(Jirí Levý)의 논문 「의사결정 과정으로서의 번역」('Translation as a Decision Making Process', 1967)을 떠오르게 한다. 그 논문에서 레비는 번역 과정을 엄격한 규칙 없이 진행하는 체스와 같은 게임에 비유한다. 여기서 자신이 이미 받은 수와 앞을 내다보는 목표에 근거해서 선택을 한다. 이 같은 '스크래블' 보드게임의 비유를 홈즈(James S. Holmes)의 논문, 「지도를 맞추고 만드는 것에 관하여: 번역가의 공책에서」('On Matching and Making Maps: From a Translator's Notebook', 1973)에서 처음 접했다. 그 논문에서 홈즈는 "번역은 다음과 같이 때로는 더 복잡한 '스크래블' 게임이 된다. '세 음절로 된 단어 하나를 맞춰보세요. 첫음절과 세 번째 음절에 강세가 있고, b로 시작하며 절망을 뜻하는 단어입니다.'"(1973: 55)라고 말한 바 있다. 비록 내 학생들은 레비의 논문이 언어학 용어로 너무 가득 차서 이해할 수 없다고 생각하면서도, 체스 게임과 '스크래블'의 비유는 이해했을 뿐만 아니라 유용하다고 생각했다.

독일의 크링스(Krings)와 회닉(Hönig) 및 쿠스마울(Kußmaul)의 연구는 아마도 작가들에게 소설을 재구성하라고 여전히 요청하는 바이스보르의 것보다는 방법론적으로 더 발전한 것 같다. 예를 들면, 회닉은 번역과정의 정신적인 면을 이해하기 위해, 일을 하면서 머릿속에 떠오르는 생각을 서술하는 '큰소리 발화 프로토콜'(Talk-Aloud Protocol)을 개발했다. 그는 번역가들이 습득하는 전략 중의 많은 부분이 이 같은 프로토콜 과정을 억제하면서, 번역가의 능력의 중요한 요소인 창의성과 자신감을 희생시킨다는 사실을 알아냈다. 번역에서는 통제되지 않고 무의식적이며 직관적인 판단이 아마도 의식적이고 통제되고 이성적인 선택보다 훨씬 더 중요할 수 있다. 쿠스마울은 두 번역가가 동일한 텍스트를 번역하고 자신들의 번역 과정을 함께 논의하는 방법모델을 제시했는데, 이를 정신적 과정의 대화 프로토콜(Dialogue Protocol of the Mental Processes)이라고 지칭했다. 번역가가 자신에게 말하는 독백은 인위적인 환경을 만들어내는 반면, 그 대화 방법론은 아마도 더 자연스럽고 신뢰할 수 있는 것 같다. 다시 한 번 쿠스마울은 무의식적인 연상이 의식적인 결정보다 훨씬 더 중요하다고 강조한다. 번역과정에서 빈번하게 막히는 일이 생기는데, 이럴 때 번역가는 공상에 빠지거나 아이디어를 구상하거나, 아니면 바로 앞에 놓인 일로부터 관심을 돌려야 한다. 휴식을 취하는 것도 도움이 되고, 가치판단이나 평가의 대상이 되지 않으면 확실히 도움이 되는 것 같다. 언어를 가지고 자유롭게 놀이를 하고 다양한 연상을 만들어내고, 즉흥적일 수 있는 능력은 '좋은' 번역을 만들어내는데 본질적인 요소인 것 같다.

학생들은 크링스, 회닉 및 쿠스마울의 연구가 가치 있다고 생각했으며, 자신의 창조적인 번역에 적용하였다. 어떤 학생은 어려운 번역문제를 꿈 속에서 풀 수 있었고, 일어나서 그 해결 방법을 적어 놓기도 했다. 또 어떤 학생은 음악이 마음을 편안하게 해주고, 막히는 상황에서 벗어나게 해 준다고 생각하였다. 많은 학생들이 의외로 자동차 운전이 창조적인 번역을 하는데 생산적이라고 말했다. 우리가 번역을 '가르치는' 환경을 둘러볼 때 나는 이 같은 창의적인 번역 워크숍을 위한 더 나은 공간은 없는지 고민하게 되었다.

결론

매사추세츠 대학교 애머스트 캠퍼스의 학부과정 번역 수업이 의미하는 것이 있다면, 그것은 바로 학부생들이 이론을 의외로 쉽게 잘 다룬다는 점이다. 학생들은 어떤 읽기는 매우 어렵게 생각한 반면에, 시스템 이론가가 상정하는 가설이나 심리언어학자들이 제시하는 인지이론에 대한 학생들의 반응을 보면 이론과 제대로 소통했음을 알 수 있다. 더우기 자신의 번역을 좀 더 넓은 문화적 맥락에 위치시킴으로써, 학생들은 자신의 의사결정 과정이 문학시스템 발전에 영향을 주고 변화도 이끌어내고 있음을 알게 된다. 번역의 확장된 개념으로 인해 학생들은 다중의 번역기술, 즉, '언어간' 번역뿐만 아니라 '언어내적', '기호간' 번역을 활용할 수 있게 됨으로써 자신감도 얻게 되었다. 학생들은 번역 문제에 정답과 오답이 있다는 두려움에서 벗어나, 문제를 해결하는 데 다양한 전략이 있다는 사실과, 모든 전략에는 장단점이 있다는 사실을 알게 되었다. 북미에서 온 어느 학생은 자신감으로 충만하여 마가렛 애트우드(Margaret Atwood)의 『시녀의 이야기』(*The Handmaid's Tale*)의 한 구절을 스페인어로 번역해 보았다. 비록 그 학생은 명사의 남성/여성 구분을 빠뜨리는 등 많은 실수를 하고 접속사 때문에 헤매기도 했지만, 원본 텍스트에 담겨 있는 애트우드의 어조, 특히 최소한의 표현으로 만들어 내는 최대한의 즐거움이나 욕망의 감정, 드러나지 않는 고통 등이 쉽게 잘 번역되었다. 비록 그 학생이 스페인어를 더 많이 공부해야하지만, 언젠가 정말 뛰어난 번역가가 될 거라는 생각이 들었다.

수업을 들었던 많은 학생들이 위험을 감수하면서 번역을 했다. 핀란드에서 온 학생이 보들레르의 산문시를 프랑스어에서 영어로 아름답고 '정확하게' 번역하였는데, 그 번역은 외국어를 가르치는 수업에서라면 충분히 'A' 학점을 받을 만한 수준이었다. 그런 다음 그 학생은 다른 부류의 독자, 즉 'X 세대'를 독자로 상정해서 동일한 시를 다른 식으로 재번역해서 제출하였다. 그 학생에게 분명 19세기 프랑스의 아방가르드 시인이 느꼈던 상실감의 일부가 오늘날 미국의 청년 문화의 어떤 감정과 연결된 것이다. 내 생각에 그 학생이 두 번째 번역을 북미 문화권에 위치시킨 것은 그보다 더 '정확한' 첫 번째 번역보다도 오히려 성공할 가능성이 더 높아 보였다.

사실 학생들은 생각보다 이론과 실제의 문제를 능숙하게 잘 다루어 그 둘 사이의 경계가 수업에서 사라진 것처럼 보였다. 그래서 우리가 말하는 번역학에서의 이론과 실제의 간극이 실제로 존재하는 것이 아니라 만들어진 것은 아닌가 하는 생각마저 들었다. 번역학자들은 똑같은 목표를 향해 변증법적으로 나아가지 않고, 오히려 번역의 이론과 실제 사이의 반목을 조장하면서 어느 한쪽만 고수하고 있다는 생각이 들었다. 이 같은 대립을 잘 알지 못하는 학생들이 오히려 번역의 이론과 실제의 경계를 쉽게 넘나들면서 자유롭게 이동하는 것 같았다. 어쩌면 번역을 가르치는 교수들이 이들 학생들로부터 교훈을 얻어야 하는 것은 아닌지 모르겠다.

윤선경 번역

참고 문헌

1. Bassnett, Susan. 1991. *Translation Studies*, rev. ed. London: Routledge.

2. Bassnett, Susan, and Lefevere, André (eds). 1990. *Translation, History and Culture*, London: Pinter.

3. Bly, Robert. 1984. "The eight stages of translation." In W. Frawley (ed.), *Translation: Literary, linguistic and philosophical perspectives*. Middleton, CT: Wesleyan University Press.

4. Bragt, Katrin Van. 1982. "The tradition of a translation and its implications: The Vicar of Wakefield' in French translation." In André Lefevere and Kenneth Jackson (eds), *The Art and Science of Translation*. Dispositio 19-21: 63-76.

5. Confucius. 1938. *The Analects*, trans. Arthur Waley. New York Vintage.

6. Derrida, Jacques. 1985a. *The Ea" of the Other*, trans. Peggy Kamuf. Lincoln: University of Nebraska Press.

7. Derrida, Jacques. 1985b. "Des tours de Babel," trans. Joseph Graham. In Joseph Graham (ed.), *Difference and Translation*. Ithaca: Cornell University Press.

8. Derrida, Jacques. 1992. *Acts of Literature*. London: Routledge.

9. Even-Zohar, Itamar. 1978. *Papers in Historical Poetics*. Tel Aviv: University Publishing Projects.

10. Even-Zohar, Itamar. 1990. *Polysystems Studies. Poetics Today* 11:1.

11. Felsteiner, John. 1980. *Translating Neruda: The Way to Macchu Picchu*. Stanford: Stanford University Press.

12. Heylen, Romy. 1993. *Translation, Poetics, and the Stage: Six French Hamlets*. London: Routledge.

13. Holmes, James S. 1972/5. *The Name and Nature of Translation Studies*. Amsterdam: Translation Studies Section, Department of General Studies. Reprinted in *Translated!*, Amsterdam: Rodopi, 1988.

14. Holmes, James S. 1973. "On matching and making maps: From a Translator's Notebook." *Delta* 16 (4): 67-82. Reprinted in *Translated!*, Amsterdam: Rodopi, 1988.

15. Hönig, Hans. 1991. "Holmes' 'Mapping Theory' and the landscape of mental translation processes." In Kitty M. Van Leuven-Zwart and Ton Naaijkens (eds) *Translation Studies: The state of the art*, Amsterdam: Rodopi.

16. Jakobson, Roman. 1959. "On linguistic aspects of translation." In Reuben A. Brower (ed.), *On Translation*. Cambridge, MA: Harvard University Press.

17. Kenner, Hugh. 1963. "Introduction" to Ezra Pound, *Transkitions*, enlarged edition. New York: New Directions.

18. Krings, Hans P. 1988. "Blick in die 'Black Box' - einer Fallstudie zum Übersetzungsprozeß bei Berufsübersetzem." In Reiner Arntz (ed.), *Textlinguistik und Fachsprache*, Akten des Intemationalen übersetzungs- Wissenschaftlichen AILA-Symposiums, Hildesheim: Olms.

19. Kußmaul, Paul. 1991. "Creativity in the translation process. Empirical approaches." In Kitty M. Van Leuven-Zwart and Ton Naaijkens (eds), *Translation Studies: The State of the Art*. Amsterdam: Rodopi.

20. Lambert, José. 1989. "Translation studies and (comparative) literary studies in 1989." In *Os Estudios Lite'arios (entre) Ciencia e Hermeneutica*, Actes do I. Congresso da APLC, Lisbon: Associafao Portuguesa da Literature Comparada.

21. Lambert, José and Hendrik Van Gorp. 1985. "On describing translations." In Theo Hermans (ed.), *The Manipulation of Literature*. New York: St. Martins Press.

22. Lambert, José and Clem Robyns (forthcoming) "Translation." In Roland Posner, Klaus Robering and Thomas A. Sebeok (eds), *Semiotics: A Handbook on the Sign-Theoretical Foundations of Nature and Culture*. Berlin and New York: W. De Gruyter.

23. Lefevere, André. 1992. *Translating Literature: Practice and Theory in a Comparative Literature Context*. New York: Modem Language Association of America.

24. Levý, Jirí. 1967. "Translation as a decision making process." In *To Honor Roman Jakobson*, vol. 2: 1171-82, The Hague: Mouton.

25. Leuven-Zwart, Kitty M. Van. 1989. "Translation and original: Similarities and dissimilarities I." *Target* 1 (2): 151-82.

26. Leuven-Zwart, Kitty M. Van. 1990. "Translation and Original: Similarities and dissimilarities II. "*Target* 2(1): 69-96.

27. Steiner, George. 1975. *After Babel*. London/Oxford: Oxford University Press.

28. Toury, Gideon. 1980. *In Search of a Theory of Translation*. Tel Aviv: The Porter Institute.

29. Vanderauvera, Ria. 1985. *Dutch Novels Translated into English*. Amsterdam: Rodopi.

30. Weissbort, Daniel (ed.). 1989. *Translating Poetry: The Double Labyrinth*. Iowa City: The University of Iowa Press.

교육을 통한 문학번역가 양성의 가능성

번역과 문학텍스트, 그리고 교육

장 보아스-바이에르 Jean Boase-Beier
이스트앵글리아대학교 (영국 노리치)

본 논문의 제목에 나와 있는 질문에 대한 대답은 다음 두 가지 추가 질문에 달려있다고 해도 과언이 아니다.

첫째, 문학번역의 정의는 무엇인가? 만약, 문학번역의 정의를 문학텍스트의 번역이라고 한다면, 과연 '문학텍스트'라는 것이 무엇인지에 대한 광의의 개념에 대한 정의부터 필요하다. 이 질문에 대해 본 논문의 저자가 생각하는 가장 적절한 대답은, 문학텍스트는 바로 문체의 역할이 그 어느 것보다도 중요한 텍스트이면서, 궁극적으로는 문체가 의미를 강조하고 부각시키는 역할을 하는 그런 텍스트라고 할 수 있다. 이 같은 정의를 바탕으로 한다면, 문학텍스트에는 역사적, 법률적, 철학적 텍스트도 포함할 수 있으며, 노래 가사나 유머, 광고 텍스트까지도 포함할 수 있다. 그렇다고 해서 이 같은 정의에 과학 텍스트나 보고서 같은 종류의 텍스트까지 포함되는 것은 아니다. 다시 말해, 문학번역은 의미만큼이나 문체도 고려하는 번역이라고 할 수 있으며, 현실적으로 의미로부터 문체를 결코 분리시킬 수 없는 텍스트이기도 하다.

두 번째 질문은 교육에 관한 것이다. 문학번역에서 교육은 실질적으로 무엇을 의미하는 것일까? 사물이 어떻게 작동하는지를 안다는 것 자체가, 그 같은 지식이 다른 무언가로 반드시 이어질 수 있다는 것을 의미하지는 않는다. 즉, 알고 있다는 것과 그것을 행동으로 옮길 수 있다는 것은 항상 일치하는 것은 아니다. 게다가 번역의 경우, 사실 우리는 번역이 어떤 식으로 행해지는지 제대로 알지 못한다. 오히려 반대로, 오늘날 전 세계 인구 중에서 다수에 해당하는 사람들이 그러하듯이, 한 가지 이상의 언어를 구사할 수 있다면 누구나 번역을 할 수 있다고 생각하고, 또 그런 사람들이 실제로 번역을 하고 있다. 그러므로 문학번역가를 양성한다는 것은 학생들에게 번역하는 방법을 가르치는 일이라기보다는 더 나은 번역가가 되도록 다양한 방법으로 도움을 주는 일이라고 할 수 있다. 그러므로 문학번역의 수업 내용은 보다 일반적인 목표를 달성하는 쪽으로 방향성이 설정되어야만 한다.

문학번역 교과과정의 목표

이 같은 일반적인 목표를 달성하는 방법을 정하기 위해서는, 우선 일반적인 목표 자체를 보다 구체적인 목표로 세분화시킨 다음, 문학번역 교과과정의 틀 안에서 각각의 세부목표를 어떻게 가장 효과적인 방식으로 달성할 수 있을지를 정리해보는 것이 도움이 된다. 여기서 논의의 대상으로 삼을 교과과정은 영국에 위치한 이스트앵글리아대학교(University of East Anglia)의 1년짜리 문학번역 석사 교과과정이며, 이를 근거로 본 논문에서 논의를 진행해 나가고자 하는데, 이 같은 논의는 이와 비슷한 다른 대학원의 문학번역 교과과정에도 적용할 수 있을 것으로 생각된다. 우선, 이 같은 문학번역 교과과정의 목표는 다음과 같이 정리해 볼 수 있다,

(a) 문학텍스트를 번역할 수 있는 자격을 부여함
(b) 문학번역에 관해 추론하고 토의하고 연구를 수행할 수 있는 방법론을 제시함
(c) 학생들이 외부의 문학번역가와 문학번역 관련 단체, 출판사, 학계와의 관계를 형성하는데 도움을 제공함
(d) 학생들의 번역능력을 실질적으로 향상시키는데 도움을 제공함

학생들이 이 같은 목표를 달성할 수 있도록 학생들에게 제시할 수 있는 실질적이면서 학문적인 몇 가지 도움들이 있다.

우선, 학생들이 위의 목표 (a)를 달성하기 위해서는, 학생들이 일정기간동안 문학번역에만 전념할 수 있도록 하는 틀이 필요하다. 교과과정의 관점에서 말한다면, 이 틀이 바로 1년 정도의 기간 동안 학생들이 문학번역의 다양한 특징들을 경험하고 습득할 수 있도록 하는 것이다. 이를 통해, 1년이라는 기간 동안의 학습과 경험이 학생들에게 가치 있는 학문적 자격을 부여한다는 것을 이해하고, 그 가치를 과대평가나 과소평가는 하지 않으면서도 긍정적으로 인식할 수 있도록 해야 한다. 학생들의 궁극적인 목표는 그 과정을 무사히 마치고 자격을 획득하는 것이 아니라, 이 같은 학습의 틀을 실제 번역의 과정에서 학생 자신의 개인적인 필요에 적용시킬 수 있는 능력을 갖추는 것이기 때문이다.

위의 목표 (b)를 달성하는 중요한 방법으로는 세미나 수업을 통해 번역에 대한 역사적 관점을 습득하고, 번역의 역사에서 초창기에 위치하는 번역가들과 오늘날 번역가들이 자신들의 번역에 대해 가졌던 시각을 배우고, 충실성이나 자유역(의역) 혹은 문체 번역과 같은 기본적인 문제들에 관해 토의하고 논문을 쓰는 것을 들 수 있다. 또한 이를 통해 학생들이 번역과정에서 자신의 개인적인 방법론과 접근법에 대한 정당한 근거를 만들어가고 설득력을 갖추도록 한다. 번역교육의 이 같은 측면은 학생들이 이후에 문학번역에서 더 깊이 있는 연구를 수행할 수 있는 기초를 마련해줄 수 있다.

목표 (c)에서 제시했듯이, 전문 문학번역가가 되고자 하는 사람은 결국 번역할 작품을 선정하는 과정에서 다양한 외부의 도움을 필요로 하게 된다. 이 같은 필요성으로 인해, 학생들은 문학번역을 공부하는 기간 동안 번역 관련 외부기관들에 대해서도 알게 되고, 교육 과정에서 실제 번역 활동을 하는 번역가들과도 자연스럽게 인맥을 쌓을 수 있는 기회를 가지게 된다. 또한, 번역관련 학술대회나 포럼, 콜로키움 등에 관한 정보도 얻게 되고, 출판사 관계자와도 만날 수 있는 기회도 생기며, 이들 번역 전문가나 관련 관계자와 어떤 식으로 소통해야 하는지에 대한 조언도 얻을 수 있게 된다.

마지막으로, 목표 (d)를 달성하기 위해서는, 문학번역을 공부하는 학생들은 동료 학생들뿐만 아니라 교수와 전문번역가와의 개별적인 만남이나 세미나, 발표회, 개별지도시간 등에서 자신의 번역에 관해 이야기할 수 있는 기회를 마련해야 한다. 이를 위해서는 무엇보다도 문학텍스트 고유의 특징을 파악할 수 있는 능력을 갖추도록 교육을 받아야 하고, 자신이 번역하는 문학텍스트를 아주 꼼꼼하게 이해하는 방법도 습득해야 한다. 문체적 특징은 결국 문학텍스트를 이해하는데 결정적인 요소가 되기 때문에, 문학번역가 교육 과정에서 이는 가장 중요한 요소 중에 하나라고 해도 과언이 아니다.

문학번역가와 문체의 중요성

과정으로서가 아니라 오로지 시스템적인 관점에서만 본다면 번역은 크게 아래 세 단계로 구성된다고 할 수 있다.

(1) 원문에 대한 이해: 문학텍스트에 대한 비평적 읽기와, 작품에 대한 비평서 및 동일 작가에 의해 쓰인 다른 작품들의 읽기까지 포함

(2) 이동: 번역의 실제 '행위'를 가리킴

(3) 편집: 번역텍스트에 사용된 단어 선택을 평가하고, 서로 다른 다양한 의견 가운데 하나를 결국 선택하고, 번역텍스트를 다듬는 작업

현실적으로 (2)번 과정에 대해서 우리가 아는 것은 많지 않다. (1)번 과정은 모든 번역에서 매우 중요한 단계임에는 틀림없지만, 실제 번역에서의 그 역할이나 위상에 대해서는 번역가에 따라 상반되는 의견들이 존재하기도 한다. 어떤 번역가는 텍스트 읽기의 과정에서부터 매우 꼼꼼하고 구체적인 분석을 선호하는 반면, 또 어떤 번역가는 일단 직관에 의존해서 번역을 한 다음 번역텍스트의 편집과 수정 과정에서 문체 분석을 시도하기도 한다. 후자의 경우라면 (1)번은 독립된 과정이라고 보기 어려우며 실제로는 (2)번 과정에 자연스럽게 흡수될 수 있다.

실제로 문학번역가들과 이야기를 해 보면 대부분의 경우 실제로는 (1)번과 (3)번 단계에서 비슷한 수준으로 텍스트 분석이 이루어진다고 한다. 다시 말해, 전문번역가들은 실제 번역 과정의 이전이나 이후의 단계에서 다양한 정도의 차이를 가지고 이미 의식적으로 텍스트 분석을 하고 있다는 것인데, 실제 번역과정의 관점에서 보면 이 같은 분석은 (2)번 과정에서도 이미 발생할 가능성이 높다는 것을 알 수 있다.

문학텍스트의 분석은 부분적으로나마 문학텍스트가 어떤 방식으로 작동하는지, 문학텍스트가 어떤 방식으로 미학적 효과를 거두는지, 무엇이 문학텍스트를 미학적으로 만드는지에 대한 논의를 수반한다. 본 논문의 후반부에서는 문학텍스트의 중요한 한두 가지 문체적 특징들, 즉 문체가 위의 현상들을 어떤 식으로 쉽게 인식할 수 있도록 해 주는지, 그리고 이 같은 분석결과가 실제 번역에는 어떤 영향을 미치는지 등을 살펴보고자 하며, 다음 텍스트를 이 같은 분석의 사례로 삼도록 한다.

(1)

원본	번역텍스트 [영어직역]
Ah! Sun-flower	*Ach, Sonnenblume!* [Ah, Sunflower]
1 Ah! Sun-flower, weary of time	1 *Ach, Sonnenblume! du bist es müd,* [Ah, sunflower, you are tired]
2 Who countest the steps of the sun,	2 *zu bemessen der Sonne Hast* [of measuring the sun's haste,]
3 Seeking after that sweet golden clime	3 *suchend das glückliche Land im Süd,* [seeking the happy land in the South]
4 Where the traveller's journey is done:	4 *wo der Reisende findet Rast:* [where the traveller finds rest:]
5 Where the Youth pined away with desire	5 *Wo der Jüngling, der hinschwand in Schmachten,* [where the youth, who pined away with desire]
6 And the pale Virgin shrouded in snow	6 *und die Jungfrau, das Herz vereist,* [and the virgin, her heart turned to ice]
7 Arise from their graves, and aspire	7 *aus den Gräbern erstehn und tachten,* [from their graves arise and aspire]
8 Where my Sun-flower wishes to go.	8 *wohin meine Sonnenblume weist.* [to where my sun-flower points.]
(Blake 1958: 51)	(Wilhelm 1975: 93ff)

(2)

원본 [영어직역]	번역텍스트
Mühlen aus Wind [mills of wind] *mahlen Sandmehl* [grind sand-flour]	mills made of wind grind grains of sand
(Ausländer 1977: 256)	(Boase-Beier & Vivis 1996: 57)

(3)

원본 [영어직역]	번역텍스트 1	번역텍스트 2
aus allen Wurzeln blutend [from every root bleeding] *aufgerissen* [torn] *das Stück Erde* [the piece of earth] (Ausländer 1977: 110)	bleeding from every root the clods of soil torn	from every root bleeding and torn the clods of soil (Boase-Beier & Vivis 1996: 64)

은유

넓은 의미에서 은유는, 하나의 사물을 다른 사물로 설명함으로써 원래의 사물이 다른 사물과 내포적인 연관성을 가지도록 표현하는 방식을 지칭한다. 위의 (1)번의 예에서, 'who contests the steps of the sun'이라는 표현이 독일어로는 '*zu bemessen der Sonne Hast*'[to measure the sun's haste]라고 번역되었는데, 영어 원본에서는 태양의 발자국 숫자를 세는 것을 가리키는 이 은유적 표현이, 하나, 둘, 셋과 같이 숫자를 세는 정확성과 극도로 느린 태양의 움직임, 그리고 느린 태양의 움직임을 그대로 따라가는 해바라기를 암시하고 있는 반면, 독일어 표현은 오히려 서두름, 쫓아가는 빠른 속도 등에 더 집착하는 것처럼 보이며, 거울처럼 있는 그대로 비춰주는 이미지를 담아내지는 않는다.

문학적 은유의 성격을 제대로 이해하지 못한 번역가라면 아마 이 같은 은유적 표현을 정확하게 번역해서 전달하기가 거의 불가능할 것이다. 이 경우, 은유적 표현에 담겨있는 함축된 의미가 이 같은 은유적 표현의 효과를 극대화하는데 얼마나 중요한지에 대한 인식도 부족할 것이다. 그러므로 텍스트 번역을 시작하기에 앞서, 텍스트에 담겨 있는 은유에 대한 분석만이라도 제대로 할 수 있다면, 최소한 텍스트 안에 숨어있는 이 같은 함정에 빠지는 상황만은 피할 수 있을 것이다.

시적 맥락

한 작가의 모든 작품들은 그 작가가 쓴 개별 작품에 대해 확장된 맥락을 형성한다는 사실을 문학번역가는 반드시 인식해야 한다. 이 점은 장편소설이나 여러 편의 시가 실려 있는 시 전집을 번역할 때 특히 중요하다. 왜냐하면 작가가 자주 사용하는 특정 단어나 표현이 문맥상 상징적 가치를 지니는 키워드 역할을 할 가능성이 높기 때문이다. 그러므로 그 같은 표현을 번역할 때는 동일한 표현이 다른 작품에서 어떤 맥락으로 사용되었는지를 비교 분석하는 작업이 반드시 선행되어야 한다.

다시 말해, 문학번역가는 번역하는 과정에서 그 어떤 것도 텍스트의 문맥에 상관없이 독립적으로 번역할 수는 없다는 점을 인식해야 한다. 그러므로 번역하는 과정에서 이 같은 키워드를 살릴 수 있도록 세심한 신경을 써야 한다. 번역을 통해 더 모호해지는 상황이 발생하지 않도록 할 뿐만 아니라, 특히 장편소설 번역에서 똑 같은 표현이 작품 후반부에 등장할 때 다른 식으로 번역되는 일이 없도록 주의해야 한다.

위의 (1)번 윌리엄 블레이크(William Blake)의 시에서, 영어표현 'sweet golden clime'은 독일어 표현 '*glückliche Land im Süd*'로 번역되었는데, 독일어 표현을 영어로 직역하면 'happy land in the South'가 된다. 여기서 'gold'는 블레이크 작품을 오랫동안 연구한 데이몬과 같은 학자들이 주장하듯이(Damon 1979: 162) 블레이크 시에 등장하는 중요한 키워드 개념으로, 주로 성(性)적인 또는 지적인 깨달음을 상징한다. 이는 또한 '아담'과 '이브'를 '젊음'('the Youth')과 '처녀성'('Virgin')과 연관시키며 ((1)번 예문의 5와 6), 이 같은 '이해' 또는 '깨달음'이 바로 해바라기가 찾고 있는 것 중에 하나라는 것을 분명히 하고 있다. 그러나 독일어 번역텍스트에 사용된 '*Glücklich*'('happy')는 블레이크의 키워드가 가지고 있는 묵직함과 깊이를 모두 놓치고 있으며 단지 의미의 껍질만 유지하고 있을 뿐이다. 더욱이, 해가 지는 그곳의 'sweet golden clime'은, 채워지지 않은 상태의 '젊음'과 '처녀성'과 밀접한 관련이 있는 느낌과 감각적 경험에 대한 블레이크 특유의 상징이라는 측면에서 분명 서쪽을 가리키는 상징성을 가질 것이다. 그러나 독일어 'Süd'(South)는 이 같은 블레이크의 상징주의적 관점에서 보면 '이성'을 가리키는 방향이 되기 때문에 결국 정확하지 않은 상징적 가치를 지니게 된다. 그래서 겉으로 보기에는 일단은, 번역가가 형식의 정확성을 살리기 위해 결국은 서쪽이냐 남쪽이냐의 지리적 방향의 충실성을 희생하는 것을 합리화하려고 할지는 모르겠지만, 상징주의의 가치를 포기하면서까지 불충실성을 정당화시키기는 결코 쉽지 않다. 이처럼, 특정한 표현의 시적 맥락에 대한 논의나 문제제기가 전혀 이루어지지 않는다면, 아마 번역교육을 받고 있는 예비 번역가가 이 같은 어려움을 스스로 깨닫기란 거의 불가능할 것이다. 그리고 한 가지 더 염두에 두어야 할 점은, 블레이크의 경우처럼 일반적인 개념으로서의 상징주의만으로는 작품을 이해하는데 결코 충분하지 않다는 사실이다. 왜냐하면 각 시인의 고유한 상징주의는 전적으로 시적 맥락에 달려있기 때문에 이 같은 개념을 짚어내지 못하고는 그 가치나 존재 자체를 찾아낼 수도 없을 뿐만 아니라 번역할 수조차 없을 것이다 .

반복

위의 (2)번 로스 아우스랜더(Rose Ausländer)의 시에서 발췌한 부분에 등장하는, 'Mühlen', 'mahlen', 'Mehl' 등의 단어들은 어원적으로 연관성이 높은 것을 알 수 있다. 이 같은 어원적 관련성은 단어들의 음성적 유사성을 강조해서 반복적 효과를 이끌어내고 있다. 그러나 영어번역에서는 해당 단어들이 'mills', 'grind', 'flour'로 번역되어 있는데, 이 단어들 자체는 어원적으로나 음성적으로 어떠한 연관성도 가지고 있지 않다. 그런데, 원본 단어들의 반복적 효과들을 번역에서도 살려야 한다면 어떤 식으로든 번역에서도 이 같은 반복적 음운을 만들어 내거나 보완하는 방법을 찾아야 한다. 그래서 영어번역에서는 두운법을 사용해서 'm'이 반복되는 'mills'와 'made', 'g'가 반복되는 'grind'와 'grains'를 조합하고 있으며, '-nd'와 같이 부분적인 운율을 가지는 단어들인 'wind', 'grind', 'sand'를 사용해서 반복적 효과를 시도하고 있다. 아우스랜더 시에 나타나는 이 같은 반복은 굳이 특별한 번역 교육이나 훈련을 받지 않아도 충분히 인지할 수 있는 성질의 것이다. 하지만 이 같은 반복이 문학텍스트에서는 매우 일반적인 현상이라는 사실을 깨닫고, 번역하는 과정에서 이 같은 문체적 특징을 대체할 수 있는 유용한 방법이나 전략을 찾는데 도움이 된다는 측면에서 여전히 번역교육이나 훈련은 필요하며 유효하다고 할 수 있다. 두운의 효과는 번역에서 유사음의 사용이나, 'on'-'moon'이나 'soul'-'all'처럼 부분운율(half-rhyme)의 사용을 통해 번역할 수도 있다. 이처럼 단어나 음운의 반복적 사용이 중요한 문학적 장치라는 사실을 인식하는 것만으로도 번역가가 자신만의 전략을 구사해서 번역할 수 있도록 하는데 많은 도움이 된다.

도상성(Iconicity)

앞서 언급한 (2)번 사례를 예로 들면, 반복의 효과를 생성하는 요소 중에 일부분은 텍스트의 중심 소재인 물레방아의 회전과의 유사한 이미지 관계에서 찾아볼 수 있다. 그러나 도상성은 실제로 이것보다 훨씬 더 복잡하고 미묘한 경우가 많다. 예를 들어, 다시 블레이크의 시로 돌아가서 살펴보면, 블레이크의 시가 문장구조상 하나의 문장으로 이루어져 있음을 알 수 있는데, 그러나 사실 이것은 하나의 문장이라고는 할 수 없다. 왜냐하면 무엇보다도 문장에 본동사가 없고 'who'나

where'로 시작하는 관계사절의 연속이기 때문이다. 그러다보니 각각의 관계사절은 관계사 바로 앞에 있는 내용에 종속되는 관계를 가지게 된다(프리먼(Freeman), 1976). 그리고 해바라기가 가고 싶어 하는 곳을 가리키는 내용이 담겨있는 마지막 행은 의미론적으로나 어휘적으로 이 시의 첫 행과 이어진다. 실제로도 해바라기는 자신이 가고 싶은 곳으로 가기를 원한다. 즉, 욕망을 실제로 옮기는 '행동'과는 반대되는 개념으로 이 같은 욕망의 '순환적' 성격을 이해하는 블레이크의 관점을 고려해보면, 실제로 그러하듯이 욕망은 끝없이 반복되는 구조에 갇혀 있는 것과 다름없다.

그런데 독일어 번역에서는 이 같은 형식과 양태가 주절 'du bist es müd'[직역: you are tired of...]에 의해 끊어져 있어서 영어 원문과는 달리 하나의 완성된 문장으로 존재한다. 영어 원문에서는 블레이크의 시가 영어 구문에서는 문법적으로 허용되지 않는 형태를 취함으로써 일탈적인 성격이 강한 반면, 독일어 번역텍스트에서 만들어진 문장은 문법적으로 전혀 문제가 없는 형식을 지니고 있다. 이 같은 변형은 결과적으로 원본에 나타나는 순환성과 진행성의 상실을 초래한다. 또한, 영어로 된 원본 시에 담겨 있는 순환성은, 충족되지 않은 욕망의 반동적인(unprogressive) 특성에 대한 블레이크의 관점을 단순히 대변하는 차원을 넘어서, 상징적으로 이 시의 주제, 즉 태양의 순환적인 움직임을 따라가기는 하지만 자신이 서 있는 곳으로부터 결코 스스로 움직일 수 없는 해바라기를 도상성의 차원에서 보여주는 것이기도 하다.

만약 문학번역가가 이 같은 문학적 장치로서의 도상성을 제대로 인지하지 못하고 상식적인 수준에서 음운적인 상징성만 파악한다면, 블레이크 시의 독일어 번역에서 볼 수 있듯이 문장 형태의 상징주의라는 중요한 문학적 장치를 놓치게 된다. 왜냐하면 번역가가 이런 부분까지는 미처 예상하지 못했을 것이기 때문이다. 그러므로 문학번역가에 대한 문체 교육의 대부분은 이 같은 문체적 특징들을 텍스트에서 찾아내는 훈련과, 문체적 특징이 문학번역의 과정에서 놓치기에는 너무나도 중요한 요소라는 것을 인식하는 과정으로 이루어져야 한다. 이처럼 도상성은 너무나도 중요한 미학적 장치이기 때문에, 이것을 번역에서 놓친다는 것은 하나의 텍스트에 시 텍스트라는 정체성을 부여할 수 있는 본질적 요소의 일부분을 잃어버리는 것과도 같다.

모호성

하나의 단어나 표현 형식이 두 개 이상의 의미를 가리킬 수 있는 상황에서 발생하는 불일치 현상을 의미하는 모호성 역시 자주 사용되는 문학적 장치이다. 위의 (3)번 사례에서 독일어 단어 'aufgerissen'는 영어로 'and torn'이라고 번역되었는데, 그 위치가 'aus allen Wurzeln blutend'[bleeding from every root]와 'das Stück Erde'[the piece of earth] 사이의 중간 행에 놓여있음을 알 수 있다. 이는 분사형용사인 'aufgerissen'[torn]이 바로 앞 문장의 'bleeding and torn'의 문장구조와 연결 선상에 있으면서 'blutend'가 'aufgerissen'을 꾸미는 부사가 되는 상황이거나, 아니면 바로 뒤에 오는 표현인 'torn (is) the piece of earth'의 수식어가 될 수도 있다. 그래서 〈번역텍스트 1〉은 'bleeding'을 영어에서 원래 들어가야 할 자리에 놓음으로써, 그리고 더 중요한 점은, 시의 가운데 줄에서 'torn'을 빼내어 마지막 줄에 위치시킴으로써 '찢어진'이라는 표현이 수식하는 것은 '흙덩어리'라는 해석을 선택한 것으로 보인다. 그러나 〈번역텍스트 2〉는 이 두 가지 해석, 즉 'bleeding and torn'과 'and torn (are) the clods of soil'이라는 의미를 모두 가능하게 한다.

여기서 분명한 점은, 이 같은 모호성은 매우 중요한 시적(poetic) 표현 장치로서, 모든 시 텍스트에 반드시 등장하는 요소라는 사실을 잊어서는 안 된다는 것이다. 그러므로 문학번역을 공부하는 학생들은 이 같은 문학적 장치들을 찾아낼 수 있어야 할뿐만 아니라 이 같은 문학적 장치들을 번역을 통해 재현할 수 있는 훈련과 역량이 필요하다. 그래서 원문에 있는 단어가 다중의미를 가지는 경우에는 번역에서도 그 같은 의미의 다중성이 동시에 존재할 수 있도록 해야 한다는, 그래서 이 같은 상황에서 한 가지 의미만 선택하는 번역은 본질적으로 매우 중요한 무엇인가를 잃어버리는 것임을 기본적으로 전제로 해야 한다.

이런 점에서 문체 분석은 문학번역가가 반드시 찾아내어야 하는 문학적 기법들을 확인하는데 유용하게 사용될 수 있다. 문체 분석은 이 같은 문학적 기법들이 어떤 식으로 작동하는지를 훨씬 더 명확하게 보여줌으로써, 문학번역가가 직관이나 추측에 의존해야 하는 부담을 줄여주는 역할도 한다. 그렇다고 문체 분석이라는 것이 이 같은 문체적 기법들을 명확하게 밝혀내는 것에만 그치는 것은 아니며, 번역텍스트의 보다 일반적인 문제들, 예를 들어, 번역된 텍스트가 부자연스럽거나 어색하게 읽히지는 않는지, 음조가 귀에 거슬리지는 않는지, 그리고 특히 단어들 사이의 조합이 어색한 부분은 없는지 등도 반드시 짚어야 한다. 이 부분은 특히 외국어텍스트를 영어로 번역하는 과정에서 더욱 주의해야 한다. 왜냐하면 영어를 모국어로 하는 독자나 청자는, 분명한 이유나 의도가 없다면 굳이 그렇게까지 깊게 생각하지도 않았을 독일어권 독자나 청자와는 달리, 사소한 영어 표현 하나만을 가지고도 번역가가 의도하지 않았던 의미나, 때로는 부적절하거나 우스꽝스러운 의미까지도 텍스트에 담아서 자의적으로 읽을 가능성이 크기 때문이다. 일례를 들어, 비비스(Anthony Vivis)와 함께 영어로 공역했던 아우스랜더의 시에 나오는 한 구절을 영어로 번역하는 과정에서, 'Wann trittst du aus dem Gebüsch, Adam'이라는 독일어 표현을 영어로 번역하면 'When will you emerge from the bushes, Adam'이 되는데 이 표현만 놓고 보면 독일어 표현과 의미도 일치하고 내포된 암시도 거의 유사하다고 볼 수 있다. 그런데 문제는, 영어로 번역된 이 문장은 'bushes'라는 표현 때문에 전혀 의도하지 않았던 함축적 의미를 만들어 낼 수 있다는 점이다. 독일어에서는 별로 문제가 되지 않을 표현이지만, 영어로 옮기는 번역가는 결국 영어번역에서는 이 단어를 사용하지 않는 그런 현명함이 필요한 경우라고 할 수 있다. 그래서 영어번역에서는 결국 'bushes'를 'garden'으로 바꾸게 되었다.

결론

번역의 과정을 설명하고 학습하는 것은 뭔가 근사해 보이는 측면이 있지만, 문학번역가의 교육은 실제로 이와는 큰 관련성이 없는 편이다. 문학번역가 교육의 핵심은 언어가 어떻게 작동하는지, 그리고 무엇보다도, 문학 언어의 매카니즘을 파악해서 실제 개별 문학텍스트를 번역하는 과정에서 각각의 문학텍스트가 어떻게 움직이는지를 이해하는 자신만의 노하우를 습득하고 만들어가는 데 있다.

이 같은 교육 과정의 일부로서의 문체연구는 텍스트에서 시의 존재와 특징을 파악하는 것을 목표로 함으로써, 시인 로버트 프로스트(Robert Frost)가 그렇게 말도 안 되는 말('poetry is what gets lost in translation')을 정말 했는지는 잘 모르겠지만 아무튼 시 번역에 관한 논의에서 가장 많이 인용되는 프로스트의 표현을 극복하면서 결코 시가 번역을 통해 잃어버리는 대상이 아니라는 것을 보여주어야 한다.

이형진 번역

참고문헌

1. Blake, William. 1958. *A Selection of Poems and Letters*. (Ed. with an Introduction by J. Bronowski). Harmondsworth: Penguin.

2. Boase-Beier, Jean and Vivis, Anthony. 1996. *Mother Tongue: A selection of poems by Rose Ausländer*. Todmorden: Arc Publications.

3. Damon, S. Foster. 1979. *A Blake Dictionary: The ideas and symbols of William Blake*. London: Thames and Hudson.

4. Freeman, Donald C. 1976. "Iconic Syntax in Poetry: A Note on Blake's 'Ah! Sun-Flower'" *University of Massachusetts Occasional Papers in Linguistics* 2:51-57.

5. Wilhelm, W. (trans.) 1975. *William Blake: Lieder der Unschuld und Erfahrung*. Frankfurt am Main: Insel.

John Benjamins Series

10 Rimbaud's Rainbow

헝가리의 대학원 문학번역 교육과정의 특징

안드레아 팝Andrea Papp 아니코 소하르Anikó Sohár
에트베슈로란드대학교 (헝가리 부다페스트)

본 논문은 헝가리 부다페스트에 있는 에트베슈로란드대학교(Eötvös Loránd University) 대학원 과정에서 이루어지는 문학번역 강의에 관한 논의를 중심으로 한다. 먼저, 에트베슈로란드대학교의 문학번역 교육과정을 설명한 다음, 문학번역 수업에서 사용하는 교재를 소개하고, 끝으로 몇 가지 중요한 결론을 도출하고자 한다.

헝가리어도 소수언어에 속하기 때문에 헝가리 문화에서 번역은 매우 중요한 역할을 수행해왔다. 또한 외국어교육과 학습뿐만 아니라, 심지어는 외국어 능력 평가의 차원에서도 번역은 대단히 중요한 역할을 해왔다. 1992년 9월 에트베슈로란드대학교 문학연구전공 박사과정에 처음 개설된 문학번역 과정은 영어, 독일어, 프랑스어, 스페인어, 이태리어와 러시아어 등 6개 언어를 대상으로 하며, 과정을 이수하는 대학원생이 최소한 4학기 이상을 수강하도록 되어 있다. 그리고 각 언어별로 이론, 실습, 문화간 관계라는 세 개의 영역으로 나뉘어져 있다. 매 학기 각 언어권 별로 1주일에 2회의 세미나와 2회의 강의로 구성되어 있는 이 과정을 1992년에는 총 108명의 대학원생이 이수했고, 1993년과 1994

년에는 각각 132명과 153명이 이수했다. 현재, 번역 전공으로 박사과정에 재학 중이면서 '헝가리 문화에서 차지하는 번역문학의 역할'이라는 연구 과제를 수행중인 학생들도 있다. 매번 정원보다 훨씬 많은 학생들이 입학 지원을 하고 있지만 강사 부족이라는 현실 때문에 지금보다 더 많은 학생을 받아들일 수 없는 상황이 안타까울 따름이다. 현재는 이 같은 강사 부족의 문제에 대한 보완책으로 대형 강의 중심으로 개설하고 있지만, 사실 번역 이론과 역사 관련 과목은 세미나 형식으로 진행하는 것이 필요하다. 그러다보니 현실에서는 어쩔 수 없이 대형 강의를 통해 중요한 몇몇 번역학파와 이론 중심으로만 소개하고 있는데, 그것도 구할 수 있는 자료들을 고려하다보니 대부분 영어권이나 독일어권의 문학 자료가 많이 사용되고 있다.

세미나 수업의 경우, 학생들이 직접 문학텍스트를 번역할 뿐만 아니라, 학생들의 번역과 기존에 출판된 번역을 비교 분석하고 비평하는 과정으로 구성되어 있다. 현재의 개설과목명을 살펴보면, '번역의 이론', '번역의 역사', '문화간 소통으로서의 번역', '헝가리 문화에서 차지하는 번역문학의 역할', '문학번역 실습' 등이 있다. 세미나 수업에서는 학생들이 매주 일정 분량의 문학작품의 텍스트를 직접 번역하고, 기존에 출판된 동일 작품의 번역텍스트 자료를 수집해서, 자신들의 번역과 기존의 번역 모두를 분석 대상으로 놓고 토의를 한다. 이 과정에서는 굳이 번역텍스트의 우열을 평가하거나 특정한 결론을 도출하려고 하지는 않는다. 이 같은 과정을 거친 후 학기 말에 학생들이 완역한 번역텍스트를 제출하면, 교수는 학생들의 번역텍스트를 읽고 '수정'한 후에 서면으로 피드백을 제공한다. 여기서 말하는 '수정'은 학생들의 번역을 교수가 고친다는 의미가 아니라 학생들의 번역에서 발견되는 결정적인 오류나 문법적, 문체적 실수 등을 표기하는 것을 말한다.

본 세미나 수업의 목표는 많은 숫자의 문학번역가를 양성하는 것이 아니라, 번역학을 연구하는 젊은 학자들 중에서 재능이 아주 뛰어난 소수의 인재들을 발굴해서 키워내는 것이다. 그동안의 교육 경험을 바탕으로 분석해보면, 뛰어난 문학번역가가 될 자질을 갖춘 학생의 비율은 전체 학생들 중의 절반 정도밖에 되지 않았다.

이들 예비 문학번역가들을 양성하는 방법은 학생의 모국어 사용의 정확성을 높이고, 문체 구사 능력을 다듬고, 문화적 배경에 대한 이해도를 높이며, 다양한 번역 이론을 익히도록 하는 것이다. 학생들은 작품이 만들어진 시대와 자신들이 살아가고 있는 현재의 다양한 사회적, 정치적, 경제적 환경뿐만 아니라, 문화적인 흐름이나 관습, 전통, 단어 사용 등의 특징들을 인지해야 한다. 또한 학생들은 자신이 번역하는 텍스트에 담겨있는 다양한 문학적 층위에 대한 이해를 갖추어야 하고, 특히 문체에 대한 뛰어난 감각을 가지고 있어야 한다. 훌륭한 문학번역가가 되기 위해 필요한 이 같은 조건들은 어느 수준까지는 학습을 통해 습득할 수 있지만, 창의력이나 독창성이 부족한 학생의 경우라면 아무래도 원작만큼 예술성이 뛰어난 번역텍스트를 만들어내기는 어려울 수 있다.

이 같은 작업의 결과물로 만들어진 책에는, 오스카 와일드(Oscar Wild)의 『윈더미어 부인의 부채』(*Lady Windermere's Fan*)의 일부분을 번역한 4편과, 오헨리(O. Henry)의 『자동차가 기다리는 동안』(*While the Auto Waits*), '사키'라는 필명을 가진 헥터 휴 먼로(Hector Hugh Munro)의 『열려진 창문』(*The Open Window*), 서머셋 몸(Sumerset Maugham)의 『루이즈』(*Louise*)와 패트릭 오브라이언(Patrick O'Brian)의 『샘파이어』(*Samphire*)를 번역한 각각 다른 2종의 번역과, 벤자민 프랭클린(Benjamin Franklin)의 『성공을 부르는 지혜』(*Wit and Wisdom*)의 일부분을 번역한 1편 등이 실렸다. 작품 선정은 최대한 민주적인 방식으로 이루어졌는데, 번역을 맡은 학생이 교수와 상의해서 선정하도록 했다. 이 작품들 중에서 지금까지 헝가리어로 한 번도 번역이 되지 않았던 작품은 오브라이언의 뛰어난 단편 작품이었는데, 이번 번역작업을 통해 꼭 출판하고 싶었던 작품이었다. 책에 실린 나머지 몇몇 작품은 이미 축약본이나 다른 특수한 형태로 번역·출판된 작품이었으며, 서머셋 몸과 사키의 작품은 이미 20여년전 번역된 작품이었다.

이번에 출판한 번역서에 본인의 번역이 실린 학생이 4명밖에 되지 않았다는 사실이 의외일지는 모르겠지만, 앞서 언급했듯이 학생들 중에 문학번역에 뛰어난 재능이 있는 사람의 숫자가 얼마 되지 않았으며, 이보다 더 중요한 사실은, 누구의 번역텍스트가 책에 실릴 것인지를 결정하는 것 역시 학생들 스스로의 몫이었다는 점이다. 이 과정에서 교수들의 영향력은 미미했다.

이 번역서 프로젝트는, 번역 능력을 최대한 향상시키고자 하는 학생들이 가장 뛰어난 작품들을 만나 이러한 번역 워크숍의 결과물로 한 권의 책에 담아냈다는 점에서 의미가 크다. 가장 뛰어난 번역이며, 출판에 가장 적합한 번역이라 하더라도, 핵심은 이 번역이 이상적으로 완벽한 번역에 얼마나 가까운지의 문제가 아니다. 실제로 '완벽한' 번역이라는 것이 존재하는지는 부차적인 문제이며, 무엇보다 이 같은 번역서의 실질적인 가치는 다음과 같이 정리해 볼 수 있다. 첫째, 번역 과정과 개별적인 단계, 즉 하나의 완성된 번역텍스트를 만들어가는 과정에 존재할 수 있는 다양한 방식을 보여준다는 점이다. '완벽함'의 수준을 어느 정도로 설정하는지에 상관없이 말이다. 둘째, 다양성이라는 것이 항상 장점은 아니지만, 어쨌든 번역 방법과 방식의 다양성을 보여준다. 셋째, 번역과정에서 필연적으로 발생하는 충실성과 불충실성 문제, 그리고 자유로운 선택과 제약이 따르는 선택 사이의 현실적인 어려움 앞에서 번역가가 어떤 종류의 이론적, 실제적 혹은 논란이 될 수 있는 선택을 내렸는지를 보여준다. 그리고 또한, 드라이든이 말한 것처럼 '손과 발을 묶고 춤을 춘다는 것'이 얼마나 불가능한 일인지를 증명할 수 있는 실제 사례에서 번역가가 성공적으로 대처해나가는 다양한 수준의 방법을 보여준다.

번역텍스트를 원문과 비교하는 작업은 항상 유용한 측면이 있다. 이번에 출판한 번역서 역시 이 같은 점을 강조하기 위해 영어 원문을 함께 제시했을 뿐만 아니라, 서로 다른 번역텍스트를 비교할 수 있는 기회도 마련했다. 프랭클린의 『성공을 부르는 지혜』(*Wit and Wisdom*)만 제외하고, 나머지 작품들은 모두 최소한 2편 이상의 서로 다른 번역텍스트를 제시했는데, 다시 한 번 강조하지만, 이를 통해 어느 번역텍스트가 더 우수한지를 보여주기 보다는, 원문과 번역텍스트의 비교뿐만 아니라 서로 다른 번역텍스트들 간의 비교를 통해서 번역의 다양한 문제점과 오류들을 제대로 파악할 수 있다는 것을 보여주는 데 초점을 맞추었다.

영어텍스트를 헝가리어로 번역해 본 적이 없는 학생들에게는 새로운 깨달음을, 그리고 이미 영어–헝가리어 번역 경험이 있는 학생들에게는 다시 한 번 확인할 수 있는 기회가 되었던 점이 있는데, 그것은 바로, 번역의 가장 큰 난관은 원문의 느낌을 파악해서 재창조한다든지, 문체적 특징을 살려서 헝가리어로 옮긴다든지 하는, 소위 말해서 일반적으로 어렵다고 생각되는 문학번역 작업 그 자체가 아니라, 텍스트의 번역 과정에서 부딪히게 되는 아주 소소한 문제들을 해결해가는 과정이라는 것이었다. 여기서 말하는 '소소한 문제'의 예를 몇 가지 들어보면, 등장인물들의 나이나 사회적 지위의 차이 등을 고려한다면 영어 표현에 사용되는 'Mr.' 'Mrs.' 'Miss' 'Ms.' 등과 같은 다양한 호칭은 일일이 번역을 해야 하는지, 번역한다면 어떻게 해야 하는지와 같은 문제나, 'yes, Sir'이나 'no, Sir' 같이 빈번하게 사용되는 표현은 어떻게 번역할 것인지, 또는, 영어에서 남성과 여성을 구별하는 'he'와 'she'의 사용을 남성과 여성을 구분하지 않고 3인칭 단수 *ő*를 사용하는 헝가리어로는 어떻게 번역할 것인지, 또한 부가의문문을 헝가리어로 그대로 번역하면 번역투가 두드러지는데 과연 이 표현은 어떻게 번역할 것인지 등이다. 또한, 프랭클린이 즐겨 사용했던 경구(警句)나 격언 같은 것을 번역하는 과정에서 직면하는 문제가 있는데, 이 같은 속담이나 격언 번역은 어떻게 할 것인지도 관심의 대상이 된다. 한 가지 예를 들면, 프랭클린의 『가난한 리차드의 달력』(*Poor Richard's Almanac*)에 등장하는 경구 7번인 'If your head is wax, don't walk in the Sun' 같은 표현은 그대로 번역할 것인지, 아니면 헝가리어로 이 같은 의미를 잘 전달하는 'Akinek vaj van a fején, ne menjen a napra'[If you have butter on your head, don't go out into the sun.(머리에 버터를 발랐다면 태양빛 아래에서는 걷지 마라)] 같은 표현으로 대체할 것인지도 고민이 필요하다. 그리고 어느 정도까지 변형을 허용할 것인지도 고려가 필요하다. 예를 들어 37번 격언인 'He that lieth down with Dogs, shall rise up with Fleas'는 헝가리어로 번역을 하는 것이 나은지, 아니면 헝가리어 표현인 'Aki korpa közé keveredik, megeszik a disznók'[If you mix with pig-swill, the pigs will eat you.(돼지 밥 속에 당신이 같이 들어가 있으면 돼지가 당신도 먹어치울 것이다)]를 사용해도 되는지도 고민이 필요하다.

번역과정에서 연습과 경험은 번역가가 번역의 다양한 난관을 극복하는 힘을 키우는데 분명 도움이 된다. 이번에 같이 작업했던 이들 젊은 번역가들은 비록 경험은 부족했지만, 다행히도, 경력을 갖춘 기성 번역가들조차도 번역과정에서 넘기 어려운 장애물이라 생각하고 애써 둘러갔을 것 같은 그런 난관들을 피하지 않고 도전하는 모습을 보여주었다. 젊은 번역가들의 이 같은 도전의 결과는 성공보다는 실패가 많았지만, 비록 성공하지 못했다 하더라도, 아니, 어쩌면 성공하지 못했기 때문에 그 노력이 더욱 값진 것이 될 수 있었는지도 모른다.

조만간 이 같은 번역서를 3권 더 출판할 계획을 가지고 있다. 한 권은 번역이론에 관한 논문들을 학생들이 헝가리어로 번역한 책인데, 이 작업을 통해 번역학 연구에 필요한 번역학 관련 헝가리어 전문용어를 체계적으로 정리하는 의의를 찾을 수 있다. 두 번째 책은 헝가리에서의 문학번역의 역사를 간단하게 정리한 내용이 될 것이며, 마지막

책은 기존의 헝가리어 번역에 관한 학생들의 기술적 연구(descriptive studies) 논문들이 될 것이다, 이를 통해 앞으로 문학번역외의 다른 번역도 다룰 수 있도록 대학원의 교과과정을 더욱 확장할 수 있기를 기대한다.

이형진 번역

John Benjamins Series

10 Rimbaud's Rainbow

우디 앨런의 〈쿠겔마스의 에피소드〉와 번역가 '쿠겔마스'

— 번역과 번역교육에 대한 소고

더글라스 로빈슨 Douglas Robinson
미시시피대학교 (미국), 현재 홍콩침례대학교

뉴욕 사람들의 이야기를 다룬 우디 앨런(Woody Allen)의 단편집 *Side Effects*(1982)에는 단편소설 〈쿠겔마스의 에피소드〉(*The Kugelmass Episode*)가 실려있다. 이 작품의 주인공 '쿠겔마스'(Kugelmass)는 뉴욕시립대학(City College of New York)의 인문학 교수로 나오는데, 중년의 나이에 접어들어 삶의 자극적인 즐거움을 갈망하는 인물이다. 자신의 심리상담사가 알려주는 합리적인 충고들은 듣기 싫어하면서, 대신 '퍼스키'(The Great Persky)라는 마술가와 어울리게 된다. 마술가 퍼스키는 살아있는 인간을 책의 본문 내용 안으로 넣어버릴 수 있는 기계를 발명했는데, 이 기계가 작동하는 방식은 큰 관처럼 생긴 상자에 사람이 들어가서 누운 다음 자신이 원하는 책을 선택하면 퍼스키가 그 책을 상자 안에 던져 넣고 두껑을 닫음으로써 그 사람은 자신이 선택한 책의 내용 속으로 신기하게 빨려 들어가게 되는 것이다.

이 소설에서 쿠겔마스는 프랑스 작가 구스타브 플로베르(Gustave Flaubert)가 쓴 『보바리 부인』(*Madame Bovary*)을 선택한 다음, 소설의 주인공인 엠마 보바리(Emma Bovary)의 침실에 드디어 등장하게 된다. 엠마가 레온과 헤어지고 나서 로돌프와 바람을 피우기 바로 직전의 매우 시의적절한 단계였다. 이 책에서 흥미로운 점은 여주인공 엠마가 영어로 말한다는 사실인데 책에서는 이렇게 표현하고 있다: "영어 번역텍스트에 나오는 그런 자연스러운 영어로 그녀는 말했다"(66쪽). 쿠겔마스와 엠마는 여기서 뜨거운 사랑을 나누는데, 이 책을 교재로 읽고 있던 전국의 수많은 대학생들은 갑자기 소설의 100쪽에 뜬금없이 나타나서 엠마 보바리와 키스하는 이 대머리 유태인이 도대체 누구인지 궁금해 했다. 이 두 사람의 관계가 계속되면서 쿠겔마스는 엠마를 뉴욕으로까지 데리고 온다. 뉴욕의 특급 플라자 호텔에 머물면서 명품 옷가게인 할스톤과 입생로랑에서 쇼핑을 하고, 같이 '코러스라인' 뮤지컬을 보고 구겐하임 미술관도 관람한다. 원작 『보바리 부인』에서 완전히 벗어나는 이 같은 황당한 상황 전개로 인해 전국 각지의 독자들은 도대체 엠마가 갑자기 어디로 사라져 버린 것인지 수소문하고 다녔다. 이 때문에 스탠포드대학교의 어느 교수는 무슨 일이 벌어지고 있는지 도대체 알 수가 없다고 황당해하며, "처음에는 쿠겔마스라는 이상한 사람이 등장하더니, 이제는 엠마가 아예 책에서 사라져버렸다"라고 불평하면서도, "역시 고전이라고 하는 책은 천 번을 읽으면 천 번 모두 뭔가 새로운 것을 발견하게 된다"라고 합리화한다. 쿠겔마스는 자기 부인에게는 보스턴에 학술대회가 있다는 핑계를 대고 주말에 엠마를 데리고 오는데, 다시 엠마를 돌려보내야 하는 시간이 다 될 무렵, 하필이면 쿠겔마스 자신이 들어가 있던 상자가 그만 고장이 나서 마술기 퍼스키가 수리하는 데만 1주일이나 걸리게 된다. 그러자 쿠겔마스는 5성급 플라자 호텔에 투숙하고 있는 엠마의 숙박비만 해도 어마어마하다고 안절부절 못한다. 게다가 배우가 되고 싶어하는 엠마는 배우 프로필 사진을 찍는 전문사진사의 사진촬영까지 요구했다. 엎친 데 덮친 격으로, 쿠겔마스와 같은 대학 비교문학과에 재직 중인 동료교수가 이 소설에 새로 나타난 인물이 바로 쿠겔마스라는 사실을 알게 되어 부인에게 알리겠다고 쿠겔마스를 협박한다. 마침내 마술가 퍼스키가 상자를 고쳐서 작동을 시키자 쿠겔마스는 엠마를 찰스에게 다시 돌려보내고 이별을 통보했다. 앞으로는 절대로 소설속의 등장인물과는 연애하지 않기로 결심하면서 말이다. 그러나 이미 이 같은 실험에 중독된 쿠겔마스는, 『포트노이씨의 불만』(*Portnoy's Compaint*)이라는 소설 속으로 들어가고 싶어서 참다 못해 결국 3주 후에 다시 마술사 퍼스키를 찾아온다.

> 그런데 이번에는 보글보글 끓는 소리 대신에 묵직한 폭발음이 나더니 곧 이어 벽이 갈라지는 것 같은 굉음과 함께 불꽃이 터져 나왔다. 마술가 퍼스키는 깜짝 놀라 뒤로 넘어지면서 그만 심장마비에 걸려 그 자리에서 숨을 거두었다. 문제의 마술 상자는 화염에 휩싸이면서, 결국 전체 건물로 번져서 불에 다 타버렸다.
>
> 바깥세상에서 이 같은 엄청난 사태가 벌어지고 있는 것을 모르고 있던 쿠겔마스 역시 상당한 곤경에 처해 있었다. 자신이 원했던 책 『포트노이씨의 불만』은 커녕, 다른 소설텍스트로도 못 들어간 쿠겔마스는 결국 닳고 닳은 스페인어 교과서인 『스페인어 연습』(*Remedial Spanish*) 안으로 던져지는 바람에, 척박한 바위투성이 땅에서 죽을 힘을 다해 도망가야 하는 처지가 되었다. 왜냐하면 털복숭이 모양의 덩치 큰 스페인어 불규칙동사 'tener'[have]가 길쭉한 막대기 같은 다리로 성큼성큼 쿠겔마스의 뒤를 쫓아오고 있었기 때문이다(77-78).

1단계 독서: 교훈적인 이야기

우스꽝스러운 이 판타지 단편소설이 과연 번역에 관해서 말하고자 하는 주제는 무엇일까? 한 가지 분명한 연관성은, 쿠겔마스가 관계를 맺는 여주인공 엠마는 프랑스 소설에 등장하는 그 엠마가 아니라, 특정한 영어 번역텍스트에 나오는 엠마라는 사실이다. 또한 쿠겔마스가 책 속으로 던져졌을 때, 쿠겔마스가 이동한 공간은 19세기 프랑스가 아니라 플로베르 작품을 번역한 많은 영어 번역가들 중 한 사람이 상상으로 그려낸 인공적인 프랑스라는 공간이다. 여기서 여주인공 엠마는 영어를 사용한다. 그 영어가 영국식 영어인지, 미국식 영어인지, 혹은 그 외 지역의 영어인지는 이 책의 저자 우디 알렌도 알려주지 않는다. 짐작컨대, 어쨌든 엠마가 뉴욕에 뜻하지 않게 며칠 더 머물게 되면서, 프랑스에 있는 남편 찰스가 자신을 보고 싶어할 것 같아서 이제 집으로 돌아가야겠다고 말할 때, 엠마는 자신의 남편 이름을 프랑스식이 아니라 영어식으로 발음했을 것이다. 그리고 책에 등장한 쿠겔마스를 만나게 되는 독자들은 영어권 국가, 정확하게 말하면 미국의 독자들 중에서, 아마 미국 대학의 프랑스어문학과나 비교문학과에 재직중한 교수나 공부하는 학생일 가능성이 크다. 쿠겔마스 자신도 대학교수로 나온다. 인문학 전공 교수라고만 나오는데, 구체적으로 어느 전공의 교수인지는 저자도 독자들에게 알려주지 않는다. 기껏 할 수 있는 짐작은, 최소한 영문과 교수는 아닐 것이라는 정도이다. 왜냐하면 쿠겔마스가 엠마와 처음 잠자리를 같이 하게 되었을 때 자랑하듯이 내뱉은 말이, "이런, 세상에, 내가 마담 보바리와 잠자리를 같이 하다니!"였는데, 이어서 혼잣말로 던진 말이 "대학 1학년 교양영어도 낙제했던 내가 말이야?"(68)였던 것을 보면 영어를 썩 잘하지는 않았을 것 같다. (아마 나는 이 대사에 나오는 '마담 보바리'라는 이름을 발음하면서 각각의 첫 글자 '마'와 '보'에 강세를 넣어 미국식 영어로 발음했을 것 같다. 아마 쿠겔마스도 마찬가지로 그런 식으로 했을 것 같고, 여기 등장하는 '번역된' 엠마도 자신의 이름을 그런 식으로 발음했을 지도 모른다.)

이 단편소설이 설정한 범주나 일탈은 내용적으로는 쿠겔마스의 결혼생활에 관한 것이기도 하지만, 또 한편으로는 상당히 학문적 영역에 놓여 있는 측면이 있다. 예를 들어, 엠마의 애인으로 책에 등장하는 새로운 인물이 쿠겔마스라는 것을 알아차린 후에 쿠겔마스의 부인에게 이 사실을 폭로하겠다고 쿠겔마스를 협박한 같은 대학 비교문학과 교수인 피비쉬 컵카인드(Fivish Kopkind)를 쿠겔마스는 '자신을 항상 시기 질투하는' 그런 사람으로 묘사한다. 이 작품에서 피비쉬나 쿠겔마스 부인인 대프니(Daphne) 모두 질투심이 강한 인물이다. 대프니는 자신의 남편이 술집아가씨 같은 여자를 어디 몰래 숨겨 놓고 바람을 피운다(70)고 의심하는 반면, 피비쉬는 오히려 억울해 한다. 왜냐하면 대학에서 학문적 영역을 구분하는 밥그릇 싸움이라는 암묵적인 관점에서 볼 때, 쿠겔마스는 무엇보다도 프랑스어문학과 소속이나 전공이 아니기 때문에, 그래서 비록 영어로 번역된 프랑스 소설이라고 하더라도 쿠겔마스는 마담 보바리와는 아무런 상관이 없다고 생각하기 때문이다. 즉, 원작이 프랑스어 소설이니까, 여기서도 등장인물이 프랑스문학 교수나 최소한 자기처럼 비교문학 교수 정도는 되어야지 엠마와 난잡하게 놀아나는 것도 말이 된다는 것이다.

번역학의 관점에서 보자면, 소설의 이 장면은 매우 구체적으로 학문적 문학번역, 즉 대학의 문학 강의실에서 이루어지는 학문으로서의 문학번역에 관한 논의의 텍스트가 될 수 있다. 이 장면에 담겨있는 풍자적 요소는, 폴드만(Paul de Man)[1]의 용어와 분석을 빌리자면, 쿠겔마스는 도착어권인 영어권 독자들, 특히, 미국의 대중문화 독자를 상징한다는 점이다. 베누티(Lawrence Venuti)가 자신의 저서 『번역가의 비가시성』(*The Translator's Invisibility*, 1995)[2]에서 이 같은 자국문화 중심적인 미국 대중문화 독자들, 즉 플로베르 소설의 타자성이나 낯설음에는 전혀 관심이 없고 자기 편한 대로 쉽게 읽는 즐거움에만 전적으로 집착하는 자문화 중심의 미국 독자들을 신랄하게 비판한다. 소설에서 쿠겔마스는 낭만적 사랑을 갈구하는데, 그의 심리상담사가 '매우 충동적인 행동'이라고 못마땅하게 여기는 그런 종류의 일탈이다. 예를 들면, 쿠겔마스가 자신이 상상하는 그 불륜을 통해 원하는 것은 의미있는 변화가 아니라, 단지 기분전환이나 하면서 잠시나마 짜릿함을 느끼고 싶어하거나, 사랑 혹은 욕망이라는 자극적인 감정을 통해 순간적으로나마 느끼는 삶의 희열같은 것이었다. 마술사 퍼스키가 쿠겔마스에게 던져주는 소설들은 모두 영어번역서인데, 그렇다고 쿠겔마스가 이것을 문제 삼지는 않는다. 사실, 쿠겔마스가 '번역텍스트 말고 원본은 없어요?'라고 따지는 모습은 상상이 되지 않는다. 그리고 그가 침대에서 사랑을 나누는 불륜녀 엠마는 프랑스 소설에 등장하는 진짜 '엠마 보바리'(Emma Bovary)가 아니라, 엠마 닮은 꼴, 즉 이름도 어쩌면 영어 'Ovary'의 운율과 비슷해지는, 상당히 미국화된 '엠마 보바리'일 뿐만 아니라, 베누티가 비판하듯이, 프랑스어로도 위선적이며 쉽게 무너지는 부르조아 의식을 상징하는 전형적인 대명사가 되어 버렸다. 또한 이 두 사람의 대화 역시 1970년대 미국 대중문화를 근간으로 한다.

> 분명 엠마는 쿠겔마스만큼이나 행복했다. 그녀는 이 같은 흥분을 목말라했다. 쿠겔마스가 들려주는 브로드웨이 밤 문화 이야기, 스포츠카, 할리우드, 유명한 영화배우 이야기들은 이 젊고 아름다운 프랑스 아가씨의 마음을 확 사로잡았다. "O. J. 심슨 이야기 좀 다시 해 주세요." 엠마는 쿠겔마스와 같이 부르지니엥(Bournisien) 대사제의 교회 앞을 걸어가면서 그에게 졸라댔다. "내가 무슨 설명을 더 하겠어? O. J. 심슨은 그 자체로 위대한데 뭐. 미식축구 런닝백이 가질 수 있는 기록이라는 기록은 다 가지고 있지. 영화배우로도 성공했고. 그 누구도 그를 건드릴 수 없을 거야." "그럼 아카데미상도 탔어요?" 엠마가 부러운 듯 말했다. "아, 그 상만 탈 수 있다면 난 뭐든지 다 줄 수 있는데." "상을 타

려면 우선 후보에 올라야 해." "알아요. 아까 설명 했잖아요. 근데 난 내 연기력이 받쳐준다고 확신해요. 물론 연기 수업 한 두 개는 듣고 싶기도 하지만요. 리 스트라스버그 같은 명품배우한테 배우면 좋을 텐데. 그런 다음 에이전트만 잘 만나면 되는데 ..." (69-70)

O. J. 심슨의 살인사건 재판이 시작된 첫 날인 1995년 1월 23일, 이 글을 쓰고 있는 오늘 나는 이 소설에 등장하는 O. J. 심슨에 대한 언급이 의미하는 바가 크다고 생각한다. 쿠겔마스에게 O. J. 심슨은 살인혐의 피의자도 아니고, 영화 〈총알 탄 사나이〉(*Naked Gun*, 1988)에 노드버그(Nordberg) 역으로 등장했던 영화배우도 아니고, 흑인 TV 스포츠 해설가로서도 아닌, 여전히 위대한 미식축구 런닝백 선수로 남아있다. 결국 독자들은 자신이 경험하는 매우 개별적이고 구체적인 시·공간적 맥락 속에서 작품을 읽고 이해하기 때문에, 그로 인해 작품에 대한 그들의 반응은 자신들의 이 같은 총체적 문화 환경에 의해 만들어지는 것이다.

이 소설을 번역의 알레고리적 이론의 관점에서 먼저 접근해 본다면, 소설의 비극적 결말, 즉 타자성과 낯설음에 대한 쿠겔마스의 무례한 공격에 대해 이 소설이 결말에서 제시하는 징벌은 문학적 정당성을 가진다. 쿠겔마스가 그토록 들어가고 싶어했던 『포트노이씨의 불만』은 플로베르의 『보바리 부인』보다 훨씬 더 쉽고 단순한 소설이며, 1969년 발표된 이 소설은 1982년 출판된 우디 알렌의 〈쿠겔마스씨의 에피소드〉보다도 10여년 전에 나온 소설로, 자신과 비슷한 뉴욕의 유대인 지식인을 다룬 소설이다. 그러나 쿠겔마스가 그토록 원했던 이 소설 대신에 쿠겔마스는 스페인어 교과서 안으로 던져져, 스페인어 동사 'tener' [have]에게 쫓기는 신세가 된다. 이 상황이 바로 복수가 뒤따르는 '낯설음'이라고 할 수 있다. 우디 알렌이 현대 미국 대중문화의 예민함과 우스꽝스럽게 섞어버린 플로베르 소설에 나오는 목가적인 배경이 이 소설에서는 주인공의 갑작스러운 죽음과 화재, 폭발이라는 악몽같은 배경과 외국어인 스페인어로 순식간에 바뀌어버리는데, 마치 〈놀랍도록 줄어든 사나이〉(*The Incredible Shrinking Man*) 같은 반이상주의적 공상과학 영화의 이미지로 매우 효과적으로 변형된다. 참고로, 이 영화에서도 주인공은 마치 스페인어 교과서 안으로 던져진 쿠겔마스처럼 어느 순간 거대한 거미와 사투를 벌이게 된다. 분명, 이것은 헤더(Herder)와 쉴레겔(Schlegel)부터 앙트완느 베르망(Antoine Berman, 1984)과 로렌스 베누티(Lawrence Venuti, 1995)에게서 볼 수 있듯이, 번역이론에서 자문화 중심주의에 빠진 독자들에게 낭만주의 전통 전체가 내리는 적절한 반격이기도 하다.

2단계 독서: 번역가의 탄생

이 소설을 알레고리 관점에서 처음 읽어본 느낌은 상당히 부정적이었다. 그러면, 번역이론의 측면에서는 이 작품으로부터 뭔가 좀 더 긍정적인 가치를 건져낼 수는 없을까? 쿠겔마스의 최후는 본인의 입장에서는 더할 나위없이 비극적인 파멸이지만, 이 불행한 바람둥이 쿠겔마스의 최후는 또 한편으로 번역가로서의 쿠겔마스의 시작일 수도 있다. 실제로 단일 언어 사용자에서 시작해서 이중 언어 사용자의 단계를 거쳐 결국은 번역이라는 영역까지 올라가게 되는 번역가들의 과정은 하나하나가 쿠겔마스의 삶처럼 정신적인 충격이 크다. 이런 점에서 윌리엄 브래드포드(William Bradford)의 『플리머스 식민지의 역사』(*Of Plymouth Plantation*, 1952: 79)에 등장하는 '스콴토'(Squanto)의 삶 역시 이와 크게 다르지 않다.

이곳 출신인 그를 제외하고는 거의 살아남은 사람은 없었다. 그는 여러 부류의 다른 사람들과 함께 이 배의 선장 토마스에 의해 실려갔다. 선장은 이들을 스페인에서 노예로 팔 생각을 하고 있었다. 하지만 영국으로 탈출에 성공한 그는 런던에서 어느 상인의 도움을 받아 잘 지내다, 캐나다의 뉴펀들랜드(Newfoundland)와 여기저기에서 일자리를 구해 일하다가, 결국은 더머씨(Mr. Dermer)에 의해 다시 이곳으로 돌아오게 되었다. 더머씨는 페르디난도 고지스 경(Sir Ferdinando Gorges)과 몇몇 사람들이 이 지역의 개발과 계획 사업에 필요해서 고용한 꽤 점잖은 사람이었다.

플리머스(Plymouth) 부근에 살던 인디언 부족 파투세(Patuxet)족에 속했던 스콴토는 1614년 자신의 마을에서 납치되어, 거의 노예 상태로 이곳 '신세계'로 끌려 왔다. 4년이 지난 1618년, 그는 배에서 뛰어내리며 탈출에 성공해서 다시 이곳 플리머스로 돌아오지만, 이미 그곳은 유럽으로부터 유입되어 1년 전 그 지역을 완전히 휩쓸고 간 새로운 질병으로 인해 그곳에 살았던 자신의 부족들은 이미 완전히 궤멸된 후였다. 다른 언어문화를 체험하고 돌아옴으로써 결과적으로는 번역가의 전문 역량을 얻게 되었던 방법치고는 그 고통이 매우 깊었다.

다른 사람들도 자신의 의지에 상관없이 해외로 끌려갔다. 비록 스콴토의 경우처럼 잔인하지는 않았지만, 갈등을 일으키는 정도는 별반 차이가 없었다. 해외의 식민지를 관리하기 위해 파견된 관리들이나 회사 경영진, 장교들뿐만 아니라 그들의 배우자와 자녀들, 그리고 그들의 하인들 역시 마찬가지로 문화적 충격에 직면해야만 했다. 그렇다고 이 같은 경험으로 승진의 기회를 얻는 것과 같은 동기부여가 있는 것도 아니었고, 해외에 나갈지 국내에 남을지의 문제에 대한 선택의 여지가 없는 경우도 종종 있었다. 낯선 외국 문화를 처음 접하는 경험은 생각만큼이나 충격적이지 않을 수도 있다. 그러나 특히, 새로운 것이나 낯선 것, 일상과 다른 것을 굳이 경험하고 싶어 하지 않고 안락함과 편안함만을 추구하는 사람들에게는 이 같은 외국문화는 여전히 자신의 의지를 거스르는 일종의 폭력의 형태로 느껴질 수 있다.

지난 2세기 가까운 기간동안 영어라는 단일 언어 환경에서 정치적·문화적 제국주의를 주도해 온 영어권 국가들에서 뿐만 아니라, 세계 어느 나라에서든 강의실에서 외국어를 배우고 있는 대부분의 학습자들의 경우에도, 정도의 차이는 있겠지만 처음에는 그 외국어에 대해 비슷하게 불편하고 어색한 감정을 가지게 된다. 그리고 외국어나 외국문화에 대한 열정도 아주 뛰어나고 수용력도 매우 우수한 학습자들조차도 어느 시점에서는 그들이 경험하는 외국어의 발화나 완전히 낯선 문화적 규범으로 인해 좌절하게 되며, 자신의 제도나 환경에 대한 일종의 충격으로 받아들이게 된다. 예를 들면, 상대방에게는 이렇게 쉽고 자연스러운 것이 자신에게는 얼마나 어렵고 힘든 일인지, 그리고 그들의 이런 문화와 언어를 이해하려면 자신이 얼마나 더 노력을 해야 하는지, 매일 매 순간 마다 얼마나 더 집중을 하고 듣고 보아야 하는지, 그리고 얼마나 많은 실수들을 앞으로 더 해야 하는지 버거워하면서, 또 한편으로는, 대화의 주제나 단어의 사용역도 별다른 고민이나 노력 없이 자연스럽고 정확하게 사용하는 상대방 원어민들을 보면서 자기 스스로에게 좌절하게 된다.

장담하건데, 대다수의 전문번역가들이 번역 분야에 뛰어든 가장 큰 계기는 자신의 감정의 소모를 최소화하려는 노력의 결과일 것이다. 다시 말해, 새로운 언어와 문화에 적응하는 과정에서 겪는 정신적 외상의 충격을 어떤 식으로든 긍정적인 방향으로 표출시키려는 시도에서 번역을 시작하는 경우가 많다는 것이다. 그래서, 자신이 살아온 문화의 안정적인 친숙함과는 상관없는 삶을 살아야 한다면, 이왕이면 이것을 최대한 활용하는 것이 더 좋은 방법이 될 수 있다. 이것을 최대한 활용하는 방법으로는, 서로 다른 문화 사이에서 항로를 찾아가는 바로 그런 종류의 일에 해당하는 번역가보다 더 나은 길은 없을 것이다.

다문화성과 관련된 이야기가 나왔으니까 하는 말이지만, 앞서 언급했던 스페인어 교과서는 엄밀하게 말하면 완전히 낯선 외국 텍스트라고는 할 수 없다. 이런 종류의 텍스트들은 대부분 영어와 스페인어로 쓰여 있을 뿐만 아니라, 특히 해설이나 문법적 설명은 영어로 되어 있고, 독해 지문이나 연습문제들만 스페인어로 되어 있을 것이다. 그래서 단일 언어에서 이중 언어로, 그리고 나중에는 미래의 번역가로 넘어가는 그 고통스러운 과정에서 쿠겔마스는 정확하게 말하자면 낯선 외국텍스트 안으로 던져진 것이 아니라 문화와 문화 사이라는 공간에, 문화 사이의 간극에, 그리고 프리드리히 슐라이어마허(Friedrich Schleiermacher, 1973: 63)가 '사이에서 안주하지 못하는'(unsettling in-between) 공간이라고 폄하했던 바로 그 공간에 끼워 넣어진 것이다. 이 공간을 안토니 핌(Anthony Pym, 1995)은 '모든 번역가가 번역가로서의 자신의 삶과 개인의 삶을 살아가는 공간'이라고 정확하게 규정했다.

3단계 독서: 기술번역 (Technical translation)

단순한 교훈적인 이야기로부터 시작해서 번역가의 탄생이라는 거대 담론을 다루는 은유적인 교양소설로 변모한 〈쿠겔마스씨의 에피소드〉의 끝부분에서 주인공 쿠겔마스가 안으로 던져진 그 책은 외국어로 쓰인 책, 다시 말해, 낭만주의자들이 선호하는 표현인, '낯설음'의 우의적인 복제, 혹은 안토니 핌의 표현대로 '문화상호성'의 우의적인 복제의 대상이 된다. 그러나 또 한편으로는 논픽션 책이기도 하다. 다시 말해, 일반적으로 정의하는 문학의 범주에 속하지 않는 비문학 텍스트이기도 하다. 보다 직설적으로 말하면, 〈스페인어 연습〉 교재는 그런 의미에서 '기술 텍스트'(technical text)이다. 그리고 소설의 결말에서 작가 알렌이 코믹하게 그려내고 있는 공포의 일부분은 쿠겔마스와, 어쩌면 우리 독자들의 깨달음, 즉 우리가 지금까지 접해온 고전작품 번역서의 익숙한 세계에 더 이상 놓여 있지 않다는 사실, 그리고, 대신 이 작품은 일종의 사용설명서 같은, 소위 말해 『마담 보바리』같은 정통 문학작품의 풍부한 상상력이나 인간적인 정서가 결여된 '기술 텍스트' 같은 느낌을 준다. 물론 '기술 텍스트'에 대한 이 같은 관점은, 소위 말해 사용설명서 같은 '기술 텍스트'를 바라보는 인문학 전공의 대학 교수들이나 학생들의 시각을 반영한 것이기도 하다. 즉, 뭔가 문학텍스트에 즐거움과 상상을 뛰어넘는 아름다움을 부여해서 한 동안 그 안에 머물고 싶게끔 만드는 그런 종류의 인문적 가치가 결여되어 있는 텍스트라는 시각일 것이다. 이처럼 문학적 상상력을 통해 만들어지는 사고의 유연함이나 자유가 없다면, 텍스트는 마음의 감옥으로 전락하고 말 것이다. 암울하고 절망적이며, 사실상 사람이 더 이상 살 수 없는, 그래서 인간의 상상력이 비명을 지르며 도망쳐 나올 수밖에 없는 그런 영혼의 탈출구가 된다. 그러므로 앞서 언급한 스페인어 교과서에서 스페인어 동사 'tener'[have]가 변신한 거미 모양의 괴물을 예로 들어보면, 영어권의 인문학자에게 이 스페인어 동사 'tener'[have]가 편한 느낌으로 다가오기를 기대하는 것은 어렵다. 이는 스페인어 동사뿐만 아니라 다른 그 어떤 외국어에 나오는 문법적 형태도 마찬가지 일 것이다. 사실 보통사람들이 외국어 학습교재를 읽으면서 모국어만큼이나 편하고 자연스러운 느낌을 받는다는 것은 거의 불가능하다. 특히, 인문학적 사고를 하는 사람이라면 이런 상황에서 마치 지루하고 아무런 영감이나 상상력도 불가능한 그런 공간에 영원히 갇혀 버릴 것 같은 두려움으로 움츠러들 수밖에 없을 것이다. 분명 정말 고통스러운 공간임에 틀림없을 것이다.

이 같은 태도는 '기술번역'에 대한 문학번역가들의 부정적인 인식과 관점에도 자연스럽게 드러난다. 좀 더 솔직하게 말하면, '기술번역'은 상상력의 측면에서 제한적이고, 한계가 분명하며, 뭔가에 얽매이는 느낌 때문에 대다수의 인문학자들이 회피하려는 경향이 있다. 그러나 최소한 문학번역은 그런 점에서 비록 간접적인 형태이긴 하지만 원작을 창작하는 상상력과 영감을 공유하는데 참여할 수 있다. '기술번역'은 무덤덤하고 생명력이 없는 원작을 무덤덤하고 생명력이 없는 복사본으로 바꾸는 작업이다. 그러다보니, 번역의 목적이라는 측면에서 보면, 문학텍스트는 텍스트에 대한 애정에서 번역을 시작하는 반면, 전부가 다 그런 것은 아니더라도 '기술번역'은 대부분 금전적인 이득을 목적으로 번역을 하게 된다. 문학텍스트에 애정이 넘치고 필요한 수준의 언어적 능력을 갖춘 사람은, 비록 번역가의 일이 누군가에게 종속되어 있는 성질의 일이라는 점 때문에 불편함이나 불만을 느낄지라도, 문학번역의 광채를 즐기기 위해서, 그리고 텍스트 안으로부터 나오는 상상의 세계의 자유로움을 느끼기 위해서 번역을 수행할 것이다. 그렇다면 이 같은 취향을 가진 번역가들에게, 비슷한 이유로 '기술번역'을 해 볼 생각이 있는지를 한번 물어보면, 아마 물어보는 사람 면전에서 이들은 실소를 터뜨릴 것이다. '기술 텍스트를 사랑하라고? 기술 텍스트의 광채에 빠져보라고? 기술 텍스트의 자유를 느껴보라고? 말도 안돼!' 그래서, 기술텍스트를 정말 '사랑하는' 사람이라면, 아마 특이할 정도로 성격이 무미건조하거나, 생각의 폭이 좁거나, 창의력이 부족하거나 아예 작동하지 않아서, 즉 '상상하는 힘이 상당히 뒤떨어지는' 사람일 것이다. 그래서인지 문학번역이나 학술번역의 업적을 쌓은 사람에게 대학에서 정교수 자리나 승진의 기회를 부여하는 문제는 여전히 논란의 대상이 되지만, 기술 텍스트를 번역한 업적을 놓고 대학에서 정교수 자리나 승진의 기회를 거론하는 것은 상상조차 할 수 없을 것이다. 학술지 논문에 대한 심사보고서에서 "스페인어로 된 기계 사용설명서 전체를 영어로 번역하기 위해 필요한, 멕시코 농장에서 사용되는 기계에 대한 번역가의 방대한 지식을 높이 평가해서~"와 같은 업적 인정의 근거는 정말 농담 같은 이야기일 뿐이다.

그러나, 〈쿠겔마스씨 에피소드〉는 이 같은 구태의연한 이원성을 극복할 수 있도록 한다. 비록 끔찍한 상황으로 묘사된 스페인어 교과서이지만, 털 많은 거미 모양 괴물의 등장은, 결코 지루하거나 상상력이 결핍된 텍스트라고 할 수 없다. 비록 즐거움과 행복이 넘치는 그런 종류의 모험은 아니지만, 분명 엄청난 모험의 공간임에는 틀림없다.

물론 읽는 독자에게는 상상과 모험의 공간이겠지만, 현실에서 이것은 엄연히 우디 알렌의 상상력에서 나온 이야기에 불과하다. 그리고 현실에서 스페인어 학습교재들은 이처럼 흥미롭지도 않다. 그러나 어쩌면 다음과 같은 사실은 중요할 수 있다. 우디 알렌이 스페인어 학습교재를 가지고 그 같은 상상력을 발휘할 수 있었다면, 가능성만 두고 보면 우디 알렌만 그렇게 하라는 법은 없을 것이라는 점이다. 텍스트의 풍부한 상상력은, 부분적으로 또는 전체적으로, 결국 그것을 바라보는 사람의 눈에, 다시 말해, 독자의 상상력에 담겨져 있는 것이 아닐까? 물론 텍스트에 따라서 어떤 텍스트는 다른 텍스트보다 독자의 눈, 코, 입, 귀에 더 많은 상상력과 창의성을 부여하기도 한다. 그리고 '기술 텍스트'는 그 같은 상상력과 창의성에 저항하는 특징이 큰 것도 사실이다. 우디 알렌이 이처럼 스페인어 학습교재를 상상력이 살아 넘치는 텍스트로 바꾸어 놓았다는 사실이 암시하는 바는, 지루하거나 따분하고 상상력도 부족한 '기술 텍스트'에 대한 우리의 본능적인 거부감과 공격은 어쩌면 적절하지 못할 뿐만 아니라, 공격의 방향도 잘못 잡고 있는 것일 수 있다. 그 보다 중요한 문제는 텍스트와의 문제가 아니라 독자들에게 있을지도 모른다. 만약에 스페인어 학습교재가 지루하다면, 어쩌면 그것은 텍스트가 지루해서라기 보다는 독자들이 그 안에서 거미들을 어떻게 보고 이해해야 하는지를 모르기 때문일 수도 있다.

여기서 내가 강조하고자 하는 점은, 기술번역가도 스페인어 학습교재에서 거미들을 찾아서 이해하는 방법을 분명히 잘 알고 있다는 점이다. 다시 말해, 기술번역가도 다양하고 고차원적인 상상력의 표출을 통해 텍스트를 마음속에서 그려내고, 이야기의 흐름을 만들고, 생명력을 불어넣고, 움직임을 부여해서 텍스트를 살아 움직이게 하는 법을 알고 있다는 점이다.

6개월 쯤 전에 영어로 쓰인 전기톱 사용설명서를 핀란드어로 번역할 일이 있었는데, 그때 이와 같은 느낌을 경험한 적이 있었다. 번역할 때마다 개인적으로 종종 겪는 일이지만, 그때도 번역하면서 내 마음은 오락가락하기 시작했다. 도대체 내가 어디 있는지도 잘 모를 정도였다. 마치 비행기의 자동운항장치를 작동시킨 파일럿처럼 나 역시 별다른 생각 없이 거의 기계적으로 번역을 하고 있었다. 나의 정신의 한 부분은 사전에서 단어를 찾고, 자연스러운 핀란드어 문장을 만들고 이런 저런 분석 작업을 하고 있었지만, 내 정신의 또 다른 부분은 다른 곳에 가 있었다. 꿈꾸는 몽상에 빠져 이미 길을 잃고, 막연하지만 낭만적인 감상에 젖어 있었다. 그 낭만적인 감상이라는 것도 그냥 낭만적으로 막연한 상태였다. 사실 이런 감정은 번역하는 과정에서 종종 내게 발생한다. 번역할 때마다 일상적으로 빠져들게 되는 그런 아주 빈번한 감정의 상태이다. 한 순간, 내 입에서 이런 이야기가 튀어나올 뻔한 적도 있었다. '지루한 기술 텍스트를 번역할 때는 이렇게 감정이 방황하는 반면, 문학텍스트를 번역할 때는 100% 텍스트에 빠져들게 된다'고 말이다. 그러나 이것은 결코 사실이 아니다. 문학텍스트를 번역할 때도 내 감정은 여전이 방황하고 있었기 때문이다.

실제로, 문학텍스트이든 기술 텍스트이든 가리지 않고 번역하는 번역가인 내게 상당히 도움이 될 뿐만 아니라 번역 역량도 높여주는 그런 종류의 '꿈꾸는 몽상' 상태도 있다. 아마 다른 대부분의 번역가들에게도 이와 크게 다르지 않을 것이라고 생각한다. 나의 경우를 보면, 지난 번 전기톱 사용설명서를 번역할 때도 나는 이 번역을 통해 명성이나 금전적 이익은 꿈꾸지도 않았고, 내가 사고 싶어 했던 노트북을 구입하는 것을 상상한 것도 아니었고, 불확실한 미래에 다른 그 어떤 바램도 꿈꾸지 않았다. 오히려 나의 '꿈꾸는 몽상'은 실제로 매우 구체적인 것에 초점이 맞춰져 있었다. 그 몽상에서 나는 핀란드에서 전기톱을 사용했던 그 모든 시간을, 어떤 이유에서인지는 잘 모르겠지만 주로 핀란드 친구나 사촌동생과 눈밭에 함께 있는 것으로 대체하고 있었다. 그 상상 속에서 나는 추위도 느낄 수 있었고, 손에 끼고 있던 가죽장갑의 촉감뿐만 아니라, 통나무 위에 수북이 쌓인 채 얼어있던 딱딱한 눈도 느낄 수 있었다. 그리고 한발 한발 내딛을 때마다 신발 밑에서 나는 뽀드득 소리도 들을 수 있었고, 코 속에서 서로 엉켜서 얼어버린 코털도 느낄 수 있었다. 실제로는 전기톱을 한 번도 구입해 보기는커녕 사용해 본적도 없었으며, 오히려 전기톱 사용설명서를 번역하면서 앞으로도 전기톱 같은 것은 별로 만져보고 싶지도 않다는 생각만 들었다. 왜냐하면 평소에는, 전기톱이라는 것은 그냥 물건을 집어든 다음, 잘 고정시켜 놓고 절단할 부분에 표시를 한 다음, 전기톱의 스위치를 켜고 절단하기 시작하면 되는 것 정도로만 생각했는데, 사용설명서를 번역하면서 내용을 읽어보니, 이런 전기톱을 구입해서 관리하는 과정들이 내게는 행동으로 옮기기에 거의 불가능할 정도로 복잡해 보였다. 이미 전기톱에서 떠나버린 나의 마음은 오히려 전기톱을 잘 사용하고 있는 핀란드 친구들에게로 향하고 있었다. 이들 친구들은 공통적으로 모두 조심성도 많고 설명서를 꼼꼼하게 읽으면서 그대로 따라하는 사람들이라서, 분명 사용설명서에서 안내하는 대로 주기적으로 기계에 기름칠도 하고, 기계 구석구석 먼지도 닦아내고, 톱날도 날카로움을 유지하도록 잘 관리하고 있을 것이다. 그런데 나는 그렇게까지 할 사람이 못된다. 아마 창고 구석에 처박아 놓은 다음, 필요한 일이 생기면 그때마다 꺼내서 사용해보고, 혹시라도 제대로 작동하지 않으면 바로 서비스센터로 가져갈 사람이다.

한번은 어느 뜨거운 여름날 미국 일리노이주에서 이 번역 작업을 계속 한 적이 있는데, 내 머릿속 모든 세계는 이미 핀란드에 가 있었다. 나의 몽상은 이 번역작업을 하는데 필요한 단어와 표현들을 내가 마지막으로 듣고 사용했던 핀란드로 이미 나를 데려가고 있었다.

그렇다고 이 모든 것을 내가 의도적으로 한 것은 아니었다. 몇 달 전까지만 해도 나도 내가 이렇게 하고 있다는 사실을 깨닫지 못했다. 사실, 지난 가을 어느 날, 다른 사람의 부탁으로 멕시코에서 내가 진행했던 어느 번역 워크숍에서, 전기톱 사용설명서에 있는 내용의 일부를 사례로 사용하는 방안을 한번 생각해 보게 되었다. 실제로 그때 워크숍에서 기술 텍스트 번역에서도 상상력에 기반한 번역가의 창조적 과정이 가능하다는 논의를 하던 중에, 문득 〈쿠겔마스씨의 에피소드〉가 머릿속에 떠올랐다. 최소한 15년 전쯤 한번 읽어보고 그 이후로는 다시 읽어본 적이 없는 그 이야기가 말이다. 번역을 하다 보면 내 마음이 집중하지 못하고 여기저기 떠돌아다는 것을 부분적으로나마 자각한다고 생각한다. 만약에 사람의 '생각'을 감독하는 경찰이 있어서 내가 번역하고 있을 때 나의 작업을 멈추게 한 다음, 야단치듯 "지금 당신 마음이 방황하고 있네요!"라고 지적한다면, 아마 마치 나쁜 짓 하다 걸린 아이처럼 막연하게나마 죄책감을 느꼈을 것 같다. 그러나 번역을 하는 과정에서 이처럼 다양한 감각을 활용하는 상황이나 맥락을 만들어낼 수 있다면, 나의 이 같은 약간의 무의식적인, 혹은 조금은 몽롱한 공상의 과정은 실제로 나의 번역작업에 도움이 되는 것을 알 수 있었다. 이 과정은 내가 한동안 사용하지 않았던, 어쩌면 들어보기는 했을지라도 실제로 내가 직접 사용해 본 적이 없었던 그런 핀란드어 단어나 표현을 말없이 꺼낼 수 있게 할 뿐만 아니라, 내 마음 속에 일종의 핀란드어 원어민 화자, 즉 이 경우에는, 능력도 있고 신중하고 똑똑한 핀란드 원어민 화자이면서 전기톱을 사용할 줄 아는 사람을 하나 만들어주는 역할도 하면서, 내가 영어를 옮기려고 하는 핀란드어 능력까지도 향상시킨다.

문학번역가들은 기술번역가들의 작업이 매우 기계적이고, 반복적이라 생각하며, 사람이 중심이 아니라 사물이 중심이라는 점에서 너무

지루하다는 이유로 기술번역가를 하찮게 여기는 경향이 있다. 그러나 뛰어난 기술텍스트 작가나 기술번역가는 사용설명서에 담겨있는 인간적인 맥락을 느낄 수 있는 능력을 갖추게 된다. 그렇지 않으면 기술번역에서도 결코 좋은 번역이 나올 수 없다. 그래서 개인적으로는 기술텍스트와, 소위 말하는 창조적 텍스트, 예를 들어, 소설가나 우디 알렌과 같은 영화제작가/영화감독/대본작가, 혹은 문학번역가가 만들어내는 그런 종류의 텍스트 사이에 큰 차이가 있다는 주장에 동의하지 않는다. 우디 알렌과 마찬가지로 기술번역가도 영화를 볼 때, 머리속으로 영화를 느끼고, 기술텍스트에 담겨있는 인간적인 맥락이나 서술을 상상력이 충만한 공상을 통해 눈앞에 그려보기도 하는데, 이 과정은 소설가의 상상력과 질적으로 별반 다를 게 없다. 전기톱을 사용하는 주체는 결국 사람이다. 그러므로 전기톱 사용자를 위해 만드는 사용설명서조차도 인간적인 맥락은 결여된 채 단순히 단어의 조합만으로는 결코 만들어지지 않는다. 모든 전기톱 사용자에게 해당하는 것은 아니지만, 최소한 상상력을 갖추고 사용설명서를 읽는 사용자라면 전기톱 사용설명서에서도 진한 인간적인 서술, 즉 쉽게 이해할 수 있도록 상당히 체계적인 순서를 갖춘 세심한 설명과 배려, 그리고 사용 중에 발생할 수 있는 부상의 위험에 대한 끊이지 않는 염려가 설명서 기저에 일관되게 담겨있는 것을 느낄 수 있을 것이다. 전기톱 역시 다른 무생물과 마찬가지로 때로는 그 자체만의 생명이나 정신이 깃들어있는 것으로 보이기도 한다. 시동을 걸면 마치 말처럼 뛰어오르거나 덜컹거리기도 하고, 때로는 전기톱의 체인이 끊어지기도 하고, 날이 무디어지거나 성능이 처음만큼 나오지 않기도 하고, 때로는 제대로 작동이 안 되기도 한다. 전기톱도 마치 앞서 보았던 스페인어 불규칙 동사 'tener'[have]처럼 때로는 무시무시한 괴물이 될 수도 있다.

이 말에 동의하지 않는 사람도 있겠지만, 전기톱 역시 일상생활에서 사용하는 평범함 기계 중에 하나이다. 어떤 사람들은 매일 전기톱을 사용하면서 생계를 전기톱에 의존하기도 한다. 그러다보니 삶의 일부가 된 이 같은 기계에 인간적인 특성을 부여하는 것도 자연스러울 수 있다. 사람들은 자신들의 자동차나, 세탁기, 냉장고, 토스터, 전자레인지처럼 매일 사용하는 가전제품이나, 컴퓨터, TV 같은 물건에도 인간적인 특성을 부여하기도 한다. 그렇다면 일상적으로 사용하지 않는 기술이나 제품은 어떨까? 컴퓨터에 들어가는 메모리칩의 미세한 부품이나 화학물질처럼 보통 사람들의 일상적인 삶에 직접적으로 영향을 주지 않는 그런 기술은 어떨까? 또한, 숫자나 수학 문제는 어떤가? 여기서는 어떻게 인간적인 맥락을 발견하거나 만들어낼 수 있을까? 수학 텍스트를 번역하는 번역가의 머릿속에는 과연 어떤 종류의 감각을 활용하는 그림이 그려지고 있을까?

이 질문에 대한 정답은 아마도 수학 텍스트의 번역가가 보여줄 수 있는 만큼의 그림일 것이다. 많은 사람들은 숫자나 소리를 색깔이나 냄새처럼 공감각적으로 인식한다. 암산의 천재라는 뛰어난 사람들도 만 단위 숫자들의 곱셈을 수학 공식대로 길게 식을 풀어가면서 계산하기 보다는 공감각적인 방법을 사용해서 바로 그 자리에서 답을 구하는 경우를 볼 수 있다. 그렇다면, 수학 텍스트를 번역하는 번역가들도 번역하는 과정에서 텍스트를 최대한 살아있는 대상으로 만들어서 잠재적인 이야기의 형식이나 다른 종류의 인간적인 특성이 일관되게 반영되는 형태로 이끌어낼 수 있지 않을까? 그리고 이 같은 상상을 통해 만들어지는 구조가 번역작업에 계속해서 관심과 열정을 가져올 뿐만 아니라 더 효율적이고, 빠르고 정확한 번역을 만들어내는데 도움이 될 수도 있지 않을까?

기술제품들이 단순한 기계에 불과한 것만은 결코 아니다. 같은 맥락에서 숫자도 단순한 상징이나 축약에 불과한 것이 결코 아니다. 이 모든 것은 항상, 예측과 통제, 계산과 착오, 생산과 분배, 시장성과 구매성, 사용과 오용 사이의 상호적인 서술로 이루어진 거대한 문화시스템 안에 매우 복잡한 상태로 위치하고 있다. 법률 문서나 상업문서, 의료 문서처럼, 기술에 관해 쓰인 텍스트 역시 사람과의 연관성과 인과관계에 깊숙이 관여하고 있다. 다시 말해, 이 모든 텍스트는 결국 비소설적 소설에 속한다고 할 수 있다. 이 같은 비소설적 소설 텍스트 속으로 상상력을 통해 들어갈 수 있거나, 혹은 번역을 통해 작품을 만들어낼 수 있는 번역가들은 단어와 표현, 사용역에 관한 번역가의 기억을 향상시켜 더욱 더 정확하고 신속한 번역을 수행할 수 있을 뿐만 아니라 (물론 더 많은 경제적 이익도 포함해서), 자신의 일을 더욱 더 즐길 수 있게 될 것이다. 바로 이 지점에 인문학자들이 위치하고 있다. 사람들은 인간적인 맥락과의 연결고리를 필요로 한다. 이런 것들이 없다면 우리는 우리가 하는 일이나 심지어 우리 삶에 대한 흥미조차 잃어버리게 되고 공허함에 빠지면서, 사회적, 도덕적 무질서의 패닉에 직면하게 되고, 결국은 무기력해지면서 의미를 찾아 일탈하게 될 것이다. 그런 맥락에서 번역학을 하는 인문학자들의 가장 큰 실수는, 특정 종류의 텍스트에는 이 같은 인간적인 연결고리가 원래부터 결여되어 있다고 전제로 삼는 것이다.

강의실에서의 '쿠겔마스'

우디 알렌 이야기에 등장하는 '쿠겔마스'는 무엇보다도 직업이 교수라는 사실에 주목해보자. 물론 이 작품에서 '쿠겔마스'가 어떤 종류의 교수인지, 어떤 식으로 강의를 진행하는지, 주로 강의식으로 진행하는지, 아니면 토론식으로 하는지, 팀워크 활동을 많이 요구하는지 등도 알 수가 없다. 개인적인 느낌으로는 '쿠겔마스' 교수는 강의위주로 진행하며 학생들의 팀워크는 크게 신경 쓰지 않을 타입의 교수일 것 같다. 사실 교수로서 그의 직업이 드러나는 언급이라고는 텍스트 속에서 엠마 보바리와의 즐거운 시간을 중단하고 강의하러 떠나는 장면들 몇 개 정도뿐이다.

그러나 이 작품에도 분명 교육적인 맥락이 들어가 있는데, 본 논문을 마무리하면서 이와 관련된 사례 몇 가지를 검토하고자 한다. 학생의 입장에서는, '쿠겔마스'처럼 직접 엠마와 깊은 사랑에 빠져 보는 방식이 『마담 보바리』라는 작품을 제대로 이해하고 배우는데 더 효과적일지, 아니면 스탠포드대학교 영문과 교수가 하는 방식으로 작품의 서사 구조나 상징, 문화적 맥락을 분석하는 방법이 더 효과적인지 고민해 볼 수 있을 것 같다. 이 고민에 대한 답을 찾기는 쉽지 않다. 우선, 여기서 말하는 학생은 추상적인 개념으로서의 학생이지 실제로 특정 학생을 지칭하는 것이 아니기 때문에 학생의 관점에서 생각한다는 것 자체가 쉽지 않다. 그리고, 그 학생이 문학을 얼마나 좋아하는지도 알지 못하는 상황이며, 문학 수업 강의실에 들어오면서 '쿠겔마스'처럼 온갖 열정으로 가득 찬 학생인지, 아니면 애당초 이런 소설을 왜 읽어야 하는지조차 이해하지 못하고 짜증스러워 하는 그런 학생인지도 알지 못한다. 열정으로 넘치는 학생이라면 오히려 분석적 방법으로 접근하는 수업이 도움이 될 수 있을 듯하지만, 그렇지 않은 학생이라면 아마도 좌절감과 억눌려있는 분노로 인해 궁지에 몰리다가 결국 발작 증상까지 보일 수도 있다. 문학을 '사랑'하거나 삶의 일부분으로 받아들이지 못하는 학생이라면 상상력과 열정을 가지고 문학작품 속으로 들어간다는 것 자체를 이해하기가 어려울 것이다. 그렇기 때문에 강의실에서 작품의 상징이나 주제, 계급 구조에 대해 아무리 열심히 설명하고 분석해 보았자 이런 학생들은 아마 하품을 참기 어려울 것이다. 하지만, 이들 역시 상상력에 기반한 재창조의 과정에 대한 비평적 학습법을 접할 수만 있다면 엄청난 혜택을 얻을 수도 있다. 예를 들어, 연상 연습은 책에 쓰여 있는 단어를 학생의 개인적 경험이나 배경과 연결시킬 수 있도록 하고, 이미지 연습은 총체적인 감정의 반향을 불러일으킬 수 있도록 하며, 상황극 연습은 학생으로 하여금 텍스트를 연기로 승화시키면서 자신의 몸으로도 느끼고 몸에 체화되어 있는 사회적 감각으로도 느낄 수 있도록 한다. 이 같은 특징은 외국어로 된 문학작품을 읽는 학생들에게 매우 중요하다. 해당 외국어가 모국어로 사용되는 문화권에 대한 이해가 중요한 상황에서, 외국어로 된 작품을 읽는 학생은 그 작품을 '활기 넘치고 살아있는 진짜 텍스트'로 느끼는 것이 결코 쉽지 않기 때문이다. 그렇기 때문에 다양한 시각적, 감각적 이미지를 재현하는 연습은, '낯설음'과 학생 개개인의 경험 사이의 간극을 좁히는데 매우 효과적인 방법이 될 수 있다. 아주 초급단계의 외국어 학습 환경에서조차, 예를 들어 거미처럼 생긴 흉측한 모습으로 된 스페인어 동사 'tener'[have]로 부터 아슬아슬하게 추격을 당하는 자신의 모습을 상상해 보는 것은, 그 이미지가 구체적으로 어떤 문법적 형태와 관련이 있는지에 상관없이, 아마 'tener'[have] 동사의 격변화 양식을 그냥 기계적으로 외우는 것보다 훨씬 더 효과적일 것이다. 예전에 스페인어 가정법을 배울 때를 떠올리면, 그때는 아무리 시간이 많이 주어져도 끝도 없이 길었던 문법 규칙들을 한번도 머릿속에 제대로 담지 못했던 것 같다. 한번은 연습문제를 풀면서 뭔가 말을 하고 싶어서 'quiero que ...'[I hope/wish that ...]라고 시작했지만 바로 절망에 빠지고 말았다. 우선 내가 어떤 종류의 종속절에 놓여 있는지를 파악해야 했고, 그런 다음 그 종속절에 맞는 동사의 가정법 동사형을 찾아야 했다. 이 모든 것을 머리속으로 판단하고 정확한 종속절과 가정법 동사형을 찾는데 아무리 빨라도 5-6초 이상 걸렸다. 작문 하는데도 이 정도 시간이 걸린다면 아마 이 표현을 직접 말로 하려고 하면 더 많은 시간이 걸릴 수밖에 없을 것이다. 천부적으로 뛰어난 분석적인 재능을 가지고 태어난 사람이라면 아마 모든 스페인어 가정법 동사형을 체계적으로 분류해서 쉽게 암기하는 대단한 업적을 남길 수 있겠지만, 학습 방법론으로서는 결코 권하고 싶은 대안은 아니다.

그러나 시간이 가면서, 가정법을 언제 사용해야 하는지 차츰 느낌이 생기기 시작했고, 수업시간에 배운 규칙보다 훨씬 단순한 가정법 사용 요령을 감각적으로 익히게 되었다. 예를 들어, 가정법은 비현실성이 내포된 상황, 즉 아직 일어나지 않은 일이나, 다른 사람의 관점에서만 발생한 일 등에서만 사용된다는 점을 깨닫기만 하면 된다. 그래서 이 사용요령을 내가 수강하고 있는 스페인어 수업의 선생님에게 설명을 했는데, 의외로 선생님은 별로 마음에 들어 하지 않았다. 그 이유는, 이것만으로는 가정법 사용 범주를 충분히 설명하지 못한다는 것이었다. 그런데 같이 수업을 듣던 다른 학생들의 반응은 상당히 좋았다. 그동안 배워왔던 스페인어 가정법과 관련된 10여개의 복잡한 활용 문법 같은 것 대신에 쉽고 빠르게 적용할 수 있는 한 가지 규칙만 알고 있으면 되기 때문이었다. 그리고 놀랍게도 학생들도 이 사용요령을 한번 적용해보고 나서는 거의 모든 가정법 연습문제에서 정답을 찾아내기 시작했다. 사실, 외국어 문법시험 문제에서 매번 정답을 맞춘다는 것은 결코 쉬운 일이 아니다. 그런데 문제는 이것 때문에 스페인어 선생님이 조금 화가 나서, 문장 하나를 예로 들며 우리에게 질문을 던졌다. 'I hope he comes on time'이라는 영어문장을 스페인어로 번역할 때 'espero que~'[I hope/wish that he~] 다음에 오는 동사 'venir'[come]의 활용형이 직설법 'viene'인지 아니면 가정법 'venga'인지 대답해 보라고 했다. 몇몇 학생들이 이 경우에는 가정법 활용형인 'venga'가 맞다고 대답하자, 선생님은 왜 그런지 설명해보라고 몰아붙였다. 그래서 아직 그 사람이 온 것이 아니기 때문에 가정법을 사용해야 한다고 학생들이 부연설명을 하자, 선생님은 이 싸움에서 드디어 승리했다는 표정으로 학생들이 틀렸다고 지적하며, 'esperar'[hope/wish]는 감정의 동사이기 때문에 가정법이 아니라 직설법을 써야 한다고 의기양양하게 설명했다.

이렇게 복잡하고 어려운 걸 보면, 우디 알렌이 'tener'[have] 동사를 거대하고 무시무시한 거미로 상상한 이유가 이해가 된다. 시간이 지나면서 개인적으로는 'tener'[have]동사뿐만 아니라 심지어는 스페인어 가정법까지도 좋아하게 된 이 시점에서 다시 생각해보면, 스페인어나 다른 외국어의 무시무시한 문법 괴물들을 다룰 때, 마치 뼈만 앙상하게 남은 그 몸 구석구석에 달려있는 많은 털처럼 무수히 많은 문법 규칙을 하나하나 분석적으로 가르치면 배우는 사람에게는 정말 무서운 괴물처럼 보일 수밖에 없을 것 같다. 그런 의미에서 내게 스페인어를 가르쳤던 그 선생님도, 그리고 비슷하게 문법에 집착했던 엄격한 다른 선생님들도 어쩌면, 아이들이 나쁜 짓을 하지 않도록 겁주기 위해 귀신이나 괴물이야기를 만들어내는 엄격하고 권위적인 부모와 별반 다를 바가 없다. 사실 대부분의 거미들은 독거미도 아니고 다른 곤충들을 잡아먹는 육식성도 아니다. 스페인어를 정말 배우고 싶은 사람이라면 결국 이들 거미 같은 문법과 친해지는 법을 빨리 찾는 편이 낫다.

이 점은 번역가 교육과정에도 암시하는 바가 크다. 만약 문학텍스트 번역이나 기술 텍스트 번역 모두, 지금까지 지배적인 방법론으로 인식되어 온 분석적 번역 방법론보다는 오히려 상상력이나 창의성, 잠재의식의 영역과 더 밀접한 관계를 가지고 있다면, 그동안 우리는 번역학 학생들에게 딱딱한 번역 규칙이나, 예를 들어, 기술 용어 사용역의 문체 형식의 측면에 내한 분석 방법론 같은 것에만 집중하도록 유도한 오류를 범하고 있었을 수도 있다. 번역가가 번역작업의 효율성을 높이기 위해 필요한 것은 이성적으로만 분석하는 영역이 아니라, 매우 정교하고 고차원적인 잠재의식, 즉 분명히 세심한 차이를 구분하고 복잡한 연결고리를 찾아낼 수 있는, 그래서 앞서 언급한 분석 방법론으로부터 한층 발전된 그러나 여전히 잠재되어 있는 능력일 것이다.

그래서, 여기서 우리가 염두에 두어야 할 점은, 번역학 학생들을 가르치면서 대조언어학 분석이나 사용역 분석, 전문용어 등과 같이 대부분 분석적 자료들을 활용하게 되는데, 이것 뿐만 아니라 이 같은 능력의 승화된 형태, 즉 한때는 매우 이성적이었던 것들에 대한 효과적인 내재화 혹은 직관화 작업에도 수업 시간의 상당 부분을 할애해야만 한다는 사실이다. 스페인어 수업을 듣는 학생들은 강의실에서 배운 수많은 가정법 문법 규칙을 과연 어떻게 해야지 실제 대화에서 능숙하게 사용할 수 있는 수준으로 전환시킬 수 있을까? 번역학 학생들은, 예를 들어 수업 중에 배운 스페인어와 영어 사이의 전환 범주에 대한 분석을 과연 어떤 식으로 두 언어 사이의 실제 번역과정에 신속하고 효과적이면서도 나름 즐거운 방식으로 활용할 수 있을까?

다시 한 번 강조하지만, 〈쿠겔마스씨의 에피소드〉를 통해 알 수 있었던 점은 이 같은 승화를 가능하게 하는 가장 효과적인 방법은 결국 상상력의 발현을 통해서라는 사실이다. 상상력의 발현은 결국 번역가가 어떤 종류의 텍스트이든 상관없이, 즉, 스페인어 문법책이든 전기톱 사용설명서이든, 텍스트 속으로 자신을 창조적이고, 극적으로, 시각적으로, 그리고 공감각적으로 빠져 들 수 있도록 하는 것이다. 그리고 거미처럼 다리와 털이 많은 괴물처럼 생긴 동사로부터 추격을 당하는 자신의 모습을 상상해 보는 것도 개인적으로 효과만 있다면 나쁘지 않다. 또한, 텍스트의 주제와 직·간접적으로 영향관계를 가지고 있는 과거의 경험들을 기억하고 상상력을 동원해서 되살려보는 것도 도움이 된다. 그리고 직접적인 경험이 없는 주제에 대해서는 그동안 읽은 책이나 보았던 영화나 TV 프로그램, 혹은 이야기를 나누었던 사람들로부터, 상상력에 바탕을 둔 가상의 맥락들을 최대한 모아보기 바란다. 그리고 행동으로 옮겨라. 개별 단어와 표현에 대한 기계적인 이해로부터 벗어나 상상의 통로를 만들어서 빠져나오는 문학적 시도에 도전하기 바란다. 그래서 출발어든, 도착어든 텍스트에 내재되어 있는 사람의 연결고리를 찾아내어 살아있는 그 맥박을 느껴보기 바란다.

이 같은 시도들을 통해 얻을 수 있는 의미 있는 결과는, 문학번역가도 전문번역가 교육 프로그램에서 새롭고 가치 있는 역할을 할 수 있다는 사실의 확인이다. 현재는 이 같은 교육프로그램에서조차도, 문학

번역만이 유일하게 번역에서 흥미로운 영역이라고 느끼는 문학번역가들과, 기술번역만이 비즈니스 세계나 경제적인 측면에서 현실성이 있는 영역이라고 느끼는 기술번역가들 사이에 팽팽한 긴장감이 빈번하게 형성되곤 한다. 특히 문학번역만 가지고는 생계를 꾸려나가기가 거의 불가능한 미국이나 영국 같은 나라에서는, 순전히 경제적인 이유 때문에 번역가 교육프로그램에서 문학번역 교육의 필요성은 거의 존재가치를 인정받지 못한다. 당연히 이 같은 시각은 문학번역가의 자존심에 상당한 상처를 남길 수밖에 없다. 그러나 만약 문학번역이 상상력을 키워주는 수단으로 재정립되어 문학번역가이든 기술번역가이든 모든 번역가의 번역 수준이나 속도도 올려줄 뿐만 아니라 번역 자체를 더욱 즐길 수 있는 것으로 만들어 줄 수 있다면, 아마도 결국은 번역가 교육프로그램에서도 문학번역에 대한 경제적인 근거도 만들어질 수 있을 것이다.

그러나 이 같은 제안이 어떤 식으로 현실에서 이루어질 수 있을지는 또 다른 문제이며, 말처럼 그리 단순하지는 않을 것이다. 몇 년 전 번역학 교재로 사용하기 위해 『번역가 되기』(*Becoming a Translator*, 1997)라는 책을 출판한 적이 있는데, 이 책에서 번역학 학생들이 번역에서 사용하는 분석 자료들을 보다 내면화시키고 한 단계 승화시킬 수 있도록 연습하는 구체적인 방법들을 제시해 보았다. 지금 이 글을 쓰고 있는 시점에서 아직 그 책이 출판되지는 않았기 때문에 과연 학생들에게 얼마나 실질적인 효과를 가져 올지는 장담할 수 없다. 그러나 한 가지 확신할 수 있는 것은, 실제로 번역가 교육과정에 대한 교수법적인 논의들은 대부분의 영역에서 아직 제대로 시작되었다고도 보기 어려울 만큼 초기 단계라는 점이다. 학생들 앞에 텍스트만 던져 놓고, '한번 번역해봐!'라고 말하는 것만으로는 진정한 의미의 교수법이라고 말하기 어렵다. 어쩌면 그렇게 하는 것이 번역가를 가르치는 가장 효과적인 방법일지도 모른다. 물론 그렇지 않을 수도 있다. 그러나 현재 상황에서는 그 방식이 어쩌면 기본적인 교수법의 형태인지도 모르겠다. 왜냐하면, 그 방법 말고 다른 방법이 또 뭐가 있는지, 그 외에 어떤 것들을 해야 하는지 아직은 사람들이 잘 모르기 때문이다. 그러고 보면, 비록 발상 자체로는 황당하게 낯설었지만 어쩌면 이 상황에서 '쿠겔마스'가 하나의 방향성을 제시해 줄 수도 있을 것 같다. 다시 말해, 번역학 학생들에게 진정 필요한 것은 분석가가 아니라 마술가일지도 모른다.

이형진 번역

미주

1) 폴드만(Paul de Man)의 『독서의 알레고리』(*Allegories of Reading*, 1979) 참조: 폴드만은 이 책에서 문학텍스트를 우화화(allegorising)하는 후기구조주의적 시도를 강조하는데, 여기서 그는 문학텍스트를 독서 전반에 관한, 그리고 책이 어떤 식으로 읽혀야 하는지 또는 오독(misread) 되어야 하는지에 대한 내면적 이론서로서 설정한다. 흥미로운 점은, 폴드만 자신도 플로베르(Gustave Flaubert)의 『마담 보바리』(*Madame Bovary*)를 영어로 번역한 번역가 중에 한 사람으로, 자신의 영어번역텍스트가 1965년 노튼 출판사에서 단행본 시리즈로 출판되었다는 사실을 고려하면, '쿠겔마스'가 뛰어든 그 1970년대 배경을 만들어낸 주체 중에 일부라고도 할 수 있다. 우리가 폴드만을 번역가로 생각한다면, 번역에서의 낯설음과 익숙함의 개념에 흥미로운 반전을 가져올 수 있다. 왜냐하면 폴드만 자신은 영어권 원어민화자가 아니기 때문이다. 그리고 제 2차 대전 기간 동안 벨기에에서 나치 협력자로 일했던 폴드만 자신의 전력으로 인해, 자신 사후에 얻게 된 악명은 뉴욕 지식인 유태인들을 다루고 있는 연구에 특별한 방향성을 제시한다.

2) 1980년대 중반 이후에 발표된 베누티의 번역이론에 관한 연구는, 자신이 '낯설음'이라고 지칭했던 부담스럽지 않는 수준의 '직역주의'의 회귀에 집중하는데, 그 방법론으로는 도착어 문화권의 편안한 기대를 좌절시키고 도착어권의 언어적 규범과 담론을 무시하는 '저항'과 '반체제'적인 형태를 취한다. 베누티의 논쟁은 표면적으로는 정치적이지만 내면적으로는 윤리적인 지향점을 가지는데, 그 비판의 대상은, 원본에 동화되는 번역만이 일반적으로 가장 정확한 번역방법론으로 인식되는 문화와, '의미 대 의미' 번역을 통해 번역이 도착어권에서는 마치 처음부터 그 해당 언어로 쓰인 원본인 것처럼 느껴지게 함으로써, 번역투를 최대한 배제하는 번역은 결과적으로는 자민족문화 중심적인 자본주의 이데올로기의 결과물이라는 점과, 끝으로, 이를 통해 타문화에 대한 자민족중심적인 선입견을 고착화시키면서 독자들을 이에 종속시키는 권력 문화 등을 들 수 있다(베누티(Venuti), 1995).

참고
문헌

1. Allen, Woody. 1982. "The Kugelmass Episode". In Allen, *Side Effects*. New York: Ballantine Books, 59-78.

2. Berman, Antoine. 1984. *L 'Épreuve de l' éstranger: Culture et traduction dans l'Allemagne romantique*. Paris: Gallimard, 1984. Translated by S. Heyvaert as *The Experience of the Foreign: Culture and translation in romantic Germany*. Albany: SUNY Press, 1992.

3. Bradford, William. 1952. *Of Plymouth Plantation*, 1620-1647. Ed. Samuel Eliot Morison. New York: Knopf.

4. de Man, Paul. 1979. *Allegories of Reading: Figured Language in Rousseau, Nietzsche Rilke, and Proust*. New Haven: Yale University Press.

5. de Man, Paul, ed. and trans. 1965. *Madame Bovary: Backgrounds and Sources; Essays in Criticism*. New York: Norton.

6. Pym, Anthony. 1995. "Schleiermacher and the Problem of Blendlinge". *Translation and Literature* 4(l):5-29.

7. Robinson, Douglas. 1997. *Becoming a Translator: An Accelerated Course*. New York and London: Routledge.

8. Schleiermacher, Friedrich. 1973. "Über die verschiedenen Methoden des Übersetzens." In Hans Joachim Störig, ed., *Das Problem des Übersetzens*, 38-70. Darmstadt: Wissenschaftliche Buchgesellschaft. Translated by Douglas Robinson as "On the Different Methods of Translation." In Robinson, ed., *Western Translation Theory From Herodotus to Nietzsche*. Manchester: St. Jerome Publishing, 1997, 225-38.

9. Venuti, Lawrence. 1995. *The Translator's Invisibility*, London and New York: Routledge.

John Benjamins Series

10 Rimbaud's Rainbow

제 2 장

번역의 실제

정전 탈정전화하기
— 번역가의 역할은 무엇인가?

스티브 엘리스 Steve Ellis
버밍엄 대학교(the University of Birmingham)

나는 이 짧은 논문에서 다음 두 가지 주제를 다루도록 하겠다. 첫번째는 단테의 『지옥』(*Hell*) 편을 번역하는 과정에서 내가 무엇을 하고 있었는지에 대한 내 자신의 생각이고, 두번째는 완성한 번역에 대한 몇 편의 서평을 읽고 나서 정말 내가 무엇을 했는지에 대한 내 자신의 깨달음이다. 나는 내 자신을 번역 이론가라고 자신 있게 말할 수 없다. 그래서 사실 이 논문에 어떤 제목을 붙여야 할지 확신이 서지 않아 이 책의 편집장인 피터 부시(Peter Bush)에게 제목에 대한 조언을 부탁했다. 사실 본 논문의 의도는 제목처럼 단테를 탈정전화(decanonise)하기보다는 단테의 정전성(canonicity)을 학계 울타리 밖으로 확장시키는데 있지만 말이다. 나는 스스로를 번역 이론가라고 부를 수 없을 뿐만 아니라 일반적인 의미의 번역가로 부르는 것도 망설여진다. 왜냐하면 아마도 나는 단테 작품 외에는 그 어떤 텍스트도 앞으로 번역할 가능성이 없기 때문이다.

단테의 『지옥』 편을 번역한 것은 두 가지 충동에서 이루어졌다. 단테의 놀라울 정도로 흥미진진한 스타일이나 구어체 사용, 활기 넘치는 이미지뿐만 아니라 텍스트가 가지고 있는 에너지 전체를 영어로 옮기고 싶은 마음이 한 가지 충동이었고, 다른 하나는 『지옥』 편을 번역한 기존의 거의 모든 영어번역이 마음에 들지 않았기 때문이다. 기존의 번역본들은 모두 장황하고 부자연스럽거나 원본을 향한 조심스러운 숭배심이 넘치거나 아니면 그저 지루했기 때문이다. 내가 이 점에 대해 너무 거창하게 말하는 것처럼 들릴까봐 걱정스럽지만, 솔직히 거의 5,000행이나 되는 작품 번역을 시도하는 것은 사명감 없이는 불가능한 일이다. 내 번역의 주된 목적은 새로움과 즉시성을 추구하기 위해 작품 전체에 걸쳐 구어체 느낌을 재생산하는 것이었으며, 또한 단테의 『지옥』을 읽을 때마다 항상 나를 사로잡았던 가장 돋보이는 매력 즉, 아이가 느끼는 경이로움과 감수성으로 넘치는 단테의 전형적인 주인공 유형을 재현하는 것이었다. 끊임없이 질문하고 집중하면서도 두려움도 잃지 않는 바로 그런 인물이다.

단테가 피렌체와 그 밖의 지역의 사투리가 곁들여져 있는 대중적인 구어체 목소리를 시에서 많이 사용한다는 사실에 착안해서, 나는 영국 북부에서 자랐던 개인적인 경험을 바탕으로 그 지역의 영어 사투리를 단테의 번역에 적용함으로써 번역가로서의 나의 개인적인 목적뿐만 아니라, 단테가 원래 의도했던 목적 일부까지도 충족시킬 수 있다는 믿음에 용기를 얻었다. 실제로도 약 15년 전에 처음 도전했던 단테 시의 영어번역에서 나는 의도적으로 이 같은 시도를 조금은 우스꽝스러울 정도까지 극단으로 밀어붙였다. 그 당시 번역하면서 단테가 납작한 모자를 쓰고 나막신 같은 것을 신고 지하세계로 가는 장면에서 'ee bah gum'['by gum': '맙소사'의 영국 북부지방 사투리]라는 표현을 사용했던 기억이 나는데 그때의 번역 초고 전체를 지금도 보관하고 있다. 다행히도 나는 이 첫번째 충동으로 번역했을 때 보다 더 집중하고 판단력을 갖추게 되었고, 그처럼 웃음이 나는 요크셔(Yorkshire) 사투리 표현이나 더 두드러진 방언 표현들을 깔끔히 정리하였다. 그러나 비록 조금 수정을 하더라도 지역 사투리 구어체 표현을 사용하고자 하는 마음은 여전히 사그라지지 않았고, 고향 집에서 자라면서 습득했던, 요크(York)에 사는 부모님이나 가족들이 사용하던 사투리는 단테를 영어로 번역하는 과정에서 결국 내가 번역텍스트에서 듣고자 했던 그런 단어와 표현이 되었다. 번역 초기 단계에서 한 가지 원칙을 가지고 있었는데, 그것은 바로 우리 가족들이 일상생활에서 실제로 사용할 것 같지 않은 단어나 표현은 최대한 번역텍스트에서 사용하지 않는 것이었다. 물론 이 원칙을 때로는 양보해야 하는 경우들도 있었다. 그러나 여전히 나의 번역은, 내가 언어라고 부르는 것에 기반을 두고 있다. 내 마음에 들지 않았던 이전의 단테 번역텍스트에서는 그런 '언어'는 들리지 않고, 오히려 내가 늘 불만스러워하는 딱딱하고 학문적인 느낌의 결정체만 보인다고 생각한다.

그렇다고 내가 선택했던 목소리의 지역성을 단테의 번역 텍스트에서 어떤 식으로든 전면에 내세우고자 하는 마음은 없었다. 비록 개인적으로는 독자들이 등장인물의 대중적인 구어체 목소리의 특징을 알아채 주기를 원했겠지만, 독자들이 눈치 채지 못한다 하더라도 충분히 만족했을 것이다. 내가 번역했던 단테의 칸토 III(vv. 22-44)의 영어 번역과 이탈리아 원본을 한번 비교해보자.

Here sighs and sobs and screams
echo through the starless night,
and have me in tears at first:
strange cries and awful language,
moans of pain or anger, voices
shrill or faint, sounds of blows,
they all make a great confusion
whirling in the changeless dark,

like sand swept up in a storm.
And as the horror circles my head
I ask, "Master, what's all this?
Who are they, so sunk in pain?"
He tells me, "This miserable state,
it's for the sad souls who lived
without blame, without praise.
They're mixed with that evil pack
of angles, not faithful to God,
not rebels, but all for themselves.
Heaven banished them its beauty,
but they're not down in deep hell
since guilt might glory in them."
I ask, "Master, what's up with them,
that they make such awful groans?"

Quivi sospiri, pianti e alti guai
risonavan per l'aere sanza stelle,
per ch'io al cominciar ne lagrimai.
Diverse lingue, orribili favelle,
parole di dolore, accenti d'ira,
voci alte e fioche, e suon di man con elle
facevano un tumulto, il qual s'aggira
sempre in quell'aura sanza tempo tinta,
come la rena quando turba spira.
E io ch'avea d'orror la testa cinta,
dissi: "Maestro, che è quel ch'i' odo?

e che gent'è che par nel duol si vinta?"
Ed elli a me:"Questro misero modo
tengon l'anime triste di coloro
che visser sanza infamia e sanza lodo.
Mischiate sono a quel cattivo coro
delli angeli che non furon ribelli
né fur fedeli a Dio, ma per sé foro.
Caccianli I ciel per non esser men belli,
né lo profondo inferno li riceve,
ch'alcuna gloria I rei averebber d'elli".
E io: "Maestro, che è tanto greve
a lor, che lamentar li fa sí sorte?"

나는 이 번역에서 완화된 지역성을 목표로 했다. 특히 세 번째 행과 끝에서 두 번째 행에서 지역성이 과장되어 있지 않아도 북부 사투리를 사용했다. 그렇다고 모든 독자가 이 같은 사투리를 들어야 한다고 생각하지는 않는다.

이 번역에 대한 서평을 살펴보면, 많은 서평가들이 번역의 '북부 지역성'을 앞세웠다. 비록 이들 서평가들 중에서 나의 번역을 웨스트요크셔 지방의 "일클리무어 사투리 지옥계 버전"(an Ilkley Moor version of the infernal circles)이라고 평가한 모리슨(Blake Morrison)은 내가 하고 있는 것 즉 번역을 위험할 정도로 잘못 해석한 것 같다고 꼭 말해야겠지만 말이다(Morrison 1994: 32). <요크셔 이브닝 포스트> 신문의 1994년 3월 17일자 서평란의 기사 제목은 "지옥에 오신 것을 환영합니다. 여기는 요크셔입니다!"['Welcome to Hell, it's Yorkshire!']라고 되어 있고, 바로 아래에 "고전이 요크셔 타이키 방언 치료를 받다"['Classic gets the Tyke treatment.']라는 부제가 붙어 있었는데, 충분히 예상되는 지적이었고, 물론 이 같은 요크셔 지방의 색깔이 두드러지는 사투리를 사용한 것을 탐탁지 않게 생각한 서평가들이 몇 명 있었다. 그 중 한 명은 알란 볼드(Alan Bold)였는데, 그는 내 생각이지만 좋아하지 않은 것 같다. 볼드는 칸토 VI. 21에 나오는 "volgonsi spesso i miseri profani"를 "as the lost sods toss and turn"["길 잃고 헤매는 재수 없는 놈들이 뒤척이며"]라고 내가 번역한 것을 두고 다음과 같이 비아냥거렸다. "길 잃고 헤매는 재수 없는 놈들은 바로 요크셔에서 길 잃고 헤매는 놈들이다"(볼드 1994). 물론 다른 곳보다는 요크셔에서가 그러하다. 비록 볼드가 <글라스고 헤럴드> 소속 기자라는 사실이 왜 그가 그것이 지역주의인 것처럼 구어체를 반대하는지 설명해 준다해도 말이다. 그러나 이 같은 태도는 번역 자체와, 이 번역이 구체적으로 '북부' 지방의 작품으로 보이도록 하는 시도가 결국 감수해야 하는 것이기도 하다.

서평에서 이 번역에 대한 주된 비판은 번역이 하나의 목소리로 이루어져서, 단테 스타일의 다성성과 다양성을 제대로 재현하지 못한다는 점이었는데, 나는 그 지적이 타당함을 인정한다. 내가 단테의 다양한 목소리를 그대로 따라가지 않은 이유가 몇 가지 있다. 그 목소리 중의 일부는 번역을 하던 당시에 이미 알고 있었던 것이었고, 또 어떤 것들은 번역 서평들을 읽고 나서야 깨닫게 되었는데, 그 같은 내용들을 지적해준 서평가들에게 감사한 마음이다. 한 가지 이유를 들자면, 단테의 다양한 목소리 전체를 다 재현해 낼 수 있을 거라 생각하지 않았고, 이탈리아어 원어민의 귀가 없다면 그 다양한 목소리를 항상 알아채지 못하기 때문이다. 또한, 예를 들어, 등장인물 중의 프란체스카(Francesca)나 파리나타(Farinata)의 목소리에 대응하는 영어 구어체 목소리가 어떤 것일지에 대한 자신감도 전혀 없었다. 극작가의 재능 같은 것이 없었던 나로서는, 단테의 다양한 목소리를 흉내 내려고 하면 그 어떤 시도도 결국 억지로 끼워 맞추려는 어색함만 초래해서 완전히 실패했을 것이다. 물론 내가 번역에서 사용하는 언어는 화자가 누구인지에 따라 수정도 했고, 프란체스카나 율리시스의 입에 올리고 싶지 않는 그런 표현들도 있지만, 결국 내가 한 것은 음악 용어로 표현하자면 연속적으로 이어지는 '콘티누오'(continuo)를 강조하는 것이지 개별적인 부분을 강조하는 것이 아니었다. 그리고 이것에는 독자들에게 진정한 이점이 있다고, 그러니까 장황하고 복잡한 이야기를 편하고 쉽게 이해할 수 있도록 하는 독특한 어조를 독자에게 알려준다는 점에서 독자에게도 실질적인 도움이 된다고 믿는다.

그러나 나는 특히 필립 헨셔(Philip Hensher)에게 감사의 마음을 전하고 싶다. 그는 〈선데이 타임즈〉 리뷰에서 이와 관련해 추가 사항을 지적해주고, 내 마음속에 있는 것까지 분명하게 표현해 주었기 때문이다. 그의 어조가 때로 잘난 체 하기도 하지만("[엘리스]가 뭔가 흥미로운 것을 하는 것 같은데"), 헨셔는 내 번역이 어떤 특정한 장면이나 기존의 관례적인 접근보다는 서사의 연속성을 어떤 식으로 강조하는지, 그리고 서술의 연속성을 위해 단테 시의 그 유명한 '아리아'나 오페라의 하이라이트 같은 장면들을 희생시키는지 주목한다(헨셔 1994: 6). 비록 이 같은 특징을 그동안 생각해 본 적은 없지만 헨셔의 지적은 맞다고 생각한다. 내 생각에 내가 도전장을 던진 것은 단테의 작품들이 정전 텍스트가 되었던 낭만주의 시대 이후로 영어권에서의 광범위하고 관습적으로 이루어진 단테의 수용방식이다. 이러한 수용방식은 예전에 쓴 책(엘리스 1983)의 주제이기도 한데, 그 책에서 나는 단테의 『지옥』 편의 프란체스카나 우골리노와 같이 몇몇 선택된 장면이나 이야기에만 관심과 인기가 집중되면서 나머지 부분들은 거의 주목 받지 못한 채 잊혀지는 상황을 다루었다.

나의 번역은, 말하자면 낭만주의에 영감을 받은 글 읽기 방식이 고취시킨 화려한 글을 다시 텍스트 안으로 밀어 넣으려는 시도이다. 실제로 나의 번역은 그 시가 시 전체에 있는 것이지 몇 개의 유명한 부분에 있는 것이 아니라는 것을 강조하려고 했다. 베네데토 크로체

(Benedetto Croce)의 지적처럼 일반적으로는 단테 작품에서 눈에 띄는 괜찮은 부분 몇 개만 꺼내어서 사용하고 나머지는 그냥 던져버려도 된다고 생각하는 것도 사실이다(크로체 1921). 나는 단테 작품에서도, 예를 들어 칸토 XIV 94-120의 크레테의 노인 이야기나, 칸토 XX 58-99에서 베르길리우스가 자신의 고향인 만투아가 세워지게 된 이야기처럼 조금은 '밋밋한' 장면들을 번역하는 데에서도 즐거움을 찾을 수 있었을 뿐만 아니라, 전통적으로 헌신을 불러일으키는 그런 장면들이 실제로는 정확한 번역이 아니라는 것을 밝혀내는 데에서도 즐거움을 찾았다. 여기서 내가 밝혀내고 있는 것은 단테 자체가 틀렸다는 것이 아니라, 그동안 단테의 작품을 해석하거나 번역하는 방식에서 발견되는 오류였다. 이 같은 문제를 내가 좀 더 구체적이고 완전하게 명시할 수 있는 계기를 준 헨셔에게 고마움을 전하고 싶다.

물론 내 번역과 관련해서 더 많은 것을 얘기할 수 있다. 예를 들면 번역에서 사용한 운율이나, 단테의 3운구법(terza rima)과 협상하려는 시도나, 내가 사용한 단어, 문법, 구두법 뿐만 아니라 단테의 작품과 같은 것에 주석을 다는 어려움과, 주석을 달면 작품 어디에 두어야 할지의 문제나(이 문제 하나만 가지고도 학술 논문 한 편을 쓸 수 있다), 내가 다른 번역을 반대하는 구체적인 사항에 논의하고 싶다. 그러나 이 같은 논의의 많은 부분은 역자 서문이나 다른 논문(엘리스 1994)에서 이미 했기 때문에, 여기서는 그 중 두 가지 문제에 국한해서 간략하게 논의하고 마치겠다.

나는 본 논문에서, 단테 작품이 가지고 있는 간결함과 빠른 흐름에 비해 대부분의 번역이 장황하고 지루하다는 점에 불만을 토로했다. 나는 단테 작품의 이러한 특징들을 번역에서 재현해 내려고 하는 마음에서 위에서 언급했던 칸토 III(vv. 22-44)에 나오는 부분을 다시 예로 들어보겠다. 이와 관련해서 통계 자료를 살펴보면, 이 구절을 번역하면서 나는 139개의 단어를 사용한 반면, 현재 나와 있는 두 편의 다른 번역텍스트의 경우, 무사(Musa)의 번역은 185개 단어를 사용했고, 시손(Sisson)의 번역은 200개 단어(무사 1984: 90, 시손 1993: 56-57)를 사용했다. 이 한 가지만 보더라도 내가 '덧대기'나, 조지 스타이너(George Steiner)가 언급했던 번역의 '인플레이션'(inflationary) 현상(스타이너 1975: 277)을 얼마나 피하고자 했는지 알 수 있을 것이다. 그런 반면, 번역의 간결성의 측면에서는 허용할 수 없는 설명기능을 수행하기 위한 방식으로서 지나친 주석을 사용하지 않으려고 했다. 물론 주석은 어느 정도 사용해야 하는지의 문제나, 어디에 달아야 할지의 문제가 나를 무척 힘들게 했던 것도 사실이다. 만약 본문이 있는 바로 그 페이지에 주석을 달아서 사페그노(Natalino Sapegnno)가 편집을 맡았던 그 유명한 단테 판본의 레이아웃 스타일을 그대로 따르고자 했기 때문에, 독자들은 주석을 찾느라 끊임없이 페이지를 넘겨야 하는 짜증나는 수고를 덜게 되었지만, 그래도 독자들에게 주석이 방해가 되는 위험성은 여전히 남아 있다. 빠르고 부드럽게 흐르는『지옥』편을 번역에서 재현하고자 한 희망은, 특히 본문이 있는 바로 그 페이지에 해설이나 설명을 넣으려는 과정에서 구어체와 학술문어체 사이에 갈등을 불러일으켜, 넘쳐나는 주석의 무덤에 텍스트를 묻어버리는 위험에 빠져 좌절될 것이다. 그러나 다행히도 대부분의 독자와 서평가는 나의 번역서에 있는 주석의 진정한 가치를 인정해 준 것 같아서, 나의 시도는 위험을 감수할 만한 가치가 있었다.

윤선경 번역

참고문헌

1. Bold, A. 1994. "Infernal Time". *Glasgow Herald*, 19 February.

2. Croce, B. 1921. *Lapoesia di Dante*. Bari: Laterza.

3. Ellis, S. 1983. *Dante and English Poetry: Shelley to T' S. Eliot*. Cambridge: Cambridge University Press.

4. Ellis, S. 1994. Trans. Dante Alighieri, *Hell*. London: Chatto & Windus.

5. Ellis, S. forthcoming. "Translating Dante into the 1990s". In J. C. Barnes and U. Fanning (eds), *Dante and the Twentieth Century*. Dublin: Irish Academic Press

6. Hensher, P. 1994. "What Fresh Hell is This?". *Sunday Times*, Books Section, 3 April: 6.

7. Morrison, B. 1994. "Books of the Year". *Independent on Sunday*, Review, 4 December: 32-33.

8. Musa, M. 1984. Trans. Dante Alighieri, *The Divine Comedy, Vol. 1: Inferno*. Harmondsworth: Penguin.

9. Sapegno, N. 1955. Ed. Dante Alighieri, *La Divina Commedia, Vol. 1: Inferno*. Florence: La Nuova Italia.

10. Sisson, C. H. 1993. Trans. Dante Alighieri, *The Divine Comedy*. Oxford: Oxford University Press.

11. Steiner, G. 1975. *After Babel: Aspects of Language and Translation. London*: Oxford University Press.

아이슬란드 영웅대하 소설의 영어번역
— 오직 바보만이 돈이 아닌 이유로 번역을 한다'

키네바 쿤츠 Keneva Kunz
아이슬란드대학교 (아이슬란드 레이캬비크)

대부분의 독자들은 이미 눈치챘겠지만, 이 논문의 제목('No one but a Blockhead ever translated, except for money')에 나오는 사무엘 존슨(Samuel Johnson)의 표현은 사실 정확한 인용이라고는 할 수 없다. 사무엘 존슨이 원래 했던 말은 "No one but a Blockhead ever wrote, except for money"[오직 바보만이 돈이 아닌 이유로 글을 쓴다]였다. 내가 여기서 강조하고 싶은 점은 여러분들도 모두 동의하듯이, 창조적인 예술이라고 하는 번역 행위가 실제로는 종종 예술적 지향성과는 완전히 동떨어진 현실적인 요소들의 영향을 많이 받는다는 점이다. 아마도 이들 현실적인 요소 중에서 우리가 유일하게 잘 알고 있는 것으로는 금전적인 요소를 빼 놓을 수 없을 것이다. 이 점은, 아직까지도 상대적으로 이타적 특성을 가지고 있는 대학교육의 영역에서, 문학번역과 이와 관련된 연구 활동을 장려하는데 유용한 논의의 출발점이 될 수 있다.

번역이나 번역이론에 관한 수많은 책들을 읽다 보면, 문득 이 모든 책에서 공통적으로 강조하고 있는 한 가지 동일한 주장을 발견하게 되는데, 이 처럼 똑같은 목소리에 신기하다는 생각을 감출 수 없을 것이다. 그 주장은 바로, 번역가, 특히 문학번역가에 대한 금전적 보상이 상당히 낮다는 사실이다. 물론, 이 점도 긍정적인 관점에서 바라보면, 금전적 보상이 낮다는 점 때문에 번역가를 진정한 예술가 반열에 올려놓을 수도 있을 것이다. 오늘날, 대부분의 작가들은 자신들의 업적이 제대로 인정받지 못하고 경제적으로도 합당한 대접을 받지 못한다고 믿고 있고, 화가와 같은 시각 예술가들도 자신들의 예술작업만으로는 생계를 꾸려나가기 어렵다고 불평을 하며, 그 보다 더 열악한 젊은 음악인들은 거의 굶어죽기 일보직전이라고 발버둥을 치는 현실이다. 그렇다면, 이런 현실에서도 왜 번역가들은 자신들의 일은 경제적으로 충분한 대가를 보장받아야 한다고 기대하는 것일까?

사실 번역가들이 원하는 것은 번역이 다양한 측면에서 매우 보람된 일이라는 인정을 받는 것이다. 그러나 모든 창조적인 예술행위가 다 그러하듯이, 일에 대한 보람이라는 것 역시 현실적으로는 정확하게 규정하고 증명하기가 쉽지 않다는 문제가 빌생한다. '보람'이라는 부분은, 단테 작품들을 번역한 스티브 엘리스(Steve Ellis)의 경우처럼 지극히 개인적인 영역일 수 있다. 또한, 번역은 결국 세상에서 가장 환상적이고 멋진 생각들과 이미지, 개념에 마치 이것들이 자신의 것인 듯 새로운 언어를 입히는 작업이라는 점에서 일종의 표절의 즐거움에 해당할 수도 있다. 그러나 또 다른 측면에서 보면, 번역을 통해 번역가가 경험하는 즐거움은 분명히 여러 가지 제약에 의해 매우 제한적일 수밖에 없는 것이 사실이다. 가장 큰 제약으로는 출발어텍스트를 들 수 있으며, 두 번째 큰 제약은 번역이 대상으로 하는 독자일 것이다. 왜냐하면 대부분의 작가들이 이미 오래전부터 알고 있듯이, 번역은 출발어텍스트 자체보다도 결국은 미리 염두에 두고 있는 대상 독자에 대한 고려로부터 더 많은 영향을 받기 때문이다. 이 점에 관해서 보다 더 명확한 이해를 원한다면, 작가로서 창작활동을 하면서 동시에 다른 사람의 작품을 번역도 하는 몇몇 사람들에게 간단한 설문조사만 해 보아도 알 수 있을 것이다.

그러나 이 같은 선입견은 번역에 있어서 꽉 막힌 답답한 생각이라는 점을 밝히고 싶고, 또한 지금까지 몇 년에 걸쳐 진행하고 있는 대형 번역 프로젝트인 아이슬란드 작품 『패밀리 대하소설』(*Family Saga*), 혹은 작품의 주제를 잘 집약하고 있는 제목인 『아이슬란드인 대하소설』(*Sagas of Icelanders*)로 잘 알려진 이 텍스트의 전체 코퍼스 번역을 사례로 삼아서 이를 증명해 보이고자 한다. 전체를 합치면 이 산문 서사에는 40편의 〈아이슬란드 사람들 이야기〉(*Tales of Icelanders*)도 포함되어 있는데, 전체 텍스트 분량만 해도 3,500여 페이지가 넘을 정도의, 성서 두 권에 해당하는 방대한 분량이다. 성서와의 비교는 그냥 나온 것이 아니다. 이 작품이 초기 독문학을 연구하는 학자들로부터는 어떤 평가를 받는지 모르겠지만, 최소한 아이슬란드 사람들에게는 성서만큼이나 신성한 텍스트로 간주되고 있기 때문이다. 작품의 대부분은 13세기 무렵 쓰인 것으로 추정되는데, 현존하는 텍스트로는 그로부터 1세기 후인 14세기경에 쓰인 텍스트부터 보존되어 있다. 이들 텍스트는 930년부터 1030년 사이의, 소위 말하는 '대하소설 시대' 기간 동안에 일어난 일들을 다루고 있다.

아이슬란드의 전설들을 담고 있는 이들 텍스트는 번역학과 관련해서도 몇 가지 이유로 흥미로운 분석 자료가 된다. 우선 장르의 특수성과 고유성으로 인해, 이 작품의 고유한 언어적, 문체적 특징을 살리는 번역을 시도하는 번역가에게는 만만하지 않은 도전이 되어버렸다. 또한, 지금 우리가 살아가는 시대와 시간적으로 너무 멀리 떨어진 시대의 작품이기 때문에, 이처럼 서로 멀리 떨어진 두 문화권의 거리를 좁혀보려고 노력하는 번역가라면 누구나 종종 겪게 되는 문화적 인식과 수용의 문제에 직면하게 된다. 그런 반면, 이들 텍스트가 이국적이라고 하기에는 너무나도 익숙한 인물들과 역사적 배경을 다루고 있는 것도 고려해야 한다. 이 작품들은 특히 영웅주의나 여성의 위상, 복잡한 중세 법률제도 등과 같은 북유럽과 서유럽의 문화적 전통에 기반하고 있기 때문에 유럽문화와의 접점도 찾을 수 있다.

또한, 대체로 유럽 중세문학의 대부분의 작품들이 편하게 읽을 수 있는 즐거움을 제공하는 데에는 인색한데 비해, 이 작품들은 읽는 즐거움이 상당히 큰 편이다. 문장들은 직설적이며, 비록 상당히 절제되고 차분한 문체로 이루어져 있지만, 그래도 나름 기억에 남을 정도의 뛰어난 표현들도 자주 등장한다. 그리고 영웅전설의 서사의 구성 역시 매우 극적일 만큼 효과적이며, 이 중에서 정말 뛰어난 부분들은 그 어떤 세계 고전작품들에 견주어도 결코 뒤떨어지지 않을 정도의 수준이다. 예를 들어, 이 작품들 중에서 『뇰의 대하소설』이라는 제목으로도 널리 알려진 『브루니 뇰의 대하소설』(*The Saga of Burni Njal*)에서는, 현명하고 너그러운 뇰(Njal) 자신의 모습으로 의인화된 이성의 힘이 남자들을 피의 복수로 몰아가는 광기어린 힘과 맞서고 있다. 뇰의 아들들이 돌아와서 그의 양자 호스쿨드(Hoskuld)를 이들이 치참하게 살해했음을 알리자, 뇰은 지금까지 살면서 겪었던 소식 중에서 가장 슬픈 일이라고 대답하면서 호스쿨드가 다시 살아 돌아올 수만 있다면 자신의 아들 중에 두 명을 희생해서라도 구하고 싶다고 덧붙인다. 왜냐하면, 뇰은 자신이 겪는 자식을 잃은 고통보다는, 이로 인해 분명히 초래될 끔찍한 결과가 두렵기 때문이었다. 그 이후에 농장 거주지를 공격해서 불태워 버린 적들이 뇰의 부인에게 목숨만은 살려주겠다고 제안을 하자, 뇰의 부인은 "어린 나이에 내가 뇰에게 바쳐졌을 때, 내가 뇰에게 한 가지 약속한 것이 있는데 그것은 바로 우리 두 사람이 운명을 같이 하겠다는 것이었다"라고 대답한다.

이 작품의 다른 부분에서는, 갈등과 반목이 사회를 위험에 빠뜨리는 지경에 이르자, 나라의 명망 높은 지도자 중 한 사람인 놜이 나서서 이 나라에 평화를 다시 가져올 수만 있다면 살해당한 자신의 아들에 대한 보상금도 포기하겠다고 제안한다:

> 내 아들 예트(Ljot)의 죽음으로 인해 내가 얼마나 고통스러워했는지 사람들은 알고 있다. 그리고 많은 사람들이 내 아들의 목숨에 대한 대가가 여기서 죽어나간 다른 사람들의 목숨에 대한 대가보다 더 클 것이라 생각할 것이다. 하지만, 이 갈등과 대립을 종식시키기 위해, 나는 내 아들의 죽음에 대해 그 어떤 보상도 요구하지 않을 것이며, 한 걸음 더 나아가, 적들에게 이에 대한 맹세와 평화를 약속하고자 한다.

또 다른 널리 알려진 이야기인 『라사달 사람들의 대하소설』(*Saga of the People of Laxardal*)의 핵심은 아이슬란드의 가장 아름다운 여인인 '구드룬'(Gudrun)과, 의붓 형제들인 '카르탄'(Kjartan)과 '볼리'(Bolli)사이의 삼각관계이다. 여기에는 훨씬 더 섬세하고 미묘하게 그려진 서사 구조가, 구드룬과 그녀의 네 명의 남편들, 그리고 그녀가 사랑했지만 결혼하지는 않았던 또 다른 남자 카르탄 사이의 복잡하고 모호한 관계 속에 위치하고 있다.

이 영웅전설에는 글로 쓰인 것보다 훨씬 더 많은 것이 반복적으로 내포되어 있는 것을 알 수 있다. 구드룬의 남편 중에 한 사람인 볼리가 구드룬의 계속되는 요구에 결국 카르탄을 살해하고 난 다음, 집으로 돌아오는 볼리를 만난 자리에서 구드론이 지금 몇 시나 되었는지를 물어보는 것으로 이야기가 시작된다. 해가 뜨고 몇 시간이나 이미 지난 늦은 오전이라고 대답하자, 구드룬은 "그 시간동안 우리가 한 일에 비하면 참 보잘것없군요. 당신이 카르탄을 없애는 시간 동안 나는 이미 15미터 넘는 실을 잣습니다"라고 대답한다.

사실, 작품 전체에 흐르고 있는 아내 구드룬의 감정의 모호함은 텍스트에 명확하게 드러나지는 않는다. 그러다가 마지막 장면에 가서야 뭔가 그림이 그려지고 결말 같은 모습이 갖추어지기 시작하는데, 그녀의 아들이 그녀에게 여러 명의 남편들 중에서 누구를 가장 사랑했는지를 물어보는 장면이 나온다. 여기서 구드룬은 "비록 내가 제일 못되게 굴긴 했지만, 그래도 그 사람을 가장 사랑했단다"[Though I treated him worst, I loved him best][1]라고 대답한다. 이 작품에 대한 깊은 애정을 가지고, 작품이 주는 즐거움을 번역을 통해 다른 독자들과 공유하고자 하는 의지가 넘치는 번역가들에게조차 이 문장의 모호함은 정말 빨간 경고등이 켜질 만한 표현이 되어 버렸다.

고대 아이슬란드어로 쓰인 원본을 오늘날 제대로 읽을 수 있는 독자들은 극히 소수이다. 텍스트에 사용된 단어들을 현대 아이슬란드어로 바꾸어놓으면 아마 대부분의 아이슬란드 사람들은 읽고 이해할 수 있겠지만, 그래봤자 예상할 수 있는 독자 수는 아이슬란드 인구 250만 명 정도 밖에는 되지 않는다. 그렇다면 선택은 두 가지 뿐이다. 고대 아이슬란드어를 모르는 전 세계 나머지 독자들에게, 마치 어릴 때 학교에서 라틴어를 배우면서 나름 보람된 깨우침을 경험했듯이 고대 아이슬란드어를 배우는 새로운 경험에 도전해 보라고 설득을 하든지, 아니면 결국 번역에 의존할 수밖에 없다. 사실 번역도 이미 17세기 초반부터 계속 이어져왔다. 처음에는 라틴어로, 그런 다음 덴마크어와 스웨덴어, 영어, 독일어 등 유럽의 여러 나라 언어로 계속 번역되었다.

번역에 대해서 조금만 관심이 있으면 잘 알다시피, 백년이 넘는 긴 시간동안 모든 사람을 계속해서 만족시켜주는 그런 번역은 결코 존재하지 않는다. 게다가, 『아이슬란드인 대하소설』(*Sagas of Icelanders*)에 실린 이야기들이 모두 번역된 것도 아닐뿐더러, 최근에 제대로 나온 선집에도 모든 이야기들이 다 실려 있는 것은 아니다. 어떤 이야기들은 아직도 제대로 영어로 번역조차 되지 않은 것도 있고, 번역은 고사하고 작품의 모든 이야기가 실려 있는 아이슬란드어 전집도 제대로 만들어진 적도 없었다. 그렇기 때문에 이 작업은 결코 만만한 일이 아니었으며, 작업에 참여한 우리들도 모두 조심스럽게 접근하지 않을 수가 없었다. 여기서 굳이 '우리'라는 표현을 쓴 것은, 본 논문의 저자인 나도 이 작품을 번역했던 번역가 중에 한 사람이면서 동시에 아이슬란드어 전집을 출판하는 데 관여한 편집자이기도 했기 때문이다.

그리 놀라운 일은 아니지만, 1994년 초에 이 번역 프로젝트에 관한 논의가 처음 시작될 무렵, 가장 먼저 제기된 문제는 어떤 종류의 독자를 대상으로 할 것인지였다. 몇 가지 이유들로 인해, 영웅서사의 영어번역텍스트는 항상 대부분 상당히 모호한 대상들, 즉 소위 말해 막연하게 일반 독자를 대상으로 하는 경향이 있다. 그렇다고 영웅서사의 모든 번역텍스트가 일반 독자를 대상으로 하는 것은 아니다. 예를 들어, 영웅서사의 덴마크어나 노르웨이어 번역은 종종 뻔뻔할 정도로 학습적인 성격이 강하고, 독일어 번역은 학술적인 목적을 자랑스럽게 드러내놓는다. 그러다보니 텍스트를 보조하는 역할을 하는 서문이나 주석, 해설 같은 것이 본문보다 더 길어지는 경향이 있다. 그래서 우리는 이번 프로젝트를 시작할 때부터 그런 길을 똑같이 답습하지 않으려고 무척 신경을 썼다. 즉, 소위 말하는 학술적인 성격이 이 텍스트의 번역 전략을 마음대로 독점하는 일이 발생하지 않도록 했다.

번역가라면 누구나 당면하게 되는 가장 큰 고민 중에 하나는, 번역서를 읽을 독자가 어느 정도의 '낯설음'까지 참고 받아들일 것인지이다. 만약 대상으로 하는 독자가, 학문 영역에서 활동하는 학자이거나, 좋은 학점을 받기 위해서 스스로의 노력으로 어떻게 해서든 텍스트를 읽고 이해하려고 하는 대학생이라면, 번역서에 이런 저런 장애물을 그냥 남겨놓아도 괜찮을 수 있다. 이 경우, 독자들은 관광가이드 없이도 낯설음이라는 척박한 환경 속으로 뛰어 들어갈 수 있을 것이다. 그러나 학점 때문에 강의를 듣는 대학생과는 달리, 즐거움을 찾아서 책을 선택하는 일반 독자층을 대상으로 한다면, 낯설음이 너무 많이 번역서에 남아 있는 경우 독자가 정보를 처리하는 과정에 과부하가 걸려서, 결과적으로는 낯설음을 해독하고 받아들이는데 무리한 노력을 기울여야만 하는 문제가 발생한다. 독자를 위해 설명해 줄 수 있는 가이드가 없으면 독자들은 혼란스러움을 겪게 되는데, 그러다보면 독자는 들고 있는 책을 아예 책장으로 던져버리거나 아니면 그 보다 훨씬 더 절망적인 상황이 발생하더라도 독자들만을 탓할 수는 없을 것이다. 특히, 대부분의 영웅전설 작품의 초반부에는 수많은 등장인물들의 관계를 설명하는 복잡하고 지루한 집안 족보가 한 장 이상이나 길게 소개되고 작품 중간 중간에도 반복적으로 언급이 될 뿐만 아니라, 본문에 고대 노르웨이어로 된 머리가 깨질 정도로 복잡하기 이를 데 없는 운문까지도 등장하는데, 이 정도라면 중세 시대의 궁정 시인들의 작품들은 정말 양반 수준이고, 오늘날 우리가 어렵다고 말하는 엘리어트(T. S. Eliot)나 조이스(James Joyce)의 산문시는 동네 놀이동산 수준이라고 밖에는 할 수 없을 것이다. 『에길의 대하소설』(*Egil's Saga*)에 등장하는 바다 여행에 관한 시의 한 연을 간단하게 영어로 번역한 아래 예를 살펴보자.

This slamming wind's the sea's	Þél höggr stórt fyr stáli
sure enemy. It works,	stafnkvígs á veg jafnan
cuts and carves the waves which	út með éla meitli
curve, knife-like out at set.	andær jötunn vandar
It's cold, too! And its teeth	en svalbúinn selju
tear at the waves that rear	sverfr eirar vanr þeiri
round the planks of our proud-	Gestils álft með gustum
prowed ship, our uncowed swan.	gandr of stál fyrir brandi.

아이슬란드어를 모르는 독자들에게는 위의 병렬텍스트 비교가 큰 의미를 가지지 않을 것 같아서, 방금 예를 든 동일한 연에 대한 서로 다

른 영어 번역 세 편을 제시해 보겠다. 그런데 세 편의 영어번역은 원본과의 유사성보다는 오히려 번역본들끼리의 유사성이 조금 더 커 보인다. 원본과 세 편의 영어번역본에서 똑 같이 사용하는 유일한 단어는 'swan'이다.

With its chisel of snow, the headwind,
scourge of the mast, mightily
hones its file by the prow
on the path that my sea-bull treads. *sea-bull:* ship
In gusts of wind, that chillful
destroyer of timer planes down *destroyer of timber*: wave
the planks before the head
of my sea-king's swan. *sea-king's swan*: ship

Out 'fore the stem the storm-giant,
Strainer of branches, planeth
With chops of tempest-chisel
Chill vast way of keel-deer;
And swale-robéd sallow-fiend,
Sweeping still without pity
In gusts o'er swan of Gestil,
Roars past gunnal and fore-stem.

Fronting our stem storm's giant,
Treeshaker, files seabreakers,
Ridging stembullock's road
With stormsped chops of chisel.
Like forestwolf the frontwind
Rasps Gestil's swan unresting;
With icegust stroke incises,
Fronting our beak, the fo'c'stle.[2]

*(swan의 밑줄은 번역가의 표기임)

이 영웅전설의 영어번역은 20세기로 접어들 무렵에 처음으로 이루어졌는데, 사실 독자들이 이 작품 속에 푹 빠져서 제대로 감동을 느끼기에는 많이 부족한 수준이었다. 특히 원문에 있는 문장구조를 그대로 흉내내다보니 영어번역에서는 어색한 형태가 되어 버렸고, 해설이나 등장인물들의 가계도, 용어설명, 지도 등과 같이 작품을 이해하는데 도움이 될 만한 그 어떤 보조 장치도 제공되지 않았다. 또한 낯설고 어려운 용어나 모호한 자료들을 설명해주는 그 어떤 주석도 발견할 수 없었다. 이 같은 방식은 아마도 그 당시 시대정신의 반영이라고 볼 수 있는데, 사실 빅토리아 낭만주의는 북유럽의 영웅전설의 전통에 매우 호의적이었으며, 이 같은 장르가 당연히 독자들을 사로잡을 것이라고 생각하는 경향이 있었다. 영웅전설의 번역 분야에서 고풍스러운 표현 전통의 대가라고 널리 인정받는 윌리엄 모리스(William Morris)는, 아이슬란드어 단어들은 영어에서 어원이 같은 동족어로 번역을 해야 한다고 주장하며, 비록 영어 단어의 뜻이 오해의 소지가 있거나, 자주 사용되지 않거나 혹은 제대로 이해하기 어려운 표현으로 바뀐다고 하더라도 영어에서 같은 어원을 가진 동족어로 번역을 해야 하는데, 만약 동족어가 없다면 새로 만들어서라도 그렇게 해야 한다고 주장했다. 아래의 예문은 『에이리 사람들의 대하소설』(*Saga of the People of Eyri*)에서 인용한 것으로, 이 같은 고풍 전통의 번역전략의 예를 찾아볼 수 있다.

That may be, said Arnkel, but we will have a ransacking here.
That shall be as ye will, said Katla, and bade her cook-maid bear light before them and unlock the meat bower, that is the only locked chamber in the stead.
Now they saw, how Katla span yarn from her rock, and they searched through the house and found not Odd; and thereafter they fared away. But when they were come a short space from the garth, Arnkel

stood still and said:
Whether now had Katla cast a hood over our heads, and was
Odd her son there whereas we saw but a rock?[3]

예를 들어, 위의 본문에 등장하는 아이슬란드어 동족어로는 'ransack', 'garth', 'rock', 'bower' 등이 있는데 이 단어들은 이 같은 맥락에서 아마 영어권 독자들이 제대로 이해하기 어려울 것이다. 위의 본문 여러 군데에 등장하는, 영어에서는 수용하기 어려울 정도의 어색한 단어 배열도 아이슬란드어를 그대로 흉내 낸 것인데, 마지막 문장에서 직접의 문문을 사용하는 것도 마찬가지이다. 그러나 모리스의 번역은, 단순히 번역텍스트의 이해가능성에만 집착하기 보다는, 사실상 그동안 거의 알려지지 않았던 이 낯선 문학을, 그리고 번역가 자신이 개인적으로 경험하면서 발견했던 바로 그 즐거움을, 그의 번역을 읽는 독자들과 함께 나누고자 하는 의도의 결과물이라고 볼 수 있다. 그렇다고 이 같은 입장이 무조건 정당성을 가진다는 말은 아니다. 번역가 모리스는, 아이슬란드 영웅전설의 번역텍스트를 읽을 정도라면 아마 슈퍼마켓 계산대에 진열되어 있는 유치하고 허접스러운 연애소설 같은 것을 읽는 독자와는 분명 질적으로 다를 것이라고 생각했다. 그리고 이들은 분명 외국문화에 대해 진정성 있는 관심을 가지고 있으며, 이 낯선 텍스트를 읽어나가는데 자신들의 지적 에너지의 많은 부분을 할애할 의지가 있는 사람이라고 할 수 있다.

흥미로운 점은, 최근에 영어로 쓰인 소설 중에는 본문에 외국어가 넘쳐흐르는데도 작가가 이 같은 외국어 사용에 대해 독자들에게 양해를 구하거나, 최소한의 용어 해설 같은 것조차도 제공하지 않는 그런 작품들이 몇 편 있다. 대표적인 예로 비크람 세스(Vikram Seth)의 『참한 총각』(*A Suitable Boy*)을 들 수 있다. 이런 작품이 영어로 번역된 소설이 아니라는 사실에 우리는 감사해야 할지도 모른다. 만약에 영어로 번역해야 하는 외국어 작품이었더라면 아마 번역가는 이해하기 어려운 낯선 외국어 표현들을 모두 삭제하거나 생략하라는 요구를 받았을 것이다.

지금 우리가 진행하고 있는 아이슬란드 영웅전설 번역 프로젝트에 참여하고 있는 대부분의 번역가들 역시 학계에서 활동하는 학자들이다. 사실, 이 같은 전문가들이 이런 종류의 번역 프로젝트에 아무런 경제적 대가 없이 참여하는 경우는 오늘날 대학이라는 환경 아니면 거의 찾아보기 어렵다. 이들 번역가들은 매우 고상하고 전문가적인 신념을 가지고 이번 프로젝트를 시작했는데, 그 신념은 바로 자신들의 번역이 쉽게 읽히는 텍스트로서가 아니라 진짜 '영웅전설' 텍스트처럼 읽히기를 원한다는 것이다. 그래서 번역가들은 낯선 형식적인 요소뿐만 아니라 때로는 정말 이상한 아이슬란드어 단어 몇 개라도 번역텍스트에 그대로 사용해야 한다는 신념이 강했는데, 아마 이를 통해 원본을 충실히 재현하고 있다는 신뢰성을 쌓기 위한 의도로도 보인다.

펭귄 클래식 시리즈에 번역가로 참여한 헤르만 팔손(Hermann Pálsson)이나, 매그너스 매그너슨(Magnús Magnússon)등은, 여러 분들 중 이미 한 두 번은 읽어본 사람도 있겠지만 이와는 정반대의 길을 선택했다. 펭귄 클래식 시리즈의 번역가들은 독자들이 읽고 이해하는데 방해가 되는 언어적 요소들은 최대한 제거하는 것을 목표로 삼은 듯 했다. 그러다보니, 물론 이것은 지극히 주관적인 판단일 수밖에 없지만, 어쩔 수 없이 텍스트가 평범하고 단조로워 보일 수밖에 없게 된다. 그럼 여기서 『라사달 사람들의 대하소설』(*Saga of the People of Laxardal*)의 텍스트를 놓고 20세기로 접어들 무렵에 이루어진 번역과 1969년의 펭귄 클래식 시리즈의 번역을 한번 비교해보자.

"I clearly see what these dreams betoken; but you will find my unravelling savouring much of sameness, for I must read them nearly all the same way"[4]

"I can see clearly what these dreams signify, but you will find it all rather monotonous, for I shall interpret them all in much the same way" (Pálsson and Magnússon 1969: 121)

위의 번역에서는 구문적인 특성이나 문체적인 특성을 단순화시키거나 삭제하는 경향이 개별적인 사례가 아니라 매우 일정한 패턴으로 텍스트 전체에서 광범위하게 이루어지는 바람에, 원문텍스트의 언어가 가지고 있는 역동성이 희석되는 결과가 빈번히 초래된다. 펭귄 클래식의 영웅전설 시리즈 번역가들은 본인이 현재 활동하는 다작의 작가이면서 매우 섬세한 영어 사용자이기 때문에, 이들 번역텍스트에서 발견하게 되는 오류들, 예를 들어 쉬운 단어로 대체하는 사용역 선택의 문제나, 반복적으로 등장하는 표현의 단순화와 같은 문제는 우연히 발생한 비의도적인 개별 사례로 보기 어렵다. 결국, 대상 독자를 염두에 두고 의도적으로 택한 선택의 결과라고 밖에는 볼 수 없다.

본 논문의 서론에서 밝혔듯이 논문의 저자가 강조하고자 하는 것은, 번역텍스트는 원본보다 훨씬 더 시장성의 영향력에 노출되어 있다는 점이다. 상업적으로 이익을 거두기 위해서는, 이 같은 영웅전설류의 대작들을 번역 출판하는 작업은 일정한 규모의 대상 독자층이 필요하기 때문에, 이와 관련된 정확한, 때로는 틀린 판단들이 번역에 관한 다양한 결정에 큰 영향력을 가질 수 있다. 로렌스 베누티(Lawrence Venuti)가 지적했듯이, 오늘날 번역텍스트는 자연스러움이 강조되어 마치 번역텍스트를 읽으면서도 번역이 아닌듯한 그런 느낌이 나야지만 편집장과 출판사, 서평가뿐만 아니라 번역가 자신의 눈높이를 통과할 수 있게 된다(베누티, 1992: 4). 그래서 자연스러움을 강조하는 번역 전략은 그 나름대로의 고유한 특징들을 가지고 있다고 베누티는 지적하는데, 대표적인 예로는 물 흐르듯이 자연스럽게 흘러가는 문장구조와, 모호성이 제거되어 분명하게 전달되는 의미, 모호성조차도 독자들이 수용할 수 있을 정도로 충분히 조율이 된 모호성과, 일상에서 널리 사용되는 표현, 언어 사용의 일관성, 대화의 자연스러운 리듬 등을 들 수 있는데, 이처럼 자연스러움을 강조하는 특징들은 영웅전설 원문 텍스트에서는 상대적으로 거의 찾아보기 어려운 것들이다. 그 대신, 자연스러움을 강조하는 번역은 일반적인 어법에서 벗어나는 특이한 문장구조, 다중의미의 표현, 고어표현, 은어사용, 텍스트의 분위기나 용어사용에서의 급격한 반전, 눈에 띄는 규칙적인 패턴이나 특정 음의 지속적인 반복등과 같이 영웅전설 텍스트에 넘쳐나는 특징들이나, 그 외의 구조적인 특징이나 유희적인 기표의 사용 등과 같이 각각의 단어와 표현 자체의 중요성과 고유의 역할을 강조하는 요소들은 모두 회피하는 경향이 있다.

그래서 시장성이라는 번역의 목적이 번역과정을 완전히 지배하는 목적론적 상황논리에 맞서기 위해서는 번역에서의 우선순위에 대해 분명한 관점을 세워두는 것이 필요하다. 앞서 제시한 몇 가지 사례들이 이미 보여주듯이, 이 정도의 엄청난 분량의 영웅전설 텍스트를 번역하는 과정에서 언어적으로나 텍스트 외적으로 해결해야 할 다양한 문제들과 직면하는 것은 불가피하다. 그러므로 번역에서의 우선순위에 대한 결정과 번역과정에서 발생하는 손실을 어떻게 최소화할 것인지에 대한 결정은, 무엇보다도 번역을 하는 목직과 소통하는 방법론에 근거해서 이루어져야 한다. 물론 이 과정에서조차 그 누구도 독자라는 문제로부터 현실적으로 자유로울 수는 없다는 점은 인정해야 한다. 어느 평론가가 말했듯이, 만약에 어떤 작품이 정말 번역할만한 가치가 있는 작품이라면, 그 작품의 고유한 특징들의 대부분을 굳이 삭제하거나 희석시켜가면서까지 번역해야 하는 이유가 있을까?

이 방대한 분량의 영웅전설을 번역하는 과정에서 우리 번역가들을 짓누르는 가장 큰 걱정거리는 일관성의 문제였다. 우리의 경우, 총 30여 편의 영웅전설을 스무 명이 넘는 번역가가 각각 번역작업에 매달리고 있었다. 그러다보니 모든 번역가들은 무게나 측정 단위라든지, 문화적 고유 유산, 그리고 특히 대표작품들에 등장하는 군대나 전투와 관련된 복잡한 법률 용어들을 번역하는 과정에서 일관성을 유지하는 것이 매우 중요했다. 게다가, 지금은 아이슬란드를 제외하고는 세상 그 어디에서도 사용하지 않는 고대 노르웨이 달력에 근거한 날짜 표기는 어떻게 할 것인지도 결정해야만 했다. 그리고 늘 번역가에게는 탄식을 자아내는 문제이지만 이 번역작업에서도 이름표기는 어떻게 해야 하는지 역시 큰 고민이었다. 지명과 인명뿐만 아니라 등장인물들의 별명은 번역가에게 한 치 앞을 내다볼 수 없는 사고뭉치가 된다. 예를 들어, 작품에 등장하는 인물인 어느 변호사의 별명을 'fiddle'[사기꾼]이라고 표기해야 한다면 독자들이 얼마나 이 변호사를 진지하게 생각할 수 있을까? 혹은 명망 높은 정치 지도자의 별명이 'Cauldron Flatnose'[가마솥 납작코]이거나 'Eystein Smelly-fart'[아이쉬타인의 방귀냄새]처럼 황당하다면 어떻게 번역해야 할까?

이 외에도 언어적인 문제들도 빼놓을 수 없다. 특히 영웅전설 서사 텍스트에 자주 등장하는 시제의 급격한 전환, 특히 같은 문장에서 과거에서 역사적 현재로 갑자기 바뀌는 상황은 번역가에게 골칫거리가 되지 않을 수 없다. 물론 이 같은 현상은 중세 영웅전설 텍스트에만 국한되는 것은 아니다. 오늘날 소설을 쓰는 많은 작가들이 이 같은 시제의 전환을 빈번하게 사용하고 있는데 대부분 소탈하고 옛스러운 효과를 내는 의도로 사용된다. 문장 하나를 예로 들어보자: 'he gets down off his horse and rammed the spear through him.' 이 문장을 글자그대로 영어로 이해하면 의미가 혼란스러울 뿐만 아니라, 잘못하면 시제에 있어서 문법적으로 정확하지 않는 문장을 사용하는 시골뜨기의 엉터리 영어 같은 부정적인 느낌을 줄 수 있다. 그러나 영웅전설 텍스트에는 이 같은 시제의 전환이 빈번한데, 이는 아마 대부분 중세 라틴어 번역 전통의 흔적으로 보인다. 그럼에도 불구하고 대부분의 번역가들은 그동안 이 같은 문제들에 직면하면, 굳이 번역에서 개입하지 않고 글자 그대로 번역하는 전통을 유지해 왔다. 물론 그로 인해 번역텍스트에 조금은 황당하고 말도 안 되는 표현이 등장하는 결과를 초래한 부분도 있다. 번역가들은 이 같은 선택을 합리화하는 근거로 원문이 그렇게 되어 있다는 궁색한 변명을 내세운다. 그러나 이것은 번역의 역할과 형식을 제대로 구분하지 못한 대표적인 사례라고 생각한다.

우리가 이번에 진행하는 번역 프로젝트도 우여곡절에서 자유롭지 않았다. 본 논문의 저자도 영웅전설의 번역을 주제로 박사학위 논문을 썼지만, 그때만 해도 논문을 마치고 몇 년 후에 이 같은 방대한 영웅전설 텍스트 번역 작업에 실제로 참여하게 되리라고는 꿈에도 생각하지 못했다. 논문을 쓸 당시에 분석의 대상이 되었던 번역가들은 지금은 훨씬 더 뛰어난 번역가들이 되었다. 그때는 나도 그들 번역에 이의제기도 많이 했던 것 같다. 그래서 만약 본 논문의 제목에서 인용했던 사무엘 존슨이 옳았다면, 그래서 오직 바보만이 돈이 아닌 이유로 글을 쓴다는 말이 맞다면, 그 누구도 문학번역만 가지고는 돈을 벌 수 없다고 그동안 안타까워했던 작가들의 말도 결국 틀린 것이 아닐 것이다. 만약 그렇다면, 문학번역의 다양한 측면에 대해 그 어떤 보상이나 희망도 없이 수많은 시간동안 논의하고 이론을 만들고 있는 우리는 분명 인류의 마지막 진정한 철학자이며 이상주의자임에 틀림없을 것이다. 아무리 그 현실이 척박하다고 하더라도, 결국 우리는 문학의 무지개 저 편 끝에 놓여 있을 가장 완벽한 번역을 찾아 무작정 길을 나설 것이다.

이형진 번역

미주

1) 『날의 대하소설』(*Njál's Saga*)에서 인용한 문단은 로버트 쿡(Robert Cook)의 번역이며, 『라사달 사람들의 대하소설』(*Saga of the People of Laxardal*)에서 인용한 문장들은 본 논문의 저자 본인의 번역임을 밝혀둔다. 두 가지 번역문 모두 1997년 가을 출판된 『아이슬란드인 대하소설』(*Sagas of Icelanders*)의 완역집에 실려 있다.

2) 첫 번째 영어번역은 '에브리맨'(Everyman)출판사에서 1975년에 나온 『에길의 대하소설』(*Egil's Saga*, London, 1975)에 실려 있는데, 번역가는 크리스틴 펠(Christine Fell)이다. 두 번째 영어번역은 네 편의 영어번역 중에서 가장 최근에 출판된 것으로, 1997년 아이슬란드의 수도 레이캬비크에서 출판된 『아이슬란드인 대하소설』(*Sagas of Icelanders*, 1997)에 실려 있는데, 여기 실린 『에길의 대하소설』은 버나드 스쿠더(Bernard Scudder)가 번역했다. 그리고 본문 옆에 대칭으로 주석처럼 설명이 달려 있는 부분도 위의 텍스트 옆에 그대로 표기했다. 세 번째 영어번역은 E. R. 에디슨(E. R. Eddison)이 1930년 출판한 『에길의 대하소설』(Cambridge, 1930)에 실려 있으며, 네 번째 영어번역인 『에길의 대하소설』은 그윈 존스(Gywn Jones)가 번역한 『에길의 대하소설』(New York, 1960)에 포함되어 있다.

3) 위의 번역본은 W. 모리스 마그누손(W. Morris, E. Magnússon)의 『에이리 사람들의 이야기』(*The Story of the Ere-Dwellers*, London, 1892: 45ff)에 실린 것으로, 아이슬란드어 원본 텍스트는 아래와 같다:

"Vera má það," segir Arnkell, "enn rannsaka viljum vér hér." "Það skal sem yður likar," segir Katla, og bað matselju bera ljós fyrir þeim og lúka upp búri; "það eitt er hús læst á bænum." Þeir sáu, að Katla spann garn af rokki. Nú leita þeir um húsin og finna eigi Odd, og fóru brott eftir það. Og er þeir komu skammt frá garðinum nam Arnkell staðar og mælti: "Hvort mun Katla eigi hafa héðni veift um höfuð oss? Og hefir þar verið Oddur sonur hennar er oss sýndist rokkurinn." (*Íslendinga sögur*, fyrra bindi (Reykjavík 1985: 558).

위의 내용은 랜돌프 쿼크(Randolph Quirk)의 논문 "Dasent, Morris, and Problems of Translation" in *Saga-Book of the Viking Society XIV* (1953-57:

6477)에도 인용되어 있다.

4) 무리엘 프레스(Muriel Press)가 번역한 『라사달의 대하소설』(*Laxardal Saga*, London 1906: 100-101)에 실려 있는 내용으로, 아이슬란드어 원본 텍스트는 아래와 같다:

"Glöggt fæ ég séðdl, hvað draumar þessir erudl, en mjög mun þér samstaft þykkja, því að ég mun næsta einn veg alla ráða." (*Íslendinga sögur*, síðara bindi (Reykjavík 1985: 1580).

참고문헌

1. Eddison, E. R. (transl.) 1930. *Egil's Saga*. Cambridge: University Press.

2. Fell, C, (transl.) 1975. *Egil's Saga*. London: Everyman.

3. Jones, G. (transl.) 1960. *Egil's Saga*. New York: American-Scandinavian Foundation.

4. Morris, W. and Masnússon, E. (transl.) 1892. *The Story of the Ere-Dwellers*. London: The Saga Library.

5. Pálsson, H. and Magnússon, M. (transl.) 1969. *Laxdœla Saga*. Harmondsworth: Penguin.

6. Press, M. (transl.) 1906. *Laxdœla Saga*. London: Everyman.

7. Thórsson, Ö., Torfason, J. and Tómasson, S. (eds.) 1985. *Íslendinga sögur*, Vol. 1-2. Reykjavik: Svart á hvítu.

8. Quirk, R. 1953-57. "Dasent, Morris, and Problems of Translation". In *Saga-Book of the Viking Society* XIV. London: Viking Society, 64-77.

9. Venuti, L. 1992. *Rethinking Translation*. London: Routledge.

John Benjamins Series

10 Rimbaud's Rainbow

제임스 조이스의 『율리시스』
— 스페인어 번역본의 몰리의 독백 스타일

마리아 앙헬 콘데-파리아Mª Ángeles Conde-Parrilla
유니버시티 칼리지 더블린(University College Dublin)

모든 읽기는 텍스트가 독자로부터 다양한 반응을 이끌어내는 독특한 행위이다. 실로 하나의 텍스트에는 읽기의 수만큼 다수의 해석이 있다. 번역은 읽기이자 해석이다. 번역은 번역가가 원본을 특정하게 이해한 방식을 번역본의 독자층이 받아들이게 만들면서, 번역가의 생각과 상황에 영향을 받는다. 프리츠 센(Fritz Senn)이 말하듯이, "각 번역가의 기술과 감수성과는 별도로, 번역은 번역의 문화적 배경, 도착 언어의 잠재성 및 경계선을 반영한다. 번역은 또한 다양한 관점, 즉 원본에 빛을 던지는 거울 속의 상을 나타낸다"(1984:2). 그러므로 번역은 미완의 작업이다. 원본 텍스트는 "최종본이 아닌 원고"(drafts)로 번역된다(다시 말해 재창조되거나 다시 쓰인다).

제임스 조이스(James Joyce)의 『율리시스』(*Ulysses*)처럼 언어가 혁신적이고 형식이 실험적인 작품을 번역하는 일은 많은 사람들에게 기존의 번역이 과연 성공적일까 하는 의구심을 갖게 한다. 스튜어트 길버트(Stuart Gilbert)는 조이스가 직접 참여했던 1929년 프랑스어 번역에 대해 다음과 같이 말했다.

종종 그것은 '딱 맞는 단어'를 찾는 문제일 뿐만 아니라 모든 번역가들이 혼이 나고서야 아는 것처럼 훨씬 더 힘든 일인 '딱 맞는 문장'을 찾는 것이기도 하였다. 이를 위해 번역가들은 중심 아이디어, 각 에피소드의 기본 계획, 호메로스와 다른 작가들에 대한 인유(allusions) 그리고 텍스트에 퍼져있는 상호일치점들을 철저하게 알아야 했다. 지금까지 존재했던 것 중 가장 복잡하고 이해하기 어려운 마음이라고는 못하겠지만, 확실히 가장 많이 얽혀있는 것 중의 하나인 저자의 마음 속으로 들어가야 했다(조이스, 『서간집』(*Letters*) 1957:28)

『율리시스』 번역가는 조이스에 의해 전례 없는 방식으로 이미 변형되어 있는 원본의 영어를 다른 언어로 번역해야 한다. 번역가가 맞닥뜨리는 어려움 중에는 아래와 같은 것들이 있다.

- 에피소드 형식은 다양한 스타일을 통해 주제를 반영하는 것을 목표로 한다. 예를 들어 〈태양신의 황소〉(Oxen of the Sun) 에피소드에서 퓨리포이 부인의 아기 출산은 텍스트에서 영어의 역사적 발전과 유사성을 갖는다. 이 에피소드는 영문학사의 중요한 사건들을 반영하는 문학 스타일을 모방하는 작품들로 구성되어 있다.
- 과학, 정치, 종교와 광고 및 대중 소설의 언어로 이루어진 다양한 종류의 담론 패러디이다.
- 문학, 음악, 역사적 또는 문화적 인유와 인용이 있다.
- 이전에 쓰인 구절에 바탕을 둔 상호관련 '주제어구'가 있고, 각각의 주제어구는 그것의 의미, 연상, 함축된 의미, 리듬, 어조라는 문맥적 문제를 갖고 있다.
- 아일랜드 영어 방언, 속담, 슬랭 및 외설스런 말, 외국어, 신조어, 하이픈 없이 만들어진 단어, 수수께끼, 말장난 및 모호한 것을 작가는 사용하고 있다.
- 리듬, 두운, 의성어, 단음절 단어 및 대칭적 패턴과 같은 소리 효과가 있다.

『율리시스』는 어떤 것도 독립적으로 생각될 수 없고 번역될 수 없다. 번역가는 일부를 전체에 연결시키는 고리의 네트워크를 추적해야 하고, 그래서 모든 것이 즉각적인 맥락을 뛰어넘어 더 큰 패턴의 일부를 형성한다. 번역가는 올바름, 정확성, 내적 논리, 모티브의 보존, 함축, 상징적 상부구조 및 음악성과 같은 원칙들을 고려해야 한다. 이는 조이스가 영어를 가지고 했던 것처럼, 번역가는 반드시 도착 언어를 확장시키고, 자유롭게 실험하는 것이 불가피함을 뜻한다.

번역가로서 조이스 자신의 방법은 흥미로운 사실을 보여준다. 조이스가 『피네간의 경야』(*Finnegans Wake*)의 "Anna Livia Plurabelle" 부분을 순전히 의미상으로만 이탈리아어로 번역하지 않은 사실은 흥미롭다. 조이스는 의미보다는 소리, 리듬, 행의 흐름을 더 신경 썼고, 새로운 의미를 추가하고 다른 텍스트를 언급하며 의미론 및 화용론적 측면의 손실을 보충하였다. 『제임스 조이스』(*James Joyce*)에서 리처드 엘만(Richard Ellmann)은 아래와 같이 말한다.

> 조이스가 다시 한 번 전적으로 강조한 것은 소리의 반향, 리듬, 말장난이었다. 의미에 대해서는 무관심하고 불충실해보였고, 그래서 [니노] 프랭크는 종종 조이스에게 의미에 대한 충실성을 상기시켜야 했다. 조이스는 경솔하지만 훌륭하게 더 많은 강의 이름을 추가하였다[...] 프랭크는 다시 한 번 그의 부주의를 막으며 조이스가 좋아했던 말 'con un fare da gradasso da Gran Sasso'에 항의했다. 왜냐하면 그 말은 원본의 리듬을 희생시켰기 때문이다. 조이스는 '난 그 새 리듬이 좋아요'라고만 답했다(1959:700).

번역가 조이스의 전략은 작가 조이스의 전략과 유사하다. 그는 성공적인 뒤틀기, 추가, 삭제 및 다른 언어의 차용을 포함하는 과정을 통해 영어를 변형한다. "Anna Livia Plurabelle"를 이탈리아어로 번역할 때, 그는 평범한 이탈리아어 단어에 새로운 컨텍스트의 의미를 불어넣고 비슷한 방식으로 도착 언어를 조작한다. 그는 선별된 이탈리아어 방언에서 온 표현을 활용하고 이탈리아 독자가 잘 아는 문화적, 역사적, 정치적인 말들을 추가한다. 다시 말해서 그의 번역은 이탈리아어 방식으로 쓰인 독자지향 번역인 것이다.

『율리시스』를 완역한 스페인어 번역은 두 가지가 있다.[1] 첫 번째는 호세 살라스 수비랏(José Salas Subirat)이 번역한 것으로 1945년 부에노스아이레스에서 출간되었고, 그 번역본의 많은 실수와 문자 및 스타일상의 부정확성은 출판되자마자 혹평을 받았다(가르시아 토르토사(García Tortosa) 1986: 207). 두 번째 번역은 호세 마리아 발베르데(José María Valverde)가 번역한 것으로 1976년 바르셀로나에서 출판되었고 전반적으로 1945년 번역본보다 낫지만 결과는 다시 한 번 불만족스러웠다. 1989년에 나온 그의 수정본은 이전 번역본과 크게 다르지 않았다. 그는 몇 가지 인쇄상의 실수를 바로잡고 『율리시스』 갈랜드 비평 연구판을 길잡이로 이용하여 단어와 문장을 수정하였다. 좀 전에 언급한 조이스의 번역 전략과 반대로 이 두 『율리시스』 스페인어 번역본은 적절한 모험심이 결핍되어 있다. 의미적 등가성만을 본질적으로 추구한 나머지 그 번역본들은 범위가 제한되어 있다. 게다가 그 번역본들은 영어나 『율리시스』의 복잡성을 알지 못해서 나오는 오역이 있고, 언어 및 스타일의 질을 떨어뜨리는 생략, 불일치 및 표준화로 인해 손상되었다.

이 연구에서 나는 『율리시스』의 마지막 에피소드 〈페넬로페〉('Penelope')의 스타일이 살라스 수비랏과 발베르데의 번역에서 어떻게 재창조되었는지 분석하고자 한다. 그 두 번역을 비교하기 위해 필요시 살라스 수비랏([S.S.]), 발베르데([V.]), 내 자신([C.P.])의 번역 뒤에 원본도 함께 제시할 것이다. 『율리시스』 원본 텍스트는 모두 갈랜드 판본[2]을 사용하였다. 비록 제임스 V. D. 카드(James V. D. Card)의 『〈페넬로페〉 분석』(*An Anatomy of "Penelope"*)에 따르면 조이스가 쓰고 고쳤기 때문에 어떤 경우 나는 갈랜드 판본의 한스 월터 가블러(Hans Walter

Gabler) 편집자의 결정을 따르지 않았지만 말이다.

내적 독백 기술의 언어 장치

제임스 조이스는 1920년 프랭크 버진(Frank Budgen)에게 다음과 같이 편지를 썼다. "마지막 발언은 몰리 블룸에게 맡길 것입니다. 마지막 에피소드 〈페넬로페〉는 남편 레오폴드가 잠들어 있을 때 몰리의 생각과 몸을 통해 쓰인 것입니다"(조이스, 『서간집』(*Selected Letters*) 1967:274). 조이스가 내적 독백 기술을 이용함에 따라 몰리의 내적 생각과 기억이 드러난다.[3] 등장인물의 마음 속에서 "즉흥적으로" 생겨나는 생각들의 언어화는 다수의 언어적, 문학적 장치를 통해 독백에서 재창조되는데, 눈에 가장 많이 띄는 것은 (마지막 마침표를 제외하고) 구두점이 없고 불필요한 서술자가 존재하지 않는다는 것이다.[4] 다른 방법으로는 인칭 대명사의 부재와 갑작스런 간접 의문문, 이중, 다중의 부정과 전치법을 조이스는 사용하였다. 연상 작용은 갑자기 엉뚱한 문장들이 튀어 나오거나 짧은 명사구가 잇따라 나오는 방식으로 독백에서도 존재한다. 빈번하게 나오는 애매모호한 문장 경계와 몰리의 아리송한 문법이 독자에게 추가적인 어려움을 준다. 몰리가 마음속으로 노래하는 것을 텍스트로 포착하려는 다른 기법도 있다. 몰리의 독백에 연결되어 있는 이러한 스타일상의 기법은 조이스가 "생각이나 인상을 만드는 과정에서 마음을 직접 인용"(달(Dahl), 1970:10)하는 것을 나타낸다.

스페인어는 몰리의 독특한 스타일을 구성하는 언어적 기법 일부를 재생산하는 것이 불가능하다. 영어 문법에 따르면 인칭 대명사가 없다는 것은 대화체에서 주어가 누구인지 표시된다는 것을 뜻한다. "not satisfied till they have us swollen out"(165)와 같은 불완전한 문장이 내적 독백에서 나타난다. 영어에서 문법적으로 올바른 문장은 주어를 요구하기 때문에 그것이 명사이든 대명사이든 주어를 생략하면 반드시 그 에피소드의 스타일에 영향을 끼치게 된다. 동사 굴절이 인칭과 수를 명시한다는 점을 고려하면, 스페인어 인칭대명사는 종종 생략될 수 있기 때문에 이 생략 옵션은 실패한다. 그럼에도 스페인어에서 인칭대명사가 나오는 것은 대화에서 표현을 더 풍부하게 하면서 특정한 의미나 강조점을 전할 수 있다는 사실을 살라스 수비랏과 발베르데는 명심했어야 했다. 아래에서 확인할 수 있다.

(1) only when it came to the chamber performance I put out the light too (923-24)

[S.S.] sólo cuando llegaba a la ceremonia del vaso de noche apagaba la luz también (709)

[V.] sólo cuando llegaba al asunto de la bacinilla también apagaba la luz (655)

[C.P.] sólo cuando llegaba el espectáculo del orinal apagaba yo también la luz (135).

인칭대명사 "yo"[스페인어 '나']는 몰리가 "that fellow opposite"(921)[반대편 사람]과 똑같은 것을 했다는 사실을 강조한다. 그녀는 또한 사적으로 뭔가를 하려고 불을 껐고, 관찰자와 피관찰자의 관계가 더 분명해진다.

리사 달(1970: 35)에 따르면 내적 독백의 전형적인 특징인 갑작스런 간접 의문문 사용도 스페인어로 옮겨질 수 없다. 아일랜드 영어에는 주어 앞에 동사나 조동사가 오는 도치된 어순이 있고 접속사가 없지만, 스페인어 도착언어는 그렇지 않다. 스페인어에서 "si"[영어 if의 뜻]가 간접 의문문을 도입하기 위해 필요하기 때문이다. 만약 "I wonder was he satisfied with me"(121-22)가 "me pregunto estaba satisfecho conmigo"라고 번역되면 독자는 이 절을 서로 상관없는 것으로 생각할 것이다. 표준 영어 "if + 주어 + 동사"에 상응하는 그 방언의 어순은 그 간접 의문문이 앞에 나온 동사의 보어임을 보여준다.

몰리의 독백에서 조이스는 방언을 사용함으로써 표준 영어 문법 규칙을 전복한다. 표준 영어는 주어진 문장에서 부정을 반복하는 것을 거부하지만, 아일랜드에서 이 관행은 종종 부정의 강한 어조를 전달한다. 다시 한 번 조이스가 표준 영어를 따르지 않아서 나오는 효과는 스페인어에서는 나올 수 없다. 왜냐하면 스페인어에서 이중, 다중 부정은 문법적으로 올바르기 때문이다. 아래의 예문을 한 번 살펴보자.

(2) no thats no way for him has he no manners nor no refinement nor no nothing in his nature (1368-69)

[S.S.] no eso no es para él no tiene modales ni es refinado ni nada en su natural (721)

[V.] no ésa no es manera para él no tiene modales no ni refinamiento ni nada en su naturaleza (666)

[C.P.] no hombre no así no es como se porta uno ¿es que no tiene modales ni finura ni nada de nada en su naturaleza?(184).

몰리의 말은 부정이 여러 번 사용되어 영어 독자에게 분명히 충격적인 것이고, 이것이 몰리의 독백이 끝나면서 블레이즈 보일란(Blazes Boylan)에 대한 그녀의 감정을 조이스가 드러내는 방식이다. 스페인어 번역에서는 어떤 문법도 깨지지 않고, 그러한 독특한 인상을 재생산하는 유일한 방식은 "nada de nada"에서처럼 반복을 수단으로 그녀의 말에 담긴 부정성을 강조하는 것뿐이다.

표준 영어에서 문장 어순은 특정한 문장 성분을 강조하기 위해 바뀔 수 있다. 조이스는 이 점을 최대한 활용하여 문장 성분이 감정에 따라 등장인물의 마음속에서 배열되는 것을 보여준다. 해당 등장인물의 마음에 처음 떠오르고 가장 중요하고 의미 있는 것이, 주어진 문장의 제일 첫 번째 문장 성분을 결정한다. 게다가 아일랜드 영어의 특징은 직접 목적어나 서술 보어를 문장 맨 처음에 위치시키는 것이다. 이 기법은 문장 성분의 배열이 더 유연한 스페인어에서는 덜 효과적이다. 예를 들어보자.

(3) anyway love its not (35)

[V.] de todos modos no es amor (635)

[C.P.] de cualquier manera amor no es (25)

발베르데는 원본 어순을 무시했다. 내 번역은 구어성을 살려 더 활기 넘쳐 보인다. 영어의 그 두드러진 도치에서 발생하는 순발력과 진실성을 살리는 번역가는 문장 성분을 배열할 때 유연해야 한다. 그것은 일상 스페인어의 특징이기 때문이다. 아래 두 가지 예시가 이 점을 분명하게 보여준다.

(4) I feel all fire inside me (585)

[S.S.] me siento poseída por un fuego interior (701)

[V.] siento todo fuego por dentro de mí (547-48)

[C.P.] toda fuego me siento por dentro (100)

(5) I used to be weltering then in the heat (662)

[S. S.] yo solía revolcarme en el calor de mi camisa (702)

[V.] entonces estaba como en un baño de vapor en el calor (649)

[C.P.] lo revuelta que estaba entonces con el calor (107).

실제 생각의 과정과 패턴에 충실한 『율리시스』 저자 조이스는 엉뚱한 단어, 구, 문장을 포함시키기 위해 문장들을 끊는 기술을 이용한다. 비평가 달이 표현하듯이, "그렇게 만들어진 인상은 문법적으로 완벽한 문장이 되기 전의 생각을 대체하는 자유 연상"(1970:36)이다. 살라스 수비랏과 발베르데는 관계없는 엉뚱한 문장들이 삽입될 때 미완으로 남겨지는 문장들을 살리지 못한다.

(6) and Ill yes by God Ill get that big fan mended (901)

[V.] y sí ya lo creo haré arreglar ese abanico grande (655)

[C.P.] y voy a sí por Dios voy a llevar a arreglar el abanico grande (129).

그 두 번역가는 또한 몰리의 말에 나타나는 특이한 문법을 인식하지 못한다. 그것은 아래 (7)과 (8)예문에서 볼 수 있다.

(7) even when I was with him with Milly at the College races that Hornblower with the childs bonnet on the top of his nob let us into by the back way (1256-58)

[S.S.] aun mismo cuando estábamos con Milly en las carreras del Colegio ese trompetero con el gorro infantil en la punta de la cabeza nos hizo entrar por la puerta trasera (718)

[V.] también aquel día que yo estaba con él y con Milly en las carreras de la Universidad aquel matasiete con la gorra de niño en lo alto de la coronilla nos dejó entrar por la puerta falsa de atrás (663)

[C.P.] incluso cuando yo estaba con él con Milly en las carreras del Trinity College a las que ese portero Soplagaitas con el gorrito de niño en lo alto de la chorla nos dejó entar por la puerta trasera (171)

(8) he was throwing his sheeps eyes at those two doing skirt duty up and down (1258-59)

[S.S.] él les ponía los ojos de carnero degollado a esas dos que se hacían las perras de arriba abajo (718-19)

[V.] él le estaba poniendo ojos de carnero a aquellas dos que andaban moviendo las faldas de un lado para otro (663)

[C.P.] él le estaba lanzando unos ojos de cordero a esas dos con su faldeo de guardia mirándolas de arriba abajo (171).

위 두 가지 예시 중의 첫 번째에서 몰리는 트리니티 칼리지의 수위에 대한 말도 한다. 이것이 생략된 대명사가 있는 관계사절이라는 사실을 살라스 수비랏과 발베르데 두 번역가는 주목하지 못한다. 두 번째 경우 "up and down"이 레오폴드가 창녀들을 바라보는 방식을 말하는데, 발베르데는 그것의 언어적 미묘함을 놓쳤다.

두 번역가가 등장인물의 주제에 벗어난 엉뚱한 얘기가 언제 시작되고 끝나는지 인식하지 못하는 때도 있다. 폴 반 카스펠(Paul van Caspel)은 그 예를 살핀다(1986:255-56).

(9) of course that was all thinking of him and his mad crazy letters. . . something he got out of some nonsensical book that he had me always at myself 4 and 5 times a day sometimes (1175-79)

[S.S.] naturalmente que todo era idea de él y sus locas cartas. . .

algo que sacó de algún libro disparatodo que tenía siempre lo tenía encima de mí en ocasiones 4 ó 5 veces por día (716)

[V.] claro eso era todo el pensar en él y sus cartas locas y chifladas. . . algo que sacó de algún libro estún libro estúpido yo siempre haciéndomelo a veces 4 y 5 veces al día (661)

[C.P.] claro eso era todo pensando en él y en sus cartas disparatadas y locas. . . algo que sacaría de algún libro absurdo y así me tenía haciéndomelo siempre a mí misma 4 y 5 veces al día a veces (163).

첫 번째 문장은 몰리가 회상하면서 레오폴드의 편지의 문장을 인용하고 그것이 어디에서 왔는지 얘기할 때 끊긴다. 그러고 나서 그녀는 처음에 말하고 있던 것("that he had me always at myself. . .")으로 다시 돌아간다. 수비랏은 "that he had"를 앞에 있는 "some nonsensical book"을 수식하는 관계사절로 해석하고, 발베르데는 그것을 제거한다. 그래서 영어에서 "that"이 도입하는 "mad crazy letters"의 결과인 것이 스페인어 번역본에서는 아무 상관없는 문장이 된다("siempre lo tenía encima de mí"에서 수비랏은 완전히 핵심을 놓친다. 그녀를 "4 and 5 times a day"(하루에 네 번이나 다섯 번) 만진 사람은 레오폴드라고 생각하기 때문이다). 스페인어 독자는 레오폴드의 편지와, 몰리가 그것을 읽은 다음의 반응이 어떤 관련이 있는지 알지 못하게 된다.

영어 원어민은 그 독백 에피소드에서 특정 문장이 어디에서 끝나는지 아는데 어려움을 겪을 수 있다. 예를 들면 "but whereabouts on your person my child on the leg behind high up was it yes rather high up was it where you sit down yes"(108-10)가 그러하다. 두 스페인어 번역에서 문장 경계선이 바뀌는 일이 발생하는데, 그 중 가장 빈번하고 유감스러운 경우가 영어 원본이 모호하지 않는 문장에서도 발생

할 때이다. 예를 들면,

(10) I feel some wind in me better go easy not wake him have him at it again slobbering after washing every bit of myself (903-04)

[S.S.] siento un poco de viento adentro mejor andar con cuidado para no despertarlo tenerlo otra vez haciendo eso baboseándome después que me he lavado hasta el último pedacito (709)

[V.] noto que tengo aire dentro mejor con cuidado no despertarle y que empiece otra vez a babearme después de que me lavé toda entera (655)

[C.P.] me siento con ganas de ventosear mejor será tener cuidado no despertarle tenerle otra vez con la misma historia babeándome después de que me he lavado toda enterita (129-30)

위 예문에서 짧은 영어 명사구 일부가 살라스 수비랏과 발베르데의 번역에서는 나란하게 또는 종속을 통해 연결이 된다. 텍스트에 갑작스럽게 끊기는 리듬을 주는 것은 바로 동사가 없거나 [시제, 인칭, 수가 나타나지 않는 분사와 같은] 비정형 동사 형태가 있는 짧은 명사절을 병렬하는 것이다. 이러한 방식으로 조이스는 어떻게 연상이 의식이라는 발화전 단계에서 형성되는지를 표현하고 몰리의 독백에서 휴지(pauses)와 서스펜션을 전달한다. 그 번역본들은 반드시 문장의 경계선을 보존해야 한다. 번역가는 분명히 아래 문장의 “no”가 그 다음에 나오는 절과 분리되어 있다는 사실을 깨닫게 될 것이다.

(11) no Ill have to wear the old things (1535-36)

[S.S.] no tendré que ponerme las cosas viejas (726)

[V.] no me tendré que poner las cosas viejas (670)

[C.P.] nada que me tendré que poner las cosas viejas (199)

그럼에도 "no"는 뒤에 나오는 동사를 부정하는 것으로 해석될 수 있다. 스페인어 번역이 몰리의 생각을 단호하게 부정하는 경우가 너무 많고, 그 결과 그 에피소드를 완전하게 이해하는데 피해를 준다. 이것은 아래의 예문 (12)와 (13)에서 분명하게 드러난다.

(12) but I dont know Poldy has more spunk in him (167-68)

[S.S.] pero no sé si Poldi tiene cuerda todavía en él (689)

[C.P.] pero no sé Poldy tiene más leche (50)

(13) it wasnt my fault we came together when I was watching the two dogs (1446)

[S.S.] no fue culpa mía que nos apareamos aquella vez que yo estaba observando los dos perros (723)

[C.P.] no fue culpa mía nos corrimos juntos cuando yo estaba mirando a los dos perros (190).

마지막으로, 노래 행위를 연상시키는 시각적 기법이 두 스페인어 번역에서 어떻게 단순화, 축소, 표준화, 오역되는지를 살펴 보자.

(14) frseeeeeeeefronnnng. . . like the end of Loves old sweeeetsonnnng (596-98)

[S.S.] tuiiiiituoooo. . . como el final de la vieja y dulce canción de amor (701)

[V.] frsiiiiiiiifronnnng. . . como el final La vieja y dulce canción de amoor (648)

[C.P.] truuuuuuuuoooor. . . como el final de la Vieja y duuuulce canciondeamoooor (104)

(15) Frseeeeeeeeeefrong that train again weeping tone once in the dear deaead days beyondre call close my eyes breath my lips forward kiss sad look eyes open piano ere oer the world the mists began I hate that istsbeg comes loves sweet sooooooooooong (874-77)

[S.S.] Tuiiiituooooo otra vez ese tren con su tono plañidero llorando los días queridos que fueron muertos que no volverán a cerrarme los ojos revivir mis labios enviarme un beso triste mirada los ojos abiertos el piano aquí allí el mundo las nieblas empezaron odio ese iceberg vuelve viejo dulce canción de amoooor (708)

[V.] frsiiiiiiiiiiiiiíííífrong ese tren otra vez tono de llorar cuando en los días pasaaados que no volverán cerrar los ojos respirar mis labios adelante besar triste mirada ojos abiertos piano antes que sobre el mundo caigan las nieblas me fastidia ese lasn viene dulce canción de amoooor (654)

[C.P.] Truuuuuuuuuuuuuuuuuuuuor ese tren otra vez tono llorso fue una vez en aquellos queriidos días yai dos cerrar los ojos respirar los labios hacia delante beso mirada triste ojos abiertos piano antesque sobrel mundo las brumas bajando odio ese brumasbaja nos llega la dulce canción de amooooooooor (127)

[16] sweeeee theres that train far away pianissimo eeeee one more

tsong (908)

[S.S.] duuuuul ahí está ese tren lejos pianissimo canción todavía amoooor (709)

[V.] duuuul ceahí está ese tren lejos pianissimo iiiiiii una canción más (655)

[C.P.] duuuuu ahí está ese tren ya lejos pianissimo uuuuu uno más ulce canciondeamor (130).

첫 번째 예시에서 기차 휘파람 소리가 몰리에게 노래 가사를 떠올리게 해도 두 번역본에는 휘파람과 노래 가사의 형식적 유사성이 없다. (15)번 예에서 아주 긴 의성어 단어는 살라스 수비랏의 번역에서는 뚜렷한 이유 없이 짧아졌다. 아르헨티나에서 출판된 번역 텍스트의 "que fueron muertos" 또한 의외인데, 원본의 "deaead"는 노래할 때처럼 목소리가 오르내리거나 소리를 길게 발음하는 것을 보여주려고 하기 때문이다. 마찬가지로 "that istsbeg"는 "mists began"의 발음하기 힘든 소리 시퀀스를 가리킨다. 살라스 수비랏의 "ese iceberg"는 스페인어 독자를 혼란스럽게 할 수 있다. 빠진 알파벳 글자가 있고 등장인물의 생각에 따라 단어가 합해지거나 단어의 음절이 분리될 때, 스페인어 번역본은 그러한 텍스트 특성을 반영하지 않는다. 그것은 (15)번 예문이 잘 보여준다. 마지막 예시에서 "sweet"은 갑자기 튀어나온 말 때문에 두 번 끊어지지만, 두 번역은 영어 원본만큼 효과적이지 않다. 게다가 번역가들은 "one more"를 잘못 해석하는데, 그 단어는 다른 노래를 암시하는 것이 아니라 방귀 뀌는 것을 말하기 때문이다. 이 점에서 우리가 살라스 수비랏이 1934년 랜덤하우스 『율리시스』 판을 사용했다는 사실을 고려하면, 그의 실수는 정당화는 안 되도 이해는 할만하다(가르시아 토르토사 1986:209). 가블러는 자신의 수정본에서 "eeeeeeee one more song"(조이스, 『율리시스』 1922:906)을 "eeeee one more tsong"으로 변형시켰기 때문이다. 반면 발베르데는 자신의 수정판 번역이 갈랜드 비평 연구판을 "정확하게 따른다"는 살라스 수비랏의 주장을 반박한다.[5)]

몰리의 개인적 언어와 일상어 스타일

내적 독백은 등장인물의 성격과 사회적, 교육적 배경을 충실하게 반영시켜야 한다. 그러므로 등장인물 개인 특유의 언어에 맞고 특정 스타일과 격식의 정도에 상응하는 언어, 사회적이고 현실 세계의 언어와 맞는 표현이 필수 조건이다. 〈페넬로페〉 에피소드의 일상성과 구어성은 일상적인 단어와 부족한 어휘, 어휘의 비격식 어역, 빈번한 슬랭, 속담, 대중 격언 및 숙어를 사용하여 전달된다. 그 구어성은 주어 "you"가 있는 의문문이 왜 끊임없이 존재하는지 설명해 준다. 마찬가지로 몰리의 사회적 환경, 예를 들면 계급, 문화 및 가족과 같은 것이 아일랜드 영어의 존재를 설명하고, 몰리가 교육을 많이 받지 못한 것은 그녀가 잘못된 문법, 우스꽝스러운 말실수, 틀린 철자, 잘못된 용어를 사용할 때 드러난다.

어윈 스타인버그(Erwin R. Steinberg)는 몰리가 짧은 단어를, 그것도 아주 종종 단음절인 단어를 많이 사용한다는 사실과, 게르만어에서 온 어휘를 아주 많이 사용하지만, 그리스어, 라틴어, 로망스어에서 온 단어는 아주 적게 사용한다는 사실을 지적한다(1958:222). 분명 이것들은 더 단순하고 일상적인 영어의 두 가지 특징을 가리키고 따라서 스페인어로 옮기는 것이 불가능하다. 그러나 몰리의 비격식 단어 어역에 관한 한, 스페인어 번역의 실패는 불 보듯 뻔하다. 많은 슬랭 단어들이 살라스 수비랏과 발베르데 번역본에서 상실된다.

(17) wogger (616)
[S.S.] tesoro (701)
[V.] corazoncito (648)
[C.P.] mi negro.

"Wogger" 즉 "아랍사람이나 피부가 어두운 사람을 가리키는 모욕적인 영어 슬랭"(기포드(Gifford) 1988:617)을 "tesoro"로 잘못 번역하였는데, 살라스 수비랏은 스탠호프 부인이 남편을 이렇게 다정하게 부를 거라고 추정했기 때문이고, 발베르데는 그 슬랭을 "corazoncito"라는 비슷한 말로 번역하였다.

마지막 에피소드의 외설성은 몰리의 생각에서만 존재하는 것이 아니라 그녀가 금기어를 사용할 때에도 존재한다. 조이스는 현실을 충실하게 재현한다. 이것이 소설 규범, 언어적, 미학적, 도덕적 규범과 관습을 희생한다 하더라도 그렇게 한다. 솔직한 언어가 〈페넬로페〉 에피소드의 가장 특징적인 것 중의 하나이고 분명 가장 충격적인 모습 중의 하나라는 명제를 받아들이지만, 두 번역가들은 스페인어 번역본에서 어휘의 다양성을 줄이고 "모욕적인" 단어를 덜 모욕적인 어휘를 사용하여 더 약한 표현으로 대체하는 경향이 있다(콘데 파리아(1996)를 참조할 것). 성기 및 몸의 다른 부분, 성적 행위, 배설 기능 및 배설물에 대한 몰리의 어휘를 번역할 때 살라스 수비랏과 발베르데의 번역본은 크게 다섯 가지 면에서 부족하다. 첫 번째, 두 번역은 조이스가 의도한 의미를 모르거나 인지하지 못함으로써 표현을 잘못 번역한다. 두 번째, 그 번역본들은 외설적인 언어를 번역할 때 영어 원본의 한 단어를 번역하기 위해 다양한 스페인어 단어를 사용하여 일관성이 떨어진다. 세 번째, 원본의 몇몇 단어의 동의어 수를 무시하여 어휘의 다양성이 스페인어에서 감소된다. 그 결과 스페인어 번역가들은 다수의 외설적 표현의 격식 수준을 살리지 못해 조이스가 창조한 스타일상의 효과들을 조금도 재창조하지 못한다. 마지막으로 스페인어 번역본 독백에서는 금기어의 은밀한 존재에 대한 흔적이 없다. 이것은 아래 차트에서 설명된다.

(18) 성기 및 몸의 다른 부분

	[S.S.]	[V.]	[C.P.]
tube(970)	tubo(711)	cosa(656)	tubo(136)
trail(710)	cola(704)	cosa(650)	cola(109)
micky(1510)	pito(725)	cosita(669)	pija(197)
cock(1352)	pitito(721)	cosa(665)	polla(175)
Mr de Kock(969)	señor de Kock(711)	Mr de Kock(656)	Sr Pola do Kock(136)
not to cock her legs	que no levantara así	que no echara las	que no apollara las
up like that(1035)	las piernas(712)	piernas para arriva (658)	piernas así para arriba (143)
at cockshout(1544)	al canto del gallo(726)	al primer canto del gallo(670)	a la hora del contodelpollo(199)
ballocks(1288)	huevazas(719)	gilipollas(664)	huevón
vagina(1154, 1156)	vagina(716, 716)	vagina(661, 661)	vagina(162)
hole(151, 902)	agujero(689, 709)	agujero(637, 655)	agujero(48, 129)
possible(205)	posiblemente(690)	posible(639)	higuito(51)
chest(416, 529, 533)	pecho(696, 699, 699)	pecho(643, 646, 646)	pecho(77)
nipple(537, 569)	pezón(699, 700)	pezón(646, 647)	pezón(97, 99)
had a great breast of milk(570)	tenía los pechos repletos deleche(700)	tenía el pecho lleno de leche(647)	tenía los pechos llenos de leche(99)
breasts(1607)	senos(728)	pechos(671)	pechos(206)
bosom(778)	pecho(706)	pecho(652)	seno
bust(885)	busto(708)	busto(654)	busto
titties(536)	teté(699)	tetitas(646)	tetitas(97)
bubs(901)	combas(709)	pechos(655)	tetamen(129)
smellrump(1531)	culo sucio(726)	hueleculo(670)	hueletrasero(199)
backside(523)	espalda(699)	espalda(646)	pompis
backside(880)	trasero(708)	trasero(654)	pompis(127)

	[S.S.]	[V.]	[C.P.]
behind(122)	atrás(688)	detrás(637)	asentaderas(41)
bumgut(490)	pipina(698)	trasero(645)	ojodelascachas(85)
barebum(1043)	descubierto(713)	del mundo(656)	traseeroh al aire(143)
a—e(490)	c – lo(698)	c-o(645)	c-lo(85)
Arsenic(240)	arsénico(691)	arsénico(639)	Ampolla(53)
ass(123)	asno(688)	burro(637)	mulo(41)
heass(700)	burro(703)	que rebuznaba(650)	mulo(108)
heass(702)	asno sonoro(703)	rebuzno(650)	mulo(108)
carcass(1426)	esqueleto(723)	carcasa(667)	corpúsculo(189)
bottom(53, 77, 110)	trasero(687, 687, 688)	culo(635, 636, 636)	culo(28, 32, 40)
bottom(56)	culo(686)	trasero(635)	culo(28)
the cheeks of my bottom(663)	las nalgas de mi trasero(703)	los mofletes del culo (649)	los cachetes del culo (107)
bottom(844, 845)	ano(707, 707)	bottom(654, 654)	culo(125, 125)
Mrs Ramsbottom (845)	la señora Carano (707)	señora Ramsbottom (654)	Sra Torculonane (125)
bottom(1133, 1369)	trasero(715, 721)	trasero(660, 666)	culo(155, 184)
bottom(1402, 1520)	culo(722, 726)	culo(666, 669)	culo(186, 198)
bottom(1531)	nalgas(726)	culo(670)	culo(199)
botty(1288)	culito(719)	culito(664)	culito
hole(1165)	cubeta(716)	agujero(661)	agujero(162)
hole(1522)	agujero(726)	agujero(669)	agujero(198)
brown part(276)	parte cara(692)	sitio moreno(640)	parte morena(65)
brown part(1522)	parte oscura(726)	donde tengo lo negro (669)	parte morena(198)

성적 행동 및 기타

	[S.S.]	[V.]	[C.P.]
ride me up(1418)	me poseyera(723)	montarme(667)	montarme(189)
had a woman (1119-20)	en busca de mujer (715)	buscar una mujer (660)	se tiró a una mujer (154)
block me(822)	entrar(707)	entrar(653)	echarme un polvo (120)
fuck(588)	carajo(701)	joder(648)	joder(100)
fucked(1511)	le trinquen(725)	se deja joder(669)	está jodida(197)
fucked(1511)	trincada(725)	jodida(669)	jodida(197)
doing that frigging (88)	--------(687)	enredándose(636)	haciéndose una paja (32)
came(34)	anduvo haciéndolo (686)	lo ha hecho(635)	se ha corrido(25)
came(77)	me lo acomodó(687)	se me desahogó (636)	se me corrió(32)
comes(99)	termina(687)	se corre(636)	se corre(40)
must have come (143)	ha de haberlo hecho (689)	debió venir(637)	debe de haberse corrido(47)
come(585)	volver(701)	disfrutar(647)	correrme(100)
was coming(587)	gozando(701)	disfruté(648)	me estuve corriendo (100)
came(1051)	me puse bien(713)	disfruté(658)	me corrí(144)
came(1446)	nos apareamos(723)	nos juntamos(667)	nos corrimos(190)
spunk(154, 1512)	esperma(689, 725)	esperma(637, 669)	leche(48, 197)
spunk(168)	cuerda(689)	jugo(638)	leche(50)
prostitute(1424)	prostituta(723)	puta(636)	prostituta(189)
sweet tart(1296)	putísimo amor(719)	mi mala mujer(664)	linda ramera(173)
whore(96)	puta(687)	puta(636)	puta(40)
whore(659)	prostituta(702)	puta(649)	puta
French letter(1235)	preservativo(718)	preservativo(663)	impermeable inglés (169)
bugger(713)	puerco(704)	maricón(650)	maricón

배설물 및 기타

	[S.S.]	[V.]	[C.P.]
dung(267)	estiércol(692)	estiércol(640)	cagajones(61)
shit(589)	mierda(701)	mierda(648)	mierda(100)
shit(1532)	mierda(726)	lamemélamierda (670)	mierda(199)
a business(1538)	si nada fuera(726)	un asunto cualquiera (670)	caca(199)
was pissing(547)	orinaba(700)	orinaba(647)	estaba meando(98)
piss(462)	pis(697)	pis(645)	meada(81)
Mrs Opisso(1466)	la señora Opisso (724)	señora Opisso(668)	la Sra Meadour(191)
wind(903)	viento(709)	aire(655)	ventosear(129)
wind(909)	viento(709)	aire(655)	ventosidad(131)
farting(1083)	tirando pedos(714)	tirándose pedos (659)	tirándose pedos
sparrowfarts(879)	gorriones pedosos (708)	peditos de gorrión (654)	pedosdegorrión (127)
fart(906)	pedo(709)	pedo(655)	pedo(130)
W C(75)	w. c.(687)	retrete(636)	wáter(32)
W C(602)	baño(701)	W. C. (648)	wáter
mens W C(1265)	letrinas para hombres (719)	retrete de hombres (663)	urinario de hombres
lavatory(256)	lavatorio(692)	lavabo(640)	aseo(60)
greenhouse(550)	mingitorio(700)	urinario(647)	meadero(98)
meadero(557)	meaderos(700)	meadero(647)	meadero(98)
chamber(499)	servicio(698)	sentarse a hacer sus necesidades(646)	orinal(86)
chamber(924)	vaso de noche(709)	bacinilla(655)	orinal(135)
chamber(1136, 1462)	escupidera(715, 724)	bacinilla(660, 668)	orinal(155)
chambers(1196)	escupideras(717)	bacinillas(662)	orinales(164)

격식을 차리지 않는 대화에서 빈번하게 의존하는 것은 속담, 대중 격언, 코믹한 묘비명, 수수께끼, 길거리에서 부르는 노래와 동요를 사용하는 것이다. 아래의 경우처럼 번역가가 상응하는 형식을 제공하는 것은 당연하다.

(19) wherever you be let your wind go free(909)

[S.S.] dondequiera que estés el viento no guardés(709)

[V.] donde quiera que se esté dejar salir el aire(655)

[C.P.] en campo o en ciudad fuera esa ventosidad(131).

"내 방귀를 참는 것은 나를 죽이는 것이기 때문이다"(기포드 1988:617)로 끝나는 묘비명의 첫 번째 행은 중간 휴지가 있고, 반행(hemistiches)은 유사 라임(assonant rhyme)을 갖고 있다. 그 뚜렷한 리듬 효과는 두 행에서 똑같은 강세 패턴을 반복함으로써 얻어진다. 비록 번역가가 그 묘비명 전체를 알 필요는 없지만 이 스타일상의 특징은 꼭 살려야 한다. 발베르데는 이것을 시도했으나 실패한다.

두 언어 사이의 구조 차이 때문에 번역가에게 생기는 제약을 고려해 보면, 다수의 의문문을 스페인어로 번역하는 것 역시 또 다른 난제로 드러난다. 〈페넬로페〉 에피소드 영어 원본에서 물음표가 없어도 독자는 도치와 조동사의 이용이나 의문 대명사로 인해 의문문을 쉽게 알아 볼 수 있다. 후자의 경우 스페인어 의문 대명사는 발음 구별 부호(diacritic)를 취하고, 그래서 다른 종류의 대명사와 혼동되지 않는다. 문제는 의문 대명사가 없는 문장을 번역할 때 발생한다. 스페인어에서 어떤 평서문도 문장 시작에 "¿"을 넣고 문장 끝에 "?"를 넣어서 또는 대화에서는 적절한 억양을 넣어서 의문문이 될 수 있는 것처럼, 어떠한 추가적인 구조 변화도 필요하지 않다. 스페인어 번역의 독백에 구두점이 전혀 존재하지 않는다면, 독자는 많은 의문문을 의문문으로 알아 볼 수 없을 것이다. 살라스 수비랏과 발베르데의 번역에는 물음표가 없다. 대신 다른 기법에 의존한다. 예를 들면 의문문이라는 사실을 분명히 보여주는 특정한 단어를 넣는다. 다른 경우에는 문맥을 통해 알 수 있다. 그럼에도 너무 많은 의문문이 스페인어 번역본에서 평서문으로 읽히고, 때로는 독자가 그 에피소드의 중요한 부분을 충분히 이해하는 것을 방해한다. 아래의 예문에서 그 사실을 확인할 수 있다.

(20) can you feel him trying to make a whore of me(96)
[S.S.] puedes sentirlo tratando de convertirme en una puta(687)
[V.] puedes notarle tratando de hacer de mí una puta(636)
[C.P.] ¿le sientes intentando hacer de mí una puta?(40)

(21) was he not able to make one(1445)
[S.S.] él no fue capaz de hacerme uno(723)
[V.] él no fue capaz de hacer uno(667)
[C.P.] ¿es que no fue capaz de hacerme uno?(190)

부가의문문 번역에서 채택된 해결책 역시 만족스럽지 못하다. 설명에 도움이 되는 예문은 아래와 같다.

(22) though I laughed Im not a horse or an ass am I(123-24)
[S.S.] aunque yo me reía no soy un caballo o un asno soy yo(688)
[C.P.] aunque me reí no soy un caballo o un mulo ¿no?(41)

(23) white Arsenic she put in his tea off flypaper wasnt it(240)
[S.S.] arsénico blanco puso ella en su té del papel para matar moscas me parece(691)

[V.] arsénico blanco le puso en el té cogido del papel matamoscas verdad que sí(639)

[C.P.] una Ampolla fue lo que le echó en el té fertilizante ¿no?(53-54)

(24) I cant help it if Im young still can I(1398-99)

[V.] no lo puedo remediar si todavía soy joven no puedo(166)

[C.P.] no puedo evitarlo si todavía soy joven ¿no es verdad?(186)

(25) he cant say I pretend things can he(1019-20)

[S.S.] no puede él decir que soy una simuladora(712)

[V.] no puede decir él que le miento(658)

[C.P.] él no puede decir que yo finjo cosas ¿no?

직역을 하는 곳(22), 비슷한 표현으로 바꾸는 곳(23), 전에 말한 것을 반복하는 부분(24), 부가의문문을 생략하는 곳에서(24), 번역가들은 원본의 풍부한 표현력을 살리는 데 실패한다. 내 생각에 물음표는 『율리시스』의 마지막 에피소드를 번역할 때 꼭 필요하다. 설령 그 독백이 구두점의 부재라는 중요한 기법을 재창조하지 못한다 하더라도 말이다. 물음표는 〈페넬로페〉 에피소드를 스페인어로 정확하게 번역하기 위해 발음 구별 부호만큼 본질적으로 중요하다. 예를 들어, 만약 발음 구별 부호를 제거하면 독자는 "si"가 "sí"('yes')나 "si"('if')가 될 수 있기 때문에 그 독백의 본질적인 긍정의 성격을 알 수 없을 것이다.

살라스 수비랏과 발베르데는 "tú"의 의미와 사용법이 영어 "you"와 유사할 때 일반 사람을 가리키는 "you"가 있는 비격식의 더 흔한 문장을 3인칭 "se"와 "una"로 대체시킴으로써 그 독백의 어역과 대화체 스타일을 바꾼다. 그 주어가 몰리를 가리키는지 일반 여성을 가리키는지는 중요하지 않다.

(26) takes you half an hour to let them down(252)

[S.S.] se necesita media hora para bajárselos(692)

[V.] le lleva a una media hora bajárselas(640)

[C.P.] te lleva media hora bajártelo(60)

(27) arent they fearful trying to hurt you(570)

[S.S.] no son terribles tratando de hacerle mal a una(700)

[V.] no son tremendos tratando de hacerle daño a una(647)

[C.P.] ¿no es como para temerles intentando hacerte daño?(99).

어느 경우든 사람을 가리키는 것이 상실되고 화자와 화자가 말하는 것 사이에 더 큰 거리가 존재한다.

몰리의 사투리를 표준 스페인어로 번역하면 불가피하게 아일랜드 영어의 문법, 통사와 어휘의 풍부함을 상실하는데, 이러한 것들은 아일랜드 영어 사용자만이 충분히 알아보고 누릴 수 있기 때문이다. 그럼에도 불구하고 살라스 수비랏과 발베르데가 아일랜드에서 사용되는 방언을 모른다는 것은 용납할 수 없는 일이고 그것 때문에 많은 오역이 발생했다. 우리는 이미 아일랜드 영어의 몇 가지 특징, 즉 갑작스럽게 나오는 간접 의문문, 이중 부정, 직접 목적어나 서술 보어가 맨 앞에 나오는 것을 살펴보았다. 이제 다른 것들을 살펴보자.

동사와 관련하여 두 가지 특징이 중요하다. 첫째, 아일랜드 영어에서 현재완료와 과거완료는 다른 시제, 특히 단순 과거시제에 의해 주로 대체된다. 따라서 몰리는 아래와 같이 말한다.

(28) he didnt make me pregnant(1123)

[S.S.] no me dejó embarazada(715)

[V.] no me dejó embarazada(660)

[C.P.] embarazada sí que no me ha dejado(155)

"no me dejó embarazada"는 틀렸는데 왜냐하면 표준 스페인어는 완료시제, 즉 "no me ha dejado"를 사용하기 때문이다. 둘째로 그 말은 일반 미래 시제를 가리키는 "I shall – you will"과 의무를 뜻하는 미래를 가리키는 "I will - you shall"을 구분하지 않는다. "Shall" 형태는 "I will"을 선호하는 아일랜드에서 거의 사용되지 않는다. 이 점에서 아래 예문의 그 애매모호한 "I will"은 가장 흥미로운 분석대상이다.

(29) and yes I said yes I will Yes.(1608-09)
[S.S.] y sí yo dije quiero sí.(728)
[V.] y sí dije sí quiero Sí.(671)
[C.P.] y sí dije sí lo haré Sí.(206)

두 번역가는 "will"을 화자의 의지를 표현하는 주동사로서 'wish'의 동의어로 해석하여 "quiero"를 선택한다. 그들은 조이스가 개인적으로 "수정한" 독일어 번역과 프랑스어 번역 대응어인 "ja ich will"(고예르트(Goyert) 1927:811)과 "oui je veus bien"(모렐(Morel) 1929:704)을 따른다. 그러나 몰리의 "will"은 생략 문장 구조에서 실행자 역할을 하는 미래 조동사이다. "till he asked me to say yes"(1580-81)와 "then he asked me would I yes to say yes my mountain flower"(1605-06) 문장을 통해서 우리는 몰리의 "I will"이 "I will say yes"를 나타냄을 알게 된다. 그러므로 나는 그것을 "sí lo haré"로 번역할 것을 제안한다. 게다가 "lo haré"는 동사 "quiero"과 똑같은 의미의 깊이를 나타내지 않으며, 따라서 몰리의 "yeses"는 더 중요해진다. "yes" 단어는 정말로 "cunt"[여자의 성기]를 가리키는 코드이며 이 에피소드에서 "네 가지 중요한 것" 중의 하나이다(조이스, 『서간집』 1957:285). 마지막 "Yes"는 "*la dernière parole d'Ulysse*"(『율리시스』의 마지막 발언)(엘만, 1959:531)이라는 점에서 특히 강력한 말이다.

아일랜드 영어에서 인칭 대명사 주격이 흔히 인칭대명사 목적격 대신 사용되고, "me"는 옛 말투에서 "my" 대신에 이용된다. 아래의 예문을 보자.

(30) he can swim of course me no(960)

[S.S.] él sabe nadar naturalmente yo(710)

[V.] él sabe nadar desde luego conmigo no no hay peligro ninguno(656)

[C.P.] él sabe nadar claro yo no(135)

(31) his slapping me behind(122)

[S.S.] su palmeo atrás(688)

[V.] la palmada detrás(637)

[C.P.] la palmada que me dio en las asentaderas(41).

(30)번 예문은 두 번역가의 실수를 보여준다. 살라스 수비랏의 경우 "yo"가 독립적인 것이라면, 발베르데는 그 단어가 레오폴드를 가리킨다고 생각하기 때문이다. 두 번째 예문에서 두 가지 해석이 가능하다. "me"는 명사가 뒤에 나오는 소유격을 나타내는 사투리이거나 표준 영어 목적격 대명사일 수 있고, 그러면 "behind"는 부사가 된다.

어떤 표현, 예를 들면 "so I would"나 "sure"는 화자가 무슨 말을 하든 청자는 동의할 것이기 때문에 실제로 아무런 의미가 없고 문자 그대로 번역되어서는 안 된다.

(32) Id cut them off him so I would(998-99)

[S.S.] se los cortaría así no no lo haría(711)

[V.] yo se los cortaría sí que lo haría(657)

[C.P.] yo se los cortaría te lo juro(139)

(33) sure theres nothing for a woman in that(495)

[S.S.] seguro que no hay nada para una mujer en eso(698)

[V.] seguro que no hay nada que interese a una mujer en toda esa invención armada(645)

[C.P.] pero si en eso no hay nada para una mujer(85-86).

말실수('except'이나 'but'을 뜻하는 "only" 또는 'in addition to'나 'besides'를 뜻하는 "anyway")가 마치 올바른 표준 영어가 사용된 것처럼 번역되었다.

(34) only a black mans Id like to try(483-84)

[V.] sólo lo de un negro me gustaría probarlo(645)

[C.P.] pero la de un negro me gustaría probarla(85)

(35) and then finish it off myself anyway(99)

[S.S.] y después por mi parte me tengo que arreglar como pueda(687)

[V.] y entonces lo termino yo misma de cualquier manera(636)

[C.P.] y entonces a terminármelo yo sola encima(40).

아일랜드 영어 어휘가 종종 잘못 번역되어 있다. 발베르데는 먼저 번역을 한 살라스 수비랏의 실수 다수를 알아채지 못하고 꽤 비슷한 번역을 내놓는다. 아래 간략한 예문에서 아일랜드에서 흔하게 사용되는 단어를 밑줄 그어 놓았다.

(36) glauming me over(204) — "잡다" (기포드 1988:612), "손으로 잡아 당기다"(Wall 1986:54).

[S.S.] observándome(690)

[V.] comiéndome con los ojos(639)

[C.P.]manoseándome toda(51)

(37) skitting around(879) — "바보처럼 웃다"(조이스, 1910:325).

[S.S.] pajaroneando por ahí(654)

[V.] revoloteando por ahí(654)

[C.P.] con la risita tonta por todos lados(127)

(38) that long joult over the featherbed mountain(427-28)—"여행"(월(Wall) 1986:55).

[S.S.] sobre esa larga sacudida sobre el monte almohada(696)

[V.] ese revolcón por el monte del colchón(644)

[C.P.] ese largo viaje de vuelta por la montaña Featherbed.

마지막으로 나는 몰리의 교육 배경이 나타나는 다양한 방식에 집중하겠다. 조이스는 몰리가 글을 쓸 때 철자를 맞게 쓰는 데 어려움이 있음을 강조한다. 예를 들면, "symphathy I always make that mistake and newphew with 2 double yous in"(730-31)이 있다. 또한 조이스는 그녀가 더 격식 있는 어역을 잘못 구사하고 있음을 강조한다. 기원이 라틴어인 긴 단어를 그녀가 잘 알지 못한다는 사실을 "not acting with precipit precipitancy"에서 잘 알 수 있다(카드 1984:117). 가블러 판본에는 "precipat precip itancy"(734-44)로 되어 있다. 몰리의 실수는 조이스가 의도한 것이기 때문에 스페인어 번역본은 그것을 인식하여야 한다. 저자의 선택을 "고쳐야 한다고" 주장하는 살라스 수비랏과 발베르데의 완강한 고집은 아래의 예문에서 볼 수 있듯이 그저 놀라울 뿐이다.

(39) cither(419)
[S.S.] cítara(696)
[C.P.] sítara(77)

(40) compriments(701, 1162)
[S.S.] comprimentos(703), cumplimiento(716)
[V.] cumplimientos(650, 661)
[C.P.] felizitaciones(108, 162)

(41) precip precipitancy(743-44)
[S.S.] precipit precipitación(705)
[V.] precip precipitación(651)
[C.P.] preci precipitancia

(42) to have tattered them down off him(961-62)
[S.S.] sacárselos a pedazos(710)
[V.] arrancárselos a pedazos(656)
[C.P.] jironeárselos(136)

(43) the bullneck in his horsecollar(115)
[S.S.] el cogote de toro en su cuello de caballo(688)

[V.] el cuello de toro en su collera de caballo(636)

[C.P.] el cuellodetoro en la alzacolleradecaballo(41).

특이한 단어들 cithara, zither, cithern을 합해 놓은 "cither"는 스페인어로 "cítara"가 될 수 없다. 비록 몰리가 "compriments"에서 말실수한다 해도 번역가들은 "cumplimiento"와 "cumplimientos"로 철자를 맞게 쓰는 것을 선호한다(살라스 수비랏은 "comprimentos"를 오직 한 번만 사용한다). (41)번 예문에서 몰리가 실수한 "precipitancy"를 살리려면 "precipitación"이 아니라, "precipitancia"라고 번역해야 한다. 비록 (42)번에서 몰리가 명사 "tatter"를 동사로 사용할지라도 "sacárselos a pedazos"와 "arrancárselos a pedazos"는 그다지 새롭거나 흥미롭지 않다. 나는 "jironeárselos"를 선택하면서 그것을 살리려고 노력했다. 다른 문법 규칙이 깨져 있는데, 예를 들면 몰리가 "bullneck"와 "horsecollar"와 같은 새로운 합성어를 사용할 때 그러하다. 내 생각에 그것들은 그 등장인물의 새로운 스타일을 강조하도록 스페인어로 재생산되어야 한다.

몰리가 우스꽝스러운 말실수를 할 때도 마찬가지다. 조이스는 의식적으로 자신의 등장인물이 맞춤법이 틀리고 부적절하게 잘못 사용하게 하여 그녀의 읽기 및 쓰기 능력 수준을 드러내었다. 사실 저자는 "pneumonia", "carat", "plaice" 대신 "neumonia"(727), "carrot"(870), "place"(939)를 사용하였다(카드 1984:116, 122, 125). 왜냐하면 그 단어들은 철자가 틀린 동음이의어의 흥미로운 예라 하더라도 몰리가 제대로 교육을 받지 못했음을 강조할 것이기 때문이다. 그러나 독백 속 우스꽝스런 말실수는 스페인어로 그렇게 번역되지 않는다.

(44) Aristocrats Masterpiece(1238)

[S.S.] la Obra Maestra de la Aristocracia(718)

[V.] la Obra Maestra de Aristócrates(663)

[C.P.] la Obramaestra de Aristócrata(169)

(45) vatican(761)

[S.S.] viático(705)

[C.P.] vaticano

(46) coronado(1394)

[V.] cornudo(666)

[C.P.] corondado.

첫 번째 경우 "Aristotle(아리스토텔레스)" 이름이 "aristocrat"(귀족)과 혼동되고 있는 사실을 두 번역가는 간과하였다. 몰리가 "viaticum"을 의도했지만 잘못 말한 "vatican"은 살라스 수비랏이 스페인어로 잘못 번역한 또 다른 우스꽝스러운 말실수이다. 마지막으로 (46)번 예문에서 "cornudo"('cuckold')가 아닌 몰리가 한 말 "coronado"('crowned')는 아이러니하게도 의미심장하다. 유명 인물에게 왕관을 씌우는 것은 바람난 아내를 둔 남자의 뿔로 남편에게 "crowning"(왕관을 씌우는) 것과 똑같은 수준이기 때문이다. 불행히도 발베르데가 그것을 "cornudo"로 번역하면서 말장난은 손실된다.

살라스 수비랏과 발베르데는 몰리 독백의 독창성과 임팩트가 의존하는 뚜렷한 스타일상의 특징 대부분을 심각하게 훼손한다. 왜냐하면 그들은 의미의 재생산에 주로 집중하기 때문이다. 두 번역가는 미학적 특징을 무시한 채 원본을 표준화하고 단순화하는 전략을 일관되게 사용한다. 그러나 미학적 정보는 의미적으로 해석될 수 없다. 조이스의 작품을 번역하는 사람들이 부딪히는 가장 어려운 일 중의 하나는 그의 산문의 많은 다양한 형식을 살리는 것이고, 그것은 시적인 담론의 특징이다. 조이스의 산문에 존재하는 "verbivocovisual"(시각적인 것을 시적인 과정에 포함시키는) 요소는 이 다양한 형식에 핵심적인 것이다. 조이스의 글에는 형식과 내용의 완벽한 일치와, 스타일과 의미의 합일이 일어나는 것을 알 수 있다. 새뮤얼 베케트(Samuel Beckett)는『피네간의 경야』에 대해 다음과 같이 말했다. "여기에서 형식은 내용이고, 내용은 형식이다. 이것이 영어로 쓰이지 않았다고 불평할 수 있다. 그것은 쓰인 것이 전혀 아니다. 그것은 읽히기 위한 것이 아니고, 오히려 오직 읽히기 위해서만 쓰인 것이 아니다. 그것은 보이고 들리기 위해 쓰였다. 그의 글은 어떤 것에 "관한" 것이 아니다. '그것은 그것 자체이다'" (1983:27).

『율리시스』 번역은 피터 뉴마크(Peter Newmark)의 용어를 따르자면 "의미중심"(semantic) 번역과 "소통중심"(communicative) 번역 사이의 경계선에 있어야 한다(1981: 45-47).[6] 다른 말로 하면『율리시스』번역은 원본의 의미(sense) 뿐만 아니라 "넌센스(non-sense)도 재생산하면서 다른 텍스트를 가리키는 말과 암시를 스스로 창조해내고, 그리고 왜곡 기법도 창조해야 한다. 번역가는 도착 언어 텍스트의 독자에게 상응하는 효과를 재생산하고 독자에게 적극적인 참여를 유도하면서 똑같이 연상시키는 산문과 비슷한 범위의 가능한 대답들을 제시해야 한다. 『율리시스』가 읽을 수 있는 것처럼 번역될 수 있다는 사실과, 스페인어가 영어와 나란히 자신의 방식으로 재창조되고 다루어질 수 있다는 사실이 여전히 남아 있다.

윤선경 번역

미주

1) 소설 전체는 호아킴 마야프레(Joaquim Mallafré)가 카탈로니아어로 번역하였다. 몰리 블룸의 독백 부분은 스페인어로 안토니오 마리찰라르(Antonio Marichalar), 호세 루이스 보르헤스(Jorge Luis Borges), 다마소 로페스 가르시아(Dámaso López García)와 필자가 번역하였고, 『율리시스』의 다른 에피소드 발췌부분은 스페인어, 갈리시아어, 카탈로니아어로 라몬 오테로 페드라요(Ramón Otero Pedrayo), 헤메니스 카바예로(E. Giménez Caballero), 마누엘 트렌스(Manuel Trens), 조셉 플라(Josep Pla)가 번역하였다.

2) 따로 명시되지 않을 경우를 제외하고 여기서 사용되는 영어 텍스트는 가블러의 판본(조이스, 1984)이다. 스페인어 번역본의 페이지 번호와 원본의 행 번호를 괄호 안에 표기하겠다.

3) 리사 달은 내적 독백을 "등장인물의 의식의 흐름이 주제로서 제시되는 테크닉"이라고 정의한다. "한 개인의 마음속에서 일어나고 있는 독백"이라는 추가적인 함축이 있고, "의식의 언어화"를 강조한다(1970:9).

4) 몰리의 독백은 대문자로 시작하고 마침표로 끝난다. 그것은 8개의 섹션으로 세분화되고 조이스는 그것들을 "문장"(sentences)이라고 일컬었다(조이스, 『서간집』, 1957:285). 각 문장은 새로운 문단처럼 시작한다.

5) 발베르데의 단어는 다음과 같다. "Esta edición sigue exactamente las directrices de la edición crítica(Garland, New York, 1984)"(1976:7).

6) 유진 A. 나이다(Eugene A. Nida)는 그것을 "형식적(formal)"과 "역동적(dynamic) 등가"(1964)라는 용어로 부르는 것을 선호한다.

참고문헌

1. Beckett, Samuel. 1983. "Dante ... Bruno. Vico .. Joyce". In *Disjecta: Miscellaneous Writings and a Dramatic Fragment*. London: John Calder.

2. Borges, Jorge Luis (trans.). 1925. "La última hoja del Ulises". *Proa* 2 (6): 8-9.

3. Card, James van Dyck. 1984. *An Anatomy of "Penelope"*. London and Toronto: Associated Univ. Presses.

4. Caspel, Paul van. 1986. *Bloomers on the Liffey: Eisegetical Readings of Joyce's Ulysses*. Baltimore and London: The Johns Hopkins Univ. Press.

5. Conde Parrilla, Mª Ángeles (trans.). 1994. *Los pasajes obscenos de Molly Bloom en español*. Albacete: Ediciones de la Diputación de Albacete.

6. Conde Parrilla, Mª Ángeles. 1996. "James Joyce's Ulysses: The Obscene Nature of Molly's Soliloquy and the Two Spanish Translations". *James Joyce Quarterly* 33 (2): 211-36.

7. Dahl, Liisa. 1970. *Linguistic Features of the Stream-of-Consciousness Techniques of James Joyce, Virginia Woolf and Eugene O'Neill*. Turku, Finland: Turun Yliopisto.

8. Ellmann, Richard. 1959. *James Joyce*. New York: Oxford Univ. Press; revised edition, 1982.

9. García Tortosa, Francisco. 1986. "Ulysses in Spanish". In C. G. Sandulescu and C. Hart (eds.), *Assessing the 1984 Ulysses*. Gerrards Cross, Bucks.: Colin Smythe, 207-13.

10. Gifford, Don. 1988. *Ulysses Annotated*. Berkeley, Los Angeles and London: Univ. of California Press.

11. Giménez Caballero, E. (trans.). 1927. [Excerpts]. *La Gaceta Literaria* 47.

12. Goyert, Georg (trans.). 1927. *Ulysses*. Basle; revised edition Zurich:

Rhein-Verlag, 1930; rpt. 1956.

13. Joyce, James. 1922. *Ulysses*. Paris: Shakespeare and Company; rpt. London: Penguin, 1968.

14. Joyce, James. 1984. *Ulysses*. H. W. Gabler (ed.). New York: Garland; rpt. London: Penguin, 1986.

15. Joyce, James and Settani, Ettore (trans.). 1940. "Anna Livia Plurabelle". *Prospettive* 4 (2): 13-15.

16. Joyce, James. 1957. *Letters of James Joyce*. S. Gilbert (ed.). London: Faber and Faber.

17. Joyce, James. 1957. *Selected Letters of James Joyce*. R. Ellmann (ed.). London: Faber and Faber; rpt. 1992.

18. Joyce, Patrick Weston. 1910. *English as We Speak It in Ireland*. Rpt. Dublin: Wolfhound Press, 1979.

19. López García, Dámaso (trans.). 1991. "James Joyce: Fragmento del monólogo de Molly Bloom". *Barcarola. Revista de Creación Literaria* 35-36: 97-103.

20. Mallafré, Joaquim (trans.). 1981. *Ulisses*. Barcelona: Edhasa. [Catalan.]

21. Marichalar, Antonio (trans.). 1924. "James Joyce en su laberinto". *Revista de Occidente* 6: 177-202.

22. Morel, Auguste (trans.). 1929. *Ulysse*. Paris: La Maison des Amis des Livres; rpt. Paris: Editions Gallimard, 1948.

23. Newmark, Peter. \9S\. *Approaches to Translation*. Oxford: Pergamon Press.

24. Nida, Eugene A. 1964. *Toward a Scimcc of Translating*. Leiden: E. J. Brill.

25. Otero Pedrayo, Ramón (trans.). 1926. "Anacos da soudisema novela de James Joyce postos en galego do texto inglés por Ramón Otero Pedrayo". Nós 32. [Galician.]

26. Pla, Josep (trans.). 1979. [Sections of episodes 15 and 17]. *Notes del Capvesprol.* [Catalan.]

27. Salas Subirat, José (trans.). 1945. *Ulises*. Buenos Aires: Santiago Rueda; rpt. 1966.

28. Senn, Fritz. 1984. *Joyce's Dislocutions: Essays on Reading as Translation*. J. P.

29. Riquelme (ed.). Baltimore and London: The Johns Hopkins Univ. Press. Steinberg, Erwin R. 1958. *The Stream of Consciousness and Beyond in Ulysses*. Pittsburgh: Univ. of Pittsburgh Press; rpt. 1973.

30. Trens, Manuel (trans.). 1930. [Excerpts], *Hélix* 9. [Catalan.]

31. Valverde, José María (trans.). 1976. *Ulises*. Barcelona: Lumen; revised edition, 1989; rpt. 1991.

32. Wall, Richard. 1986. *An Anglo-Irish Dialect Glossary for Joyce's Work*. Gerrards Cross, Bucks.: Colin Smythe.

John Benjamins Series

10 Rimbaud's Rainbow

제 3 장

번역학 연구

번역학 연구
— 박사학위 연구의 경우

수잔 바스넷 Susan Bassnett
워릭 대학교(University of Warwick)

하나의 주제가 발전하기 위해서는 박사학위 연구가 있어야 한다. 이 명제는 20년 전 〈영화와 미디어 연구〉(Film and Media Studies)와 〈여성학〉(Women's Studies)을 대학에 신설하는 것을 반대하던 동료들을 통해 처음 알게 되었다. 이 분야들은 새로운 주제였고 학제간 연구이며 기존의 연구 역사가 없었고, 그러므로 학계에 설 자리가 없다고 그들은 말했다. 나는 우리 세대의 다른 이들처럼 그 주제들을 포함시켜야 한다고 격렬하게 캠페인을 벌였고, 모든 새로운 주제는 기회가 주어져야 하고, 학제간 연구는 미래를 향한 길이고, 지금까지 개발된 학문 기구가 우리 대의명분의 견고함을 보여주는 증거라고 주장하였다.

요즈음 나는 번역학과 관련하여 내 자신이 20년 전의 나이 지긋한 동료들이 했던 것과 똑같은 주장을 이용하고 있는 사실을 알게 된다. 그러나 차이점이 있다면, 나는 오직 한 가지 학문에 기초한 "진정한" 전공만이 학계에 적절하다는 핑계로 학제간 학문이 들어오는 것을 막으려는 것이 아니라, 그보다는 한 학문이 앞으로 나아가기 위해서는 그것을 도와줄 연구 조직이 필요하다는 생각에 어떤 합당성이 있음을 믿는 것이다. 번역학은 책, 학술지, 학회와 단체가 확산되는 사실에서 증명되듯이, 지난 10-15년간 국제 사회에서 급속도로 발전을 이루었기 때문에 이제 그 분야의 연구 현황에 대해 질문할 때가 되었다.

에드윈 겐츨러(Edwin Genztler, 1993:1)는 "번역 이론"이라는 분야가 1983년 이후에서야 『현대어문학회 국제문헌』(*Modern Language Association International Bibliography*)에 독립적인 목록으로 생겨났음을 주목한다. 그러나 "번역학"을 향한 변화가 비교적 빨리 나타났고, 그 변화는 1970년대 초 번역학 프로그램을 분명하게 표현하기 시작했던 움직임으로 볼 수 있다. 번역 이론이 1983년에 PMLA[미국 현대어문학회 학술지] 목록에 포함된 것은, 십 년 전만 해도 그 주제가 전반적으로 애매모호했던 점을 감안한다면 의미심장한 것이며, 이 연구 분야가 독립적인 학문이 되어가고 있음을 보여준다. 오늘날 전 세계에서 다양한 수준으로 가르치는 수업의 수를 고려한다면 번역학이 명실공히 독립적인 학문 영역으로 자리매김했음을 알 수 있다.

폴리시스템 이론과 그것을 넘어

번역학이 발전하는 데 결정적인 역할을 한 것은 폴리시스템 이론(polysystems theory)의 등장과, 폭넓은 분야의 학자, 비평가 및 번역가들이 다양한 형태로 그 이론을 채택했다는 사실이다. 폴리시스템 이론의 업적은 문화 경계선을 가로지르는 텍스트 옮김, 즉 번역의 과정을 조사함으로써, 또한 어떻게 텍스트와 번역가들이 서로 다른 문학 시스템에 의해 인정되거나 주변화되는지 연구함으로써, 이데올로기 문제를 번역의 연구와 실제 속으로 다시 들여왔다는 점이다.

나의 경우 이타마 이븐-조하(Itamar Even-Zohar), 기디온 뚜리(Gideon Toury), 제임스 홈즈(James Holmes) 및 안톤 포포빅(Anton

Popovic)이 설명한 폴리시스템 이론은 번역 연구를 발전시키기 위해 내가 필요로 하던 기회를 제공하였다. 번역가와 통역사로서 처음에 실제적인 것만 하던 상황을 벗어나, 나는 내 자신이 번역가들이 일상 업무 속에서 사용하는 기준 뿐만 아니라 번역 생산에 영향을 주는 더 넓은 사회적, 역사적 문제를 연구할 수 있는 사실을 알게 되었다. 폴리시스템 접근의 아름다움은 그 당시 형식주의와 마르크시즘 방법이 절묘하게 결합되어 있다는 것이다. 한 편으로 폴리시스템은 러시아 형식주의자와 체코 구조주의자의 큰 덕을 본 꼼꼼한 텍스트 연구를 옹호하였고, 다른 한 편으로 문화 역사, 문화 정책 및 경제학을 다루기 때문이다.

우리 대부분이 전환점으로 보는, 문학 번역을 논의한 1976년 루뱅 학회에서 다양한 그룹의 학자들이 한데 모였고, 그들 모두는 실제 번역에 대한 폭넓은 경험이 있었으며, 번역학에 대해 더 체계적이고 일관된 접근을 원했다. 전반적으로 현상황에 불만의 분위기가 팽배했고, 언어학자들은 번역연구 대부분이 고립되어 있고 사회적 컨텍스트의 프레임이 결여되어 있다고 느꼈으며, 문학 연구자들은 번역이 일반적인 문학 연구에서 형편없는 친척 정도의 대우를 받고 있다고 생각했다. 번역 비평 부분에서 비평은 문학 텍스트 번역물을 서로 비교하여 평가하는 것으로 대부분 이루어졌다. 그곳에 참석했던 학자들은 평가방식의 비평을 강하게 비판하였고, 이론은 실제와 연결되어야 한다고 주장하였다. 중요한 것은 번역의 역사가 다시 평가되어야 한다고 모두 입을 모았다는 점이고, 이유는 문학 역사에 관한 글이 아주 빈번하게 번역을 완전히 무시하거나 "원본" 작품의 지위 아래 이류 같은 것으로 취급했기 때문이다. 앙드레 르페브르(André Lefevere)는 짧은 선언문 만드는 일을 도맡았고, 그 성명은 학술대회 프로시딩에 실려 번역학의 목적을 아래와 같이 정의하였다(르페브르 1978:234).

> 그 학문의 목적은 번역 생산을 위한 가이드라인으로서 이용될 수 있는 종합적인 이론을 만드는 것이다. 그 이론은 아이디어의 차원에서 신실증주의적이지도 해석학적이지도 않은 노선의 주장을 따라 발전됨으로써 이로움을 얻을 것이다. 그 이론은 사례 연구를 배경으로 설명되고, 끊임없이 사례연구에 의해 테스트를 받음으로써 이로움을 얻을 것이다. 그러면 그 이론은 발전할 것이다. [...] 이 이론에서 잠정적으로 정한 가이드라인에 따라 이루어진 번역이 도착어권 문화 발전에 영향을 줄 수 있는 것처럼, 이렇게 상술된 이론은 문학 및 언어학 이론 형성에 도움이 될 것이다.

지나고 나서 보니 이 선언문은 지나치게 이상적으로 보이며, 르페브르의 입장은 그 이후로 수정되었다. 그럼에도 그 진술이 제기하는 몇 가지 중요한 점은 지금도 유효하다. 즉 번역 이론은 신실증주의적이지도 해석학적이지도 않아야 하며, 견고한 역사적 접근의 연구처럼 사례 연구를 배경으로 설명되어야 하고, 이론이 번역 실제에서 나오는 것처럼 번역 실제도 이론이 정하는 가이드라인의 도움을 받을 수 있다는 것은 여전히 중요하다. 세상을 이론 대 실제로 보는 견해의 분열성에 맞서 단결하였던 루뱅 그룹이 함께 모인 그 때 이후로, 주요 목적은 분명 그 분열의 제거하는 것이었다. 그 분열이 아직도 존재한다는 사실은 관련자 모두에게 불행한 일이지만, 그 학문은 계속 발전하고 있으며 그 분열이 지속적으로 좁혀지길 바란다.

폴리시스템 접근은 도착어권 문화를 너무 많이 강조하고, 출발어 텍스트의 상세한 연구를 희생하는 댓가로 그 언어 전환의 과정을 조사하려 하고, 미학이나 가치의 문제보다는 이데올로기 문제에만 지나치게 관심을 둔다는 이유로 비판 받아왔다. 또한 다른 종류의 텍스트를 희생하고 문학 텍스트의 번역에만 집중한다고 비판을 받기도 했다. 이것들은 여기에 기록할 필요가 있는 비판들이지만, 처음 표현된 폴리시스템 그룹의 생각들이 문학 역사의 특정한 순간에 속한다는 사실을 기억하는 것이 중요하다. 1970년대 초반 번역 분야의 연구는 형편없이 아마추어적이고 비체계적이고 사회적, 이데올로기적 맥락을 고려하지 않았다. 바르트의 구조주의에서 해체주의로, 초기 페미니즘에서 젠더 연구로, 아도르노의 마르크시즘에서 신역사주의와 문화유물론으로 문학연구가 흥미진진한 여러 단계를 재빠르게 이동할 때, 학자들은 계속 마치 번역이 바보를 위한 일처럼 얘기했다. 번역에 관한 토론은 정신 분열증적인 담론을 낳았고, 새로운 논쟁의 최첨단을 걷고 있던 문학연구자들은 번역을 구식의 언어로 자주 얘기하곤 했다. 정전에 의문을 제기하고 새로운 방식의 읽기가 작가의 권위를 해체하고 단 하나의 "올바른" 읽기의 개념에 도전하면서, 평가의 문제가 문학연구에서 전반적으로 사라졌지만, 번역에 관한 한 여전히 적용되었다. 역사를 주장하고 동시에 어휘 선정에서 번역가의 선택을 지배하는 문화 과정이 연구 대상이 되어야 할 것을 요구했던 폴리시스템 접근은 주변 맥락(context)에서 고려되어야 한다. 폴리시스템 이론은 전체 문학 연구 안에서 번역학에 더 큰 지위를 부여하였고, 번역을 주변부에서 문학 시스템 안의 다른 모든 텍스트들과 나란히 제대로 고려될 수 있는 위치로 옮기는 일을 시작했다.

삼십 년 간 번역학의 발자취

1960년대 번역의 초기 연구로, 즉 유진 나이다(Eugine Nida)와 J. C. 캣포드(Catford)와 같은 의욕적인 학자에게로 거슬러 올라가면, 삼십 년 간 발전의 발자취를 추적하는 것이 가능해진다. 에드윈 겐츨러는 현대 번역 이론을 잘 설명한 자신의 책에서 후기 학자들이 성경 번역 분야의 나이다의 연구 및 그의 "번역학문" 개발에 빚이 있음을 주목한다. 겐츨러는 나이다의 연구는 독일에 특히 영향을 많이 끼쳤고, 볼프

람 빌스(Wolfram Wilss), 카타리나 라이스(Katharina Reiss), 라이프치히 (Leipzig) 학파, 최근에는 메리 스넬-혼비(Mary Snell-Hornby)와 한스 베르메르(Hans Vermeer)와 같은 이론가들에게 영향을 주었다고 겐츨러는 말한다(Wilss 1982와 Reiss와 Vermeer 1984 참조할 것). 영어권과 독일어권 나라에서 나이다의 연구가 서로 다르게 이용된 방식을 비교하고 유사점과 차이점을 조사해보면 꽤 흥미로울 것이다. 비교 번역 이론은 여전히 걸음마 단계에 있지만, 이 분야에서 이루어내야 할 유용한 연구가 아직 많이 남아 있다.

1960년대 이후 번역학의 변화와 발전을 이해하는 한 가지 간단한 방법은 키워드를 특정한 기간에 적용하는 것이다. 이러한 원칙을 따르면 1965년에서 1975년까지 십 년간의 키워드는 '등가'(equivalence)임을 알 수 있다. 번역학자들이 언어 시스템의 유연성과 개별성을 인지하는 등가의 개념을 받아들이려고 애 쓰면서, 이 성가신 용어는 그들의 많은 시간을 차지하였다. 가장 극단적인 입장은 사피르-워프(Sapir-Whorf) 가설 지지자들이 제안한 것이며, 나 역시도 그들 중 한 명인데, 그들은 언어는 다른 세계관을 반영한다고 주장하였다. 야콥슨의 뒤를 이어 캣포드(1965)는 번역에서 발생하는 것은 TL 의미의 대입이지 전이가 아니라고 주장했다. 나이다(1964)는 자신의 두 가지 등가 이론, 즉 '형식적' (formal) 그리고 '역동적'(dynamic) 등가를 주창하였으며, 그 등가 이론은 1980년대 라이스와 베르메르에 의해 스코포스(Skopos) 이론으로 발전되었다. 등가를 정의하려는 이 모든 다양한 시도들은 언어 사이의 동일성(sameness)이라는 고정된, 불변의 등가 개념을 옹호하지 않았다. 텍스트 '기능'이 텍스트 자체만큼이나 중요한 지점에서 일단 등가가 변화하는 개념으로 보이기 시작하자, "충실한"과 "불충실한" 번역이라는 그 오래된 담론은 더 이상 중요한 것이 아니었다. 물론 여기에서 문학번역이 기술번역보다 뒤처졌는데, 이유는 기술 번역가들은 기능성에 입각한 접근 또는 스코포스 중심의 접근을 이전부터 오랫동안 해왔기 때문이다. 예를 들어 취급 설명서를 번역할 때, 텍스트 원본에 대한 충실성은 그 텍스트가 도착어권에서 표현되는 관습, 코드 및 취급 설명서의 목적에 대한 충실성에 종속된다. 문학 텍스트에 특별한 지위가 부여되면 문제가 발생하고, 이 지점에서 이데올로기적으로나 실제적으로 서로 다른 입장에서 나온 나이다와 제임스 홈즈와 같은 학자들의 연구가 함께 만나기 시작했다.

1970년대 키워드는 "역사"이다. 폴리시스템에서 영감을 받은 사상이 점차적으로 확산되자, 번역 이론의 기원과 초기 번역가들의 실제 번역에 관심이 급증하였다. 정보가 풍부한 논평뿐만 아니라 일차 자료를 독자들에게 제공하는 유용한 책들이 나왔고, 이러한 경향은 지속되었다(르페브르(1977), 스타이너(1975) 및 셜티(Schulte)와 바구에넷(Biguenet)이 편집한 1992년 판을 참조할 것). 번역 역사에 대한 박사 학위 연구가 발전하기 시작한 때가 바로 이 시기였고, 나는 이 분야가 추가적인 발전에 가장 중요한 부분 중의 하나라고 지금도 주장할 수 있다. 번역 이론과 실제의 계보학을 더 잘 이해하면 번역학이 발전하는데 도움이 될 수 있고, 또한 어떻게 이전에 수 세기 동안 매우 중요한 문학 활동으로 여겼던 번역이 17세기 이후에 지위가 하락하게 되었는지에 대한 더 분명한 그림을 그리는 데 도움이 될 수 있다.

앞으로 더 연구할 수 있는 풍요로운 분야는 번역가들이 서문뿐만 아니라 편지와 일기에서 말한 것들이다. 예를 들면 에즈라 파운드(Ezra Pound)의 편지를 읽으면서 우리는 그가 어떻게 일했는지 이해할 수 있으며, 친구에게 보낸 글에서 파운드의 번역 방식을 엿볼 수 있다. 이런 종류의 텍스트는 최근까지 상대적으로 관심을 별로 받지 못했고 중요하지 않은 것으로 간주되었지만, 특정 시기에 특정 문화가 사용하는 기준을 알기 위해, 번역가들이 사용한 전략을 보여준다는 점에서 번역 과정의 이해를 돕는 모든 텍스트가 중요하다. 놀랍게도 우리는 많은 번역가들이 일하는 방식에 대해 아는 것이 별로 없으며, 일기와 편지를 조사하면 종종 매우 값진 것을 얻을 수 있다.

1980년대 중반에 또 다른 키워드가 출현했다. 바로 "문화"이다. 바스넷과 르페브르(1991/1995)는 번역이 사회적, 이데올로기적 상황이 지배하는 논의의 이슈로서 "문화적 전환"(cultural turn)을 겪었다고 주장하였다. 번역학이 민족적이고 인류학적인 방식을 점점 더 포함시킴에 따라, 문화 연구에 더 가까워지기 시작했다. 게다가 포스트식민주의 연구가 발전하면서 1980년대에 번역 실제, 유럽중심주의, 식민 모델 사이의 상관관계를 조사하는 폭넓은 범위의 연구가 있었다. 테자스위니 니란자나(Tejaswini Niranjana)의 훌륭한 저서인 『번역의 위치: 역사, 포스트구조주의, 식민지 컨텍스트』(*Siting Translation: History, Post-Structuralism and the Colonial Context*, 1992:5)는 포스트식민주의 번역학 담론의 강력한 주장을 요약한다. 그녀는 다음과 같이 주장한다.

> 일관되고 투명한 텍스트와 주제를 창조하면서 번역은 폭넓은 담론을 가로질러 식민지 문화를 고정시키는 데 참여하며, 그 문화가 역사적으로 구성된 것이 아니라 정적이고 변하지 않는 것으로 보이게 만든다. . . 그러므로 번역은 철학, 역사 기록학, 교육, 선교사의 글, 여행기와 같은 다양한 종류의 담론에서 식민 지배를 갱신하고 영속화하기 위해 효율적으로 활용된다.

크리스 티핀(Chris Tiffin)과 알란 로슨(Alan Lawson, 1994:6)이 최근에 주장하길, 포스트식민주의 비평가는 서구 사상에 본질적인 이분법을 "물리치거나 회피하거나 에둘러 가려"는 탐색에 참여한다는 것이다. 브라질 번역학자들은 번역의 측면에서 이 문제를 정확하게 다루기 위해 애를 썼고, 번역과 원본을 대립시키는 이분법에 도전장을 던졌다. 17세기에 발전된 것으로 알려진 원본 지상주의 때문에 번역의 지위는 하락하였다. 포스트식민주의 측면에서 이것은 식민 "복사본"에 대한 유럽 국가들의 권력과 비유될 수 있으며, 그러므로 유럽 헤게모니의 거부는 또한 "원본" 헤게모니의 거부를 의미할 수 있다. 현재 많은 연구가 진행 중이며 이러한 이슈들을 추가적으로 살펴보고 있다. 인도, 라틴 아메리카, 브라질, 아프리카 및 캐나다에서 번역 실제에 대한 식민주의의 영향을 연구하고 대안을 제시하는 연구자들이 있다(바스넷과 트리베디(Trivedi)가 공편저한 책(1998)을 참조할 것).

비슷한 과정을 젠더 연구에서 찾아 볼 수 있으며, 1980년대의 '문화적 전환'의 또 다른 양상은 번역과 젠더라는 질문에 대한 관심의 증가였다. 여기에 또한 중요한 발전이 있었고 그것은 이분법의 거부이다. 프랑스 페미니즘 이론의 뒤를 이어 남성성-여성성의 개념이 도전을 받았다. 로리 챔버레인(Lori Chamberlain)의 뛰어난 논문(1988/1992)은 아름다우나 원본에 충실하지 못한 번역(belles infidèles) 개념에 내재하는 성차별주의를 보여준다. 이것은 우수한 배우자 남편이 원본과 동일시되고 열등한 아내는 번역과 동등하다는 원칙에 바탕을 둔다.

1990년대의 키워드는 문화적 전환에서 한 발 더 나아간 것으로 확실히 "가시성"이다. 로렌스 베누티(Lawrence Venuti)는 어떻게 번역가가 더 눈에 띄게 되는지, 원저자보다 훨씬 더 적은 보수를 받고 종종 업적을 인정받지 못하는 이류 작가로 이제 더 이상 여겨지지 않는지를 보여 준다. 그는 1980년대 이후로 번역 계약은 "번역 작품 생산에 번역가의 역할을 점점 더 인정하고 있음을 보여준다"고 주장한다(1994:10, 사이먼(Simon)의 저서(1996)를 참조할 것). 번역가의 가시성은 경제적 변화, 증가일로에 있는 세계화 그래서 언어 및 문화적 국경을 가로지르는 정보에 대한 더 큰 요구와 연결될 뿐 아니라, 번역 자체의 지위에 대한 변화와도 관련된다. 번역이 "어떻게" 발생하고, "왜" 발생하고, "언제", 그리고 "누구를 위해" 또는 "무슨 목적으로" 발생하는지 더 직접적으로 관심을 갖기 시작하면 그리고 이 모든 질문들을 다양한 관점에서 살펴보기 시작하면, 그 때 번역가는 반드시 더욱 더 그 존재가 드러난다.

번역, 읽기 및 평가

1994년 12월 문학 번역에 관한 워릭 대학교 ITI 컨퍼런스 기조연설에서 수잰 질 르바인(Suzzane Jill Levine)은 번역 '과정'을 연구하는 것이 종종 최종 생산물을 연구하는 것보다 더 흥미롭다고 지적하였다. 물론 이것이야말로 번역학이 하는 일인데, 왜냐하면 번역학의 연구 대상은 출발어 텍스트와 도착어 텍스트의 언어 측면에서 보면 미시적 수준의 과정이며, 그 두 텍스트가 끼워져 있는 사회적 컨텍스트 측면에서 보면 거시적 수준의 과정이기 때문이다. 이것이 번역학과 언어 학습 프로그램에서 가르치는 번역 사이의 핵심적인 차이이고, 이유는 번역물과 원본의 비교를 통해서만이 언어 능력을 평가할 수 있어서 후자의 경우 번역 결과물에 주로 방점을 두기 때문이다.

또한 수잰 질 르바인은 번역은 읽기 방법에 중요한 교훈을 준다고 지적하였다. 그녀는 "번역은 텍스트로 가는 중요한 길이다"라고 주장하였는데, 이 주장은 학계에서 창작의 중요성을 위해 펼친 주장과 매우 유사하다. 재능(그것이 무엇을 뜻하든)은 가르칠 수 있는 것이 아니지만 기술(skills)은 가르칠 수 있으며, 성공적인 창작 수업에서는 학생에게 감성적이고 예민하게 읽는 독자가 되도록 가르친다.

번역 작품을 평가하는 고충에 대한 토론에서 그 고충이 창작을 평가하는 문제에 대한 토론과 유사성이 있음을 알게 되었다. 반응이 완전히 주관적이기 때문에 특정 종류의 창작을 평가하는 것은 불가능하다고 때로 사람들은 주장한다. 나는 항상 이런 견해에 반대했다. 우리가 스스로를 비평가라고 생각하면 유명한 시인의 시를 평가하는 것과 같은 방식으로 학생이 제출한 시를 평가할 수 있을 것이다. 특히 그 시가 본인의 시이고 그 시에 대해 학생 자신이 설명한다면 더욱 그러하다. 번역도 마찬가지이다. 워릭 대학교에서는 석사 및 박사과정 학생들에게 논문의 일부로 자신의 독창적인 번역 작품을 상세한 논평 및 메모와 함께 제출하라고 권유하는데, 실제적 차원을 포함하는 그러한 프로젝트를 적극적으로 장려한다.

번역 연구의 평가는 번역가 양성용 연습의 평가와 필수적으로 다르다. 평가대상은 응시자의 더 넓은 분야에 대한 지식, 그리고 하나의 텍스트를 번역하고 그 과정에서 상세한 정보를 제공하는 기술이다. 간단히 말하면 평가대상은 번역 전략과 응시자의 자기인식 및 작업 과정을 성찰할 수 있는 능력이다. 학술적 활동으로서 이것은 존경할 만하고 힘든 것이며, 나는 실제적인 요소를 포함하는 번역학 연구가 인문학의 다른 어떤 종류의 연구보다 철저함이 부족하다는 그 어떤 주장에도 반대한다.

워릭 대학교 박사연구 접근방식

나는 번역학이 매우 폭넓은 분야이고, 실로 번역학은 문화사이의 이동 과정을 연구한다는 사실을 고려해 볼 때 "문화간 연구"로도 불릴 수 있다고 주장해왔다. 워릭 대학교의 연구 접근방식은 의식적으로 범위가 넓고, 이것은 최근에 학위 받은 박사논문의 제목에서도 알 수 있는데, 다음과 같은 제목을 포함한다.

- 『시적인 메타포의 번역: 번역 과정의 연구』(*Translating Poetic Metaphor: Exploration of the Processes of Translation*)
- 『*Amlethus-Ambleto-Hamlet-Amleto*: 18세기 이탈리아의 햄릿 이야기』(*Amlethus-Ambleto-Hamlet-Amleto: The Hamlet Story in C18th Italy*)
- 『프랑스어에서 영어로 번역된 아프리카 문학 번역 모델을 향하여』(*Towards a Model of the Translation of African Literature from French into English*)

- 『말레이시아 시 번역의 문제』(*Problems of Translating Malaysian Poetry*)
- 『1798년과 1882년 사이의 영어 및 프랑스어 여행기에 나타난 동양의 재현』(*Representations of the East in English and French Travel Writing 1798-1882*)
- 『읽기의 하위 버전』(*Sub-version of Reading*)
- 『성경을 영어화하는 과정 연구』(*A Study of the Processes of Englishing the Bible*)

현재 진행 중인 박사논문은 파운드의 중국시와 번역 연구, 말레이시아의 셰익스피어 번역에 관한 문화 정책 연구, 18세기 여류 번역가들의 작품 조사, 아프리카의 포르투갈어 사용 번역 연구를 포함한다. 여행기와 번역을 포함하는 몇몇 논문과 사례 연구, 다양한 시기의 특정한 텍스트와 작가의 번역도 포함된다.

번역학 연구 - 몇 가지 범주

현재 꾸준히 인쇄되고 있는 논문의 질을 보건대, 1970년대 일부 비평가들이 느꼈던 불안에도 불구하고 번역학이 학문으로서 번창하고 있음을 단언할 수 있다. 몇 가지 주제로 박사 논문을 범주화하는 것이 가능하고, 나는 여기에 일반적인 범주 몇 가지를 제시하고자 하며, 분명 다른 학자들이 더 자세히 설명할 것이다.

1. 아마도 가장 폭넓게 이루어진 연구 형태는 상세한 사례연구이며, 그것은 번역과, 그 뒤에 상세한 메모 및 설명이 뒤따른다. 그러한 연구에서 균형의 무게는 일반적으로 번역작품과 설명 사이에 균등하게 놓일 것이다. 이러한 종류의 연구는 개인이나 그룹이 수행할

수 있고, 괴팅겐(Göttingen) 그룹이 그 성공적인 사례라고 할 수 있다. 그룹 프로젝트는 개별적인 사례연구에서 체계적인 상호문화성 연구로 이동할 수 있다.

2. 사례연구의 한 가지 방식은 기존 번역본들 사이의 상세한 비교이며 새로운 번역 작품 생산이 아니다. 이러한 종류의 연구에는 또한 설명과 논의가 포함될 것이다. 종종 이러한 연구는 서로 다른 시기에 생산된 번역본의 연구를 의미한다. 그래서 설명에 중심이 갈 가능성이 높고, 번역은 설명하는 자료로서 사용된다.

3. 급속하게 발전하는 분야가 역사적 연구이며, 번역과 번역가들의 역사를 조사한다는 점에서 획기적인 분야라고 할 수 있다. 그러한 연구는 한 명의 작가나 텍스트 하나에 집중하는 것처럼 중심을 좁게 잡거나, 번역 전략 조사나 한 그룹이나 한 시기의 정책 조사를 포함하여 넓게 접근할 수도 있다.

4. 번역가의 담론과, 번역 규범 이론의 증가에 대한 연구가 있다. 또한 철학과 번역, 의미, 해석 및 상관성 문제에 대한 연구가 점점 더 증가하고 있다. 게다가 이론 연구의 비중도 증가하고 있는데, 이론 연구는 때로 사례연구가 함께 나오기도 하지만, 일반적으로는 이론적 논의를 설명하기 위해 선정된 텍스트를 이용한다.

5. 상대적으로 덜 연구된 분야는 서론이나 에세이 등에 나타난 번역가들의 은유적인 표현 연구이다. 그 분야에서 선구적인 논문은 르네상스 번역가들의 은유적 언어에 대한 씨오 허만스(Theo Hermans, 1985)의 글이며, 몇몇 비슷한 프로젝트에 영감을 주었다.
6. 장르에 바탕을 둔 유형학적 연구가 있다. 예를 들면 아동 문학, 여

행기, 종교 텍스트, 광고, 여성의 글쓰기, 폭넓은 범위의 텍스트 유형 분야에서 이루어지고 있는 흥미로운 연구가 있다. 이 분야에서 번역 질문은 장르나 유형에만 존재하는 담론에서 찾을 수 있다.

7. 번역을 다른 분야로 연결하는 연구가 발전 중이다. 예를 들면 포스트식민주의 연구, 젠더 연구, 페미니즘 이론, 독자반응 이론과 연결할 수 있다.

8. 번역 과정과 관련하여 커뮤니케이션 모델을 조사하는 커뮤니케이션 연구가 있다. 두 언어 구사나 다수 언어 구사, 번역, 자기 작품을 직접 번역하는 사람들 사이의 관계도 후속 연구에 풍요로운 토양을 제공한다.

9. 심화 분석을 위한 자료 코퍼스 구축을 포함하는 컴퓨터 보조 연구가 있다.

10. 번역 및 문화 정책 연구가 있다. 또 다른 새로운 분야의 연구이지만, 텍스트 번역에 대한 특정한 정책이 여러 문화에 존재하는 사실을 고려해보면 잠재력이 크다고 할 수 있다. 한 가지 예를 들자면 케말 아타튀르크(Kemal Ataturk) 정권하의 터키의 경우인데, 거대한 번역 프로그램을 포함하는 서구화 정책을 추구하였다.

11. 번역과 시장도 유용한 연구대상이 될 수 있다. 왜냐하면 경제적 요소와 번역 사이의 관계는 종종 무시되어 왔지만 중요한 주제이기 때문이다. 르페브르(1992)는 번역의 생산과 유포에서 후원자, 편집자 및 출판업자의 역할에 관심을 가졌다.

12. 문화가 스스로를 갱신하는 방식 중의 하나인 다시쓰기(rewriting)

로서의 번역이 있다. 다른 극단에는 검열 형태의 번역이 있으며 그로 인해 부적절하거나 바람직하지 않은 것으로 간주되는 텍스트는 실제 번역과정을 통해 검열된다(바스넷과 르페브르(1998) 참조할 것).

박사 학위 연구의 문제점

특히 문학번역과 관련된 이 12개의 범주는 현재 진행중인 연구의 범위를 보여준다. 그러나 번역 연구 특히 석·박사급 연구에서 발생하는 문제들 중 몇 가지를 강조하는 것이 중요하다. 세계의 많은 기관에서 가르치며 심사위원으로 일하는 나의 경험에서 나온 것들 중 중요한 문제는 다음과 같다.

1. 저자나 출판사의 협조에 의존하는 논문. 너무 빈번하게 석·박사 과정 학생들이 번역과정에 대한 정보를 얻기 위해 저자나 출판사에 의뢰를 시도하지만, 돌아온 것은 응답이 아예 없거나 부적절한 대답을 받는 경우이다. 포기해야 했던 논문이 있었는데, 그 논문은 다른 곳에서 입수되어야 하는 자료에 의존했기 때문이다. 이것은 논문 작성 초반에 해결했어야 할 문제이다.

2. 저자, 번역가, 독자 및 출판사에 설문 조사를 많이 해야 하는 논문. 번역 학자 다수는 전문적인 작업인 설문지 제작 교육을 받지 못했고, 그래서 이 수단을 통해 얻은 결과물은 부적절한 경우가 많다. 설문지가 필요하다고 생각되는 분야에서는 설문지 제작에 대한 정식 교육이 있어야 한다.
3. 학생들은 박사학위 논문제목을 "...의 이론을 향하여"(Towards a

Theory of ...)라고 일반적으로 이름 붙인다. 이것은 종종 그 논문이 이론에 대한 열망때문에 이론적인 것이 아니라 함께 기술 번역학적이라는 사실을 지운다. 박사 과정 학생들은 부정적인 결과와 함께, 자신이 담론 사이에 끼어 있음을 알게 될 것이다.

4. 번역학 박사 논문의 가장 흔한 문제는 지식이 부족하다는 점이다. 예를 들어 박사 논문이 소설 텍스트 번역을 살피고자 한다면, 서사학, 문체론 및 독자반응 이론에 대한 지식이 중요할 것이다. 번역학 연구자들은 시야가 좁으면 안 된다. 학위논문 심사위원들은 체계적인 생각의 증거를 요구하기 때문이다.

연구 지원

이제 번역학은 어른이 되었지만, 문학 비평과 똑같은 지위를 인정받기 위해서는 아직 갈 길이 멀다. 물론 과거 십 년 동안 학술지와 학술대회의 확산으로 상황은 아주 많이 나아졌다. *TRANSST* 저널은 향후 학술 일정에 대한 중요한 정보를 제공하지만, 최고의 연구를 생산하는 석·박사 과정 학생들 다수가 번역학과에서 연구를 하지 않고, 현대 언어학, 영어영문, 역사, 세계 문학 등의 학과에서 연구하며, 종종 고립감을 느낀다. 쉽게 업데이트될 수 있는 번역 연구 리스트에 접근할 수 있으면 큰 도움이 될 것이고, 현재 이스트 앵글리아 대학(University of East Anglia)의 〈영국 문학번역 센터〉(British Centre for Literary Translation)에서는 그러한 계획을 실행하고자 한다.

또한 번역으로 생계를 잇는 번역가들이 더 자주 번역학자들(보통은 번역가이기도 한)을 만날 수 있는 상황이 만들어져야 한다. 어느 정도는 이러한 현상이 일어나기 시작했고, 미국의 매릴린 가디스 로즈(Marilyn

Gaddis Rose)와 같은 학자는 학계와 번역가들 사이에 다리를 놓는데 많은 일을 하였다. 번역 연구 네트워크도 출판사들이 의뢰하는 번역 프로젝트의 정기 업데이트 리스트와 연결될 수 있는데, 이것은 정보를 제공하고 출판 이전의 홍보를 통한 판매 지원을 하는 두 가지 기능을 가질 수 있다.

20세기 말에 선 지금, 나는 번역학에 대한 희망을 품고 있다. 우리는 멀리 왔고, 번역가를 이류 작가로 여기던 암울한 시절은 이제 과거가 되었다. 번역은 오늘날 매우 중요하며, 이는 옥타비오 파스(Octavio Paz, 1992:152-62)가 주장하듯이 번역은 문화 사이의 차이를 극복하고 동시에 그 차이를 더 완전하게 드러내기 때문이다. 그리고 우리는 그 차이를 다루기 위해서 알아야 한다. 파스는 한 발 더 나아가 세상을 점점 더 쌓이는 텍스트 더미, 즉 "번역의 번역의 번역"이라고 표현한다. 텍스트 중 그 어느 것도 유일무이하고 독특한 것이 아니다. 왜냐하면 결국 모든 것은 어떤 면에서 보면 다른 어떤 것의 번역이기 때문이다. 여기 힘든 시기를 헤쳐 나가는데 도움이 되는 생각이 있다. 그것은 번역은 불가피하고, 모든 번역은 원본이며 모든 원본은 번역이라는 점이다. 원본과 번역 사이의 그 오래된 위계질서는 무너지고, 번역은 발터 벤야민(Walter Benjamin)이 그렇게 아름답게 우리에게 전하듯이 망각 속으로 썩어 사라졌을 텍스트에 생명을 불어넣는다.

윤선경 번역

참고문헌

1. Bassnett, Susan and Lefevere, André. 1998. *Constructing Cultures*. Clevedon and Philadelphia: Multilingual Matters.

2. Bassnett, Susan and Lefevere, Andre (eds). 1995. *Translation, History and Culture* London: Cassell (first published by Pinter in 1991).

3. Bassnett, Susan and Trivedi, Harish (eds). 1998. *Postcolonial Translation*. London and New York: Routledge.

4. Catford, J. C. 1965. *A Linguistic Theory of Translation: An essay in applied linguistics*. London: Oxford University Press.

5. Chamberlain, Lori. 1998. "Gender and the metaphorics of translation". *Signs* 13: 454- 472. Reprinted in L. Venuti (ed). 1992. *Rethinking Translation: Discourse, subjectivity, ideology*. London and New York: Routledge.

6. Gentzler, Edwin. 1993. *Contemporary Translation Theories*. London: Routledge.

7. Hermans, Theo. 1985. "Images of translation: Metaphor and imagery in the Renaissance discourse on translation". In T. Hermans (ed.), *The Manipulation of Literature*. London: Croom Helm, 103-136.

8. Lefevere, André. 1977. *Translating Literature: The German tradition from Luther to Rosenzweig*. Assert and Amsterdam: Van Gorcum.

9. Lefevere, Andre. 1978. "Translation: The focus of the growth of literary knowledge. In J. Holmes and R. van den Broek (eds), *Literature and Translation: New perspectives in literary studies*. Leuven: ACCO.

10. Lefevere, André. 1992. *Translation, Rewriting and the Manipulation of Literary Fame*. London and New York: Routledge.

11. Nida, Eugene. 1964. *Toward a Science of Translating: With special reference to principles and procedures involved in Bible translating*,

Leiden: Brill.

12. Niranjana, Tejaswini. 1992. *Siting Translation: History, post-structuralism and the colonial context*. Berkeley, Los Angeles and Oxford: University of California Press.

13. Paz, Octavio. 1992. "Translation: Literature and letters" translated by Irene del Corral. In R. Schulte and JL Biguenet, (eds) *Theories of Translation: An anthology of essays from Dryden to Derrida*. Chicago: University of Chicago Press, 152-62.

14. Reiss, Katharina and Vermeer, Hans J. 1984. *Grundlagen einer allgemciuen Translationstheorie*. Tubingen: Max Niemayer Verlag.

15. Schulte, Rainer and Biguenet, John (eds) 1992, *Theories of Translation: An anthology of essays from Dryden to Derrida*. Chicago: University of Chicago Press.

16. Simon, Sherry. 1996. *Gender and Translation*, London and New York: Routledge.

17. Snell-Homby, Mary. 1988. *Translation Studies: An integrated approach*. Amsterdam and Philadelphia: John Benjamins.

18. Steiner, T, R. 1975. *English Translation Theory, 1650-1800*. Assen and Amsterdam: Van Gorcum.

19. Tiffin, Chris and Lawson, Alan (eds). 1994. *Describing Empire: Postcohnialism and textuality*. London and New York: Routledge.

20. Venuti, Lawrence. 1994. *The Translator's Invisibility: A History of Translation*. London and New York: Routledge.

21. Wilss, Wolfram. 1982. *The Science of Translation: Problems and methods* translated by Wolfram Wilss. Tubingen: Gunther Narr.

John Benjamins Series

10 Rimbaud's Rainbow

언어학 분석대상으로서의 문학번역

— 안데르센의 덴마크어 텍스트 『미운 오리 새끼』의 영어번역을 중심으로

언어학 연구에서 번역의 활용

키스턴 맴키아르 Kirsten Malmkjær
캠브리지대학교 영어와 응용언어학 연구소 (영국 캠브리지)

다양한 종류의 번역이 언어학 연구에 유용한 자료가 될 수 있다는 발상은 에드워드 사피르(Edward Sapir, 1921) 연구에서 강력하게 제기되었는데, 1970년대 찰스 필모르(Charles Fillmore 1975:1)가 다시 강조했듯이, 사피르는 오늘날 너무 유명해져 버린 문장인 'The farmer killed the duckling'과 이 문장을 여러 언어로 번역한 외국어 번역문을 비교하면서 지구상의 무수히 많은 언어들에서 의미와 의미의 연결이 얼마나 다양한 방법으로 어휘화되고 문법화 되는지를 보여주었다.

이와는 조금 다르지만, 마찬가지로 의미 있는 목적을 가지고 1960년대 캣포드(J. C. Catford) 역시 출발어 텍스트와 이에 해당하는 번역 텍스트의 비교를 통해 분석함으로써 번역과정에 작동하는 규칙을 유추해낼 수 있는 병렬텍스트 연구의 중요성을 강조했다. 이 두 가지의 연구방향성은, 본 논문에서 살펴보겠듯이 모두 유용한 학문적 관심의 틀 안에 놓여 있다.

이 같은 방법론에 대한 가장 일반적인 비판은, 이 방법론이 지나친 낙관주의에 근거하고 있다거나, 좀 더 날카롭게 지적하자면, 분석에 사용된 번역텍스트가 모두 상당히 높은 번역 수준을 갖추고 있다는 순진한 전제로 접근한다는 점이다. 그러나 오늘날 점점 더 발달하는 컴퓨터 기술과 점점 더 정교해지는 번역 관련 소프트웨어가 어마어마한 양의 텍스트 코퍼스를 읽어낼 수 있게 되면서, 많은 학자들이 이 같은 방법론이 더 이상 이상적인 것이 아니라, 충분히 현실성을 가질 수 있다고 믿게 되었다. 컴퓨터로 검증할 수 있는 엄청나게 많은 양의 용어들과 용어들의 번역을 데이터베이스로 구축하게 되어 자료의 신뢰성을 확보할 수 있게 되면서, 마치 어마어마하게 큰 통에 가득 차 있는 사과들 중에 썩은 사과 한 두 개가 있다고 해서 큰 문제가 되지 않듯이, 작은 오류나 문제점들을 충분히 상쇄할 수 있게 되었다. 이는 마치 심리언어학이나 계량심리학 분야에서 많은 사람들을 대상으로 하는 자료분석에서 몇몇 개인의 평범하지 않고 특이한 행동이 실험의 측면에서는 큰 의미를 가지지 않는 것과 유사하다고 볼 수 있다. 또한, 번역과 관련한 통계적 확률의 측면에서 규칙성이나 원칙성도 만들어낼 수 있다. 오역의 확률이라는 것도 전체 번역에서 어느 정도 비중인지를 생각해보고 판단하면 된다. 그리고 혹시라도, 대부분의 번역가들이 매우 빈번하게 번역 오류를 범한다고 주장하는 사람이 있다면, 이 같은 주장이 어떤 근거와 신뢰성을 가지고 있는지 확인해 볼 필요도 있다. 그런 것들보다 진짜 문제는, 만약에라도 그런 문제가 존재한다면, 아마 문제의 원인은, 본 논문에서 논의하겠지만, 결국 다른 곳에서 찾아볼 수 있을 것이다.

기계 보조의 병렬텍스트 분석은 기계번역의 프로그램을 만들어내는데 매우 유용한 것으로 평가받고 있으며(처치와 게일(Church and Gale),

1991: 41-2), 베이커(Baker), 1993), '정보와 생각, 개념들을 하나의 언어에서 다른 언어로 전달하는 과정에 작용하는 다양한 언어적 현상들을' 부각시키는 데에도 매우 효과적이다(마리나이와 피터스, 피치(Marinai Peters and Picchi), 1991: 63-64).

분명한 점은, 위의 마리나이와 피터스, 피치가 주장한 '전달'의 비유가 가리키는 언어의 전달 역할에 대한 관점은 설득력이 약하고(레디(Reddy), 1979/1993, 스페르베르와 윌슨(Sperber and Wilson), 1986), 학자들이 제기한 '전달 가능한 것'으로 간주되는 각각의 현상은 방대한 분량의 학술문헌 분석이 뒤따라야만 하는 고통스러운 작업이 될 수밖에 없는데, 본 논문에서 이 많은 내용들을 모두 다루기는 불가능하고 그럴 마음도 없다. 하지만 이 같은 현상이 다른 언어들에서는 어떤 식으로 나타나는 지에 관한 문제를 다루고 있는 자료들을 수집하는 방법이라든지, 이처럼 다양한 방식으로 이루어지는 가운데서도 동일한 현상이 발생하는 것에 대해 합리적인 범주 내에서 논의하는 것 정도는 큰 무리 없이 가능할 것 같다. 이 같은 문제들은 다문화·다언어간의 연구영역에서는 항상 중요한 관심의 대상이 되어왔는데, 특히, 번역학이나 비교문학 등에서 매우 중요하며, 더욱이 이 같은 문제들에 대한 해결방법은 실제로 번역의 원리를 설명하는 것과 같은 실질적인 문제해결에 중요한 가치를 지니게 된다.

요약하자면, 다양한 번역현상들이 여러 언어에서 발생하는 현상을 연구하면서 병렬텍스트를 분석 자료로 사용하고자 하는 사피르의 의도나, 병렬텍스트의 비교가 번역의 원리와 규범을 설명하는데 유용하게 분석될 수 있다고 믿는 캣포드의 확신은 모두 오늘날 번역학이라는 학문 영역의 연구에서 전면에 다시 부상하고 있다. 이 같이 주목받게 된 데에는, 오늘날 컴퓨터 기술의 도움으로 병렬텍스트 분석 방법이 최소한의 객관성과 타당성을 확보할 수 있게 되었다는 확신이 기저에 깔려 있었다. 그래서 이 시점에서 우리가 정말 하고 싶은 질문은, 이 같은 방법론이 (1) 실질적으로나 (2) 이론적으로 얼마나 타당한지와, 어떤 형태의 구체적인 문제해결에 실질적으로 유용한지이다.

양적 병렬텍스트 분석 연구의 몇 가지 문제점들

앞서 언급했듯이, 계량 연구의 장점은 일반적으로는 큰 의미를 가지지 않는 특이하고 개별적 현상과의 비교를 통해 규범을 밝혀낼 수 있다는 점이다. 그러나 앞서 언급한 그런 종류의 분석 자료를 수집 및 축적하는 목적으로 병렬텍스트 분석 방법을 사용하는데 있어서의 문제점은, 각각의 텍스트들에 대한 번역가들의 번역텍스트를 수집하는 과정에서 일반화에 대한 지나친 집착으로 인해, 병렬텍스트 분석 연구를 통해 부각될 수 있는, 번역이나 비교문화, 비교언어와 관련된 다양한 현상과 특징들을 희석시키거나 간과하는 위험성이다.

한 가지 주목할 만 한 어려움은, 연구가 다루는 자료의 분량이 크면 클수록, 더 많은 썩은 사과들을 받아들일 수밖에 없다는 점이다. 그러나 기술번역학 연구(DTS)의 장점 중에 하나는 썩은 사과의 사례에서 알 수 있듯이 오히려 문제점들을 드러내 보여줄 수 있는 가능성이다. 이 점은 전통적인 비교언어학 연구가 이와는 반대 입장을 가지는 것과는 대조적이다(투리(Toury), 1985). 또 다른 어려움은 병렬텍스트 분석 연구의 방법론은 병렬텍스트 분석 연구가 효과를 가지는 특정한 범주의 현상에만 국한되어 사용된다는 점이며, 이 제한적 범주는 주로 '정보'나 '생각', '개념'등과 관련된 특정 현상에만 적용된다는 점이다. 위의 주장들 중에 그 어느 것도 제한된 범주 내에서의 언어와, 특정한 언어 현상 사이의 단순하고 직접적이며 대등한 상관관계를 제시하지는 못한다. 그러나 컴퓨터 프로그램이 찾아내는 문맥이라는 것도 결코 한두 문장 이상을 넘어가지 못하며, 어떤 방식이든지 간에 현실적으로는

4-5개 정도의 단어에 국한되기 십상이다. 그리고 연구 대상의 범주나 문맥을 이보다 더 확대해 버리면 프로그램의 처리 과정이 상당히 느려지게 되어 사실상 계량 연구의 장점이 사라진다. 이런 점에서 촘스키(Noam Chomsky 1957: 15-17)는 이 방법론이 긴 문장의 시제의 일치 같은 구문론적 제약 조건을 모형화하기가 어렵다고 지적한다(처치와 게일, 1991: 41). 목표대상이 구문론적인 현상이라기보다는 의미론적 현상인 상황에서는 유사한 제약이나 어려움이 발생할 것으로 예상되는데, 이는 의미, 특히 텍스트의 의미가 여러 가지 언어적인 상호작용 안에서 이루어지게 될 가능성이 높기 때문이다. 물론 문맥적인 요소들도 작용을 하지만 여기서 문맥적인 요소들을 일일이 논의하기에는 너무 방대하다는 어려움이 있다.

이 논문에서 계량적 성격의 기술번역학(DTS)의 중요성을 폄하할 의도는 전혀 없다. 계량적 성격의 기술번역학이 개별적이고 특수한 번역 현상에 관심이 많은 언어학자들과 번역학자들에게 제공하는 장점은 여전히 상당하다. 그러나 개인적으로 염려하는 점은, 이 같은 긍정적인 장점들로 인해 계량적 성격의 기술번역학의 한계를 간과하는 실수를 범하거나, 그동안의 계량적 연구가 빠뜨리기 쉬웠던 바로 그 문제점에 대처하는 과정에서 문학텍스트와 번역텍스트에 대한 비교 연구와 질적 연구가 보여주는 문제해결의 초점을 놓치는 실수를 범하지는 말아야 한다는 사실이다.

질적 병렬텍스트 분석 연구의 몇 가지 장점들

개별적인 차이와 번역의 어려움을 강조하기 위해서, 출발어텍스트에 있는 몇 가지 표현들이나 다수의 출발어텍스트에 초점을 맞춘 다음, 이에 해당하는 몇 가지 도착어 번역텍스트의 비교분석을 통해 서로 다른 번역가들이 이 같이 동일한 표현을 어떻게 번역을 통해 해결하는지를 살펴보는 것은 매우 유용하다. 특히 정보성 텍스트보다는 문학텍스트가 서로 다양하게 상이한 다수의 번역텍스트를 만들어낼 가능성이 높기 때문에, 질적 병렬텍스트 분석 방법론을 사용하는 연구에 문학텍스트가 매우 빈번하게 분석 자료로 사용되고 있다.

한 가지 예로서, 지시 기능을 수행하는 다양한 지시어를 우리에게도 널리 알려진 동화작가 한스 안데르센(Hans Christian Andersen)이 어떤 방식으로 사용하고 있는지를, 그의 작품을 번역한 번역가들 중 여섯 명의 번역가들의 번역텍스트를 통해 살펴보고자 한다. 여기서 지시어를 분석 대상으로 삼는 이유는, 지시어는 아마 전 세계 모든 언어에 존재하는 보편적인 문법적 틀에 해당하기 때문에, 어떤 상황에서도 변수가 발생할 가능성이 가장 낮은 안정된 문법 범주에 해당한다. 다시 말해, 지시어가 없는 그런 종류의 언어는 존재하지 않기 때문이다(라이언스(Lyons), 1977: 637).

주로 한 사람의 발화자와 최소 한 사람의 청자 사이에 발화하고 응답하는 관계적 행위에 의해 형성되고 유지되는 공간적, 시간적 맥락 속에서, 사람들의 이야기의 소재가 되거나 가리킴의 대상이 되는 사람, 사물, 행사, 과정, 활동 등의 위치와 식별 과정

더욱이, 지시어는 텍스트 이해에 매우 중요하게 작용하는 관점이나 시각을 형성하는데 큰 역할을 한다. 마지막으로, 지시어는 다양한 개별적 언어 특징을 통해 이루어지기는 하지만, 여기서 파생되는 부수적 효과들은, 전체적이든 부분적이든, 다양한 구성 요소들 사이의 상호작용이나, 이 같은 요소들과 텍스트의 다른 특징들 사이의 상호작용으로부터 발생할 수도 있다. 그래서 지시어 사용에서 다음과 같은 특징을 발견할 수 있다.

- 지시어 사용은 모든 언어권에서 절대적인 보편성을 가질 가능성이 높다.
- 지시어는 개별 언어적 대상을 통해 이루어진다.
- 지시어는 텍스트 이해에 결정적인 역할을 하는 효과를 만들어내는데 필요하다.
- 또한 이 같은 효과들은 다른 요소들과 별개로 개별적으로 존재하는 특징으로부터 발생하기 보다는, 여러 특징들 사이의 상호관계 속에서 발생한다.

이 같은 이유로, 지시어는 언어 사이에 공유되는 현상을 다루는 데 있어서 서로 다른 언어들이 동일한 기회를 제공하는지를 분석할 수 있는 좋은 연구대상이 되며, 만약 동일한 기회를 제공하지 않을 경우에 발생할 수 있는 번역 문제들의 유형을 연구할 수 있는 기회도 제공한다.

물론, 말하는 사람의 구술이 아니라 글로 쓰인 문학텍스트는, 앞서 언급한 라이언스(Lyons)의 지시어에 대한 구체적인 특징들이 잘 나타나있는 직접적, 즉시적 대화 행위의 대표적인 특징들과는 차이를 지닌다. 문학텍스트는 출발 자체가 종이에 쓰여 있는 것을 전제로 하기 때문에, 근본적으로 텍스트의 생산자와 텍스트의 소비자 사이에 일정 수준의 시·공간적 거리를 형성하게 된다. 이 점은 지시어의 기본적인 특성을 연구하는데 있어 단점이 될 수 있다. 그러나 지시어 사용의 효과와 특징을 분석하는 연구에서 글로 된 텍스트, 특히 문학텍스트는 분석자료로서 장점도 가지고 있다. 작가와 독자 사이의 시·공간적 거리는, 작가와 독자로 하여금 텍스트에 더 많은 관심과 집중력을 발휘할 수 있도록 하는데, 아무래도 말하는 사람과 듣는 사람 사이에 진행되는 직접 발화에 나타나는 관심이나 집중력보다는 훨씬 더 큰 편이다. 사실, 상대적으로 조금 '고급'으로 인정받는 문학작품을 읽을 때는 아무래도 독자는 텍스트에 좀 더 신경을 쓰면서 집중해서 꼼꼼히 읽는다. 그리고 이런 식으로 접근하는 이유의 대부분은, '고급' 문학작품을 만들어내는 작가는 대부분 화가나 조각가가 작품을 만들어가는 과정에서 보여주는 비슷한 수준의 관심과 열정, 집중력을 통해, 단순해 보이는 언어적 재료들을 텍스트로 바꾸어놓는 또 다른 차원의 예술가라는 전제가 깔려있기 때문이다. 이를 통해, 문학텍스트는 모든 언어적 특징이나 구조의 다양한 가능성을 탐구하는 과정에 유용한 분석 자료들을 제공한다.

영어와 덴마크어에서의 지시어

지시어는 발화의 형식적인 특징들을 통해 수행되는데(뷜러(Bühler), 1934), 이 형식적인 특징들은 발화가 중요한 역할을 하는 그런 종류의 대화 행위의 '특정한 양상'에 대한 이해와 지식에 의해 결정되고 해석되어진다(필모어(Fillmore), 1975: 39). 여기서 말하는 특정한 양상으로는 대화 상황에 참여하는 사람들을 확인하는 역할을 하는 '인칭지시어', 이들 각각의 개인들이 위치하고 있는 장소와 관련된 '위치/공간지시어', 그리고 대화 행위가 이루어지는 시간을 지칭하는 '시간지시어', 대화 참여자의 사회적 관계를 가리키는 '사회지시어', 그리고 끝으로, 진행되는 대화의 특정 양상이나 일부를 어휘적 혹은 문법적 요소를 통해 가리키는 '담화지시어'등을 들 수 있다.

이 같은 각각의 지시어는 특히 영어와 덴마크어에서 모두 비슷하고 평등하게 존재하는데, 심지어 다른 언어들에 비하면 매우 정교하게 측정할 수 있을 만큼 효과적으로 사용되고 있다. 영어와 덴마크어는 매우 유사한 언어적 형태를 공유하기 때문에, 웬만하면 단어 대 단어 수준으로 번역을 해도, 비록 결과물이 조금은 어색하고 문법적 오류가 간혹 발생할 수는 있겠지만, 전체적으로는 큰 무리 없이 수월하게 소통할 수 있는 수준의 번역이 만들어진다. 그러므로 영어와 덴마크어 사이에서 지시어를 번역하는 작업은 특별히 문제가 될 만한 요소가 거의 없다는 전제가 가능하다. 그래서 본 논문에서는 덴마크어의 '장소지시어'를 영어로 번역하는 경우를 분석대상으로 삼아서, 바로 앞에서 언급한 그 전제가 과연 실제 번역에서도 입증될 수 있는지를 검증하고자 한다. 이를 위해 '장소지시어' 중에서도 덴마크어의 부사인 'her'과 'der', 즉, 영어의 'here'과 'there'에 해당하는 이 두 가지 장소지시어의 번역에 연구의 초점을 맞추도록 한다.

필모어의 연구에 따르면, 영어의 'here'과 'there'는 영어에서 가장 대표적인 '장소지시어'에 해당하는데(1975: 40), 'here'는 근접성에 있어서 [+], 'there'는 근접성에 있어서 [-]의 특징을 가진다(1982: 48). 영어의 'here'과 'there'에 해당하는 덴마크어 'her'와 'der' 역시 이 같은 대조적인 관계성을 잘 보여주기 때문에, 이들 지시어 사이의 비교는 아래와 같이 단순하게 정리할 수 있다.

	[+]근접성	[-]근접성
영어	here	there
덴마크어	her	der

그러나 앞으로 논의할 내용에서 알 수 있듯이, 근접성이라는 변수 하나만 가지고 판단하는 'here/there'과 'her/der'의 유사성 혹은 동일성이 실제 번역과정에서 그 어떤 문제도 일으키지 않을 것이라는 보장은 결코 할 수 없다는 사실을 알게 된다.

한스 안데르센 작품에 등장하는 'here'과 'there'의 사용과, 안데르센 작품 번역가들의 선택

안데르센 작품 *Den grimme Ælling*(1844)[The Ugly Duckling, 『미운 오리새끼』]의 첫 문장을 분석해보자.

Der var saa deiligt ude paa Landet; det var Sommer,

[There was so lovely out on the country; it was summer,]

앞서 살펴보았듯이, 장소지시어로는 영어에서는 'there', 덴마크어에서는 'der'를 사용한다. 형태적으로도 지시어인 이 단어들은 영어와 덴마크어에서 가장 대표적인 장소지시어 중의 하나이다. 그렇다고 해서 이 지시어가 사용될 때마다 무조건 지시어 기능을 수행하는 것만은 아니다. 필모어(1985: 35-36)가 지적했듯이 원래부터 지시어 역할을 수행하는 요소들도 때로는 '비 지시어' 역할을 수행하기도 한다.

위의 문장은 영어 단어의 특이한 사용이 두드러지는 이 작품의 첫 문장인데, 여기서 영어 지시어 사용과 덴마크어 지시어 사용의 차이를 엿볼 수 있다. 즉, 덴마크어에서는 소위 말하는 '환경적 맥락'에서 지시어 'der'[there]를 사용할 수 있지만, 영어에서는 똑같은 맥락에서 'there'를 사용할 수 없다. 이 문제에 대한 번역가들의 여러 가지 해결 방법을 살펴보면 이 같은 차이를 확인할 수 있는데, 그 맥락에서 'there'를 대체할 수 있는 번역어로는 영어에서 주로 날씨와 관련된 맥락에서 사용하는("it is raining") 비인칭 'it'를 들 수 있다.

원문 : *Der var saa deiligt ude paa Landet; det var Sommer,*
직역 : [There was so lovely out on the country; it was summer,]

번역가	번역예문
Anon	How beautiful it was in the country! It was summer time.
Corrin	It was glorious out in the country. It was summer.
Haugaard	It was so beautiful out in the country. It was summer.
Keigwin	Summertime! How lovely it was out in the country.
Kingsland	It was so lovely out in the country! It was summer.
Peulevé	Summer had come and it was so lovely out in the country.

여기서 명확하지 않은 점은 첫째, 'der'가 이 맥락에서 실제로 덴마크어에서 지시어 역할을 하는지와, 둘째, 만약 그렇다면, 영어번역에서 이 위치에 지시어를 사용하지 않게 되면 출발어텍스트에 있는 중요한 특징을 놓치는 것인지 아닌지, 그리고 셋째, 만약 그렇다면 그 점이 문장에 정말 중요한지 아닌지 이다.

영어번역에서, 지시어의 첫 번째 특징으로는 동사의 과거시제 어미를 들 수 있는데, 과거시제 어미는, 이야기의 시제를 이야기를 하는 현재시점을 기준으로 과거시점에 설정해 놓는다. 덴마크어 출발어텍스트도 이 같은 시제지시어의 특징을 공유한다. 물론, 영어번역텍스트에서 'it'의 사용은 덴마크어 출발어텍스트의 'det var Sommer'의 'det'보다는 지시어 성격이 두드러지지 않는데, 덴마크어의 'det'는 영어의 'it was summer'에서의 '비인칭 it'과 동일한 역할을 한다. 덴마크어에서 날씨라는 맥락으로 사용될 때 지시어 'her'와 'der'중에서 어느 것을 사용할 지는 늘 고민스러운 선택인데, 그냥 순수하게 날씨에 관한 문장(det regner/sner ['it is raining/snowing'])에서는 그 같은 선택의 고민이 없다. 그래서 'det er varmt/koldt/kedeligt herinde/derinde'['it is warm/cold/boring in here/there']와 'det/her er varmt/koldt/kedeligt der/herinde'['there/here is warm/cold/boring in there/here'] 두 문장 모두 덴마크어에서는 가능하기 때문에, 이 두 문장 중 하나를 선택하는 것 자체가 어떤 큰 의미나 차이를 가진다고 추측하기 쉽다. 그러나 이 두 문장의 가장 큰 차이는, 장소지시어를 선택하는 것은 그 조건이 발생하는 장소에 초점이 맞춰지게 되고, 비인칭 'der'를 선택하는 것은 그 조건 자체에 초점이 맞춰지는 차이 정도이다. 그런 의미에서, 'der/her'는 이 문장구조에서 지시어 역할을 하는 것으로 보이며, 덴마크어 출발어텍스트에서도 그 역할은 마찬가지라고 생각된다. 그렇다면, 출발어텍스트에는 존재하는 장소지시어 요소를 영어번역에서 제대로 반영하지 못한 결과가 되어버리는데, 이를 뒷받침할 수 있는 몇 가지 추가 사항들을 아래에서 살펴보도록 한다.

덴마크어로 지금 다른 곳에 가 있는 사람에게 그곳이 마음에 드는지를 물어보면 그 사람은 'Her er dejligt'['Here is lovely']라고 대답할 것이다. 그렇다면 그곳이 10년 전에는 어떠했는지를 물어본다면, 그곳에 살고 있는 그 사람은 'Her var dejligt'['Here was lovely']라고 대답할 것이다. 그렇다면 그 사람이 다시 당신이 있는 곳으로 돌아온 다음에 그곳이 어떠했는지를 다시 물어보면, 그 사람은, 이 소설의 텍스트에 나오는 것처럼, 'Der var dejligt'['There was lovely']라고 말할 것이며, 더 이상 그곳에 있지 않은 그 사람에게 지금은 그곳이 어떤 지를 물어보면 그들은 여전히 'Der er dejligt'['There is lovely']라고 대답할 것이다. 그러므로 사람들은 대화에서 언급되는 장소에 대한 자신들의 상대적인 위치 관계에 근거해서 'her'나'der'를 선택하고 있음을 알 수 있다. 이 차이를 지시어적 관점에 근거하지 않고 설명하기는 어렵다. 그래서 여기서 우리가 분석하는 덴마크어 출발어텍스트의 첫 번째 요소는 장소지시어라고 생각하며, 그렇기 때문에 영어번역텍스트에 사용된 이 표현의 등가어인 'it'는 비 지시어 성격을 가진다고 판단된다.

다음으로 우리가 고려해야 하는 문제는 이 같은 차이가 실제로 중요한지 아닌 지이다. 앞서 예문으로 제시한 여섯 명의 번역가의 영어번역텍스트에서 한 사람만 제외하고(Anon) 나머지 다섯 명의 번역가는 모두 일종의 장소지시어라고 생각될 수 있는 'out (in the country)'를 사용했는데, 실제로 그 상황에 있었던 영어 화자라면 'out in the country'라는 표현을 사용할 가능성은 별로 없다. 아마 그 상황에서 'out'이라는 표현과 함께 쓸 수 있는 표현으로는 'out here' 정도일 것이다. 다행히도, 번역에 'out'을 추가하는 것이 장소지시어적인 역할을 하는 지 안 하는 지에 상관없이, 문장의 맨 앞에는 사용하지 않았기 때문에 이 문제에는 집착할 필요가 없다.

이 문제에 대한 해답을 찾기 위해서는 본문을 좀 더 구체적으로 살펴볼 필요가 있다. 안데르센의 작품을 아래에서 원문과 직역 문장을 비교해서 살펴보자.

[원문] [직역]	*Der[1] var saa deiligt ude paa Landet; det var Sommer,* There[1] was so lovely out on the country; it was summer,
	Kornet stod guult, Havren grøn, Høet var reist i the corn stood yellow, the oats green, the hay was raised in
	Stakke nede i de grønne Enge, og der[2] gik Storken stacks down in the green meadows and there[2] walked the stork
	paa sine large, røde Been og snakkede œgyptisk, for det on his long, red legs and talked Egyptian, for that
	sprog havde han lœrt af sin Moder. Rundtom Ager og language had he learnt from his mother. Around field and
	Eng var der[3] store Skove, og midt i Skovene meadow was there[3] large forests, and midst in the forests
	dybe Søer; jo, der[4] var rigtignok deiligt derude[5] paa deep lakes; yes, there[4] was indeed lovely thereout[5] on
	Landet! Midt I Solskinnet laae der[6] en gammel the country! Midst in the sunshine lay there[6] an old
	Herregaard med dybe Canaler rundt om, og fra Muren manor house with deep canals round about, and from the wall
	og ned til Vandet voxte store Skrœppeblade, der vare saa and down to the water grew large dock-leaves which were so

høie, at smaa Børn kunde staae opreiste under de
high that small children could stand upright under the

største; der[7] var ligesaa vildsomt derinde[8], som i
largest; there[7] was just as wildsome therein[8] as in

den tykkeste Skov og her[9] laae en And paa sin Rede; hun
the thickest forest, and here[9] lay a duck on her nest; she

skulde ruge sine smaa Ællinger ud, men nu var hun
should hatch her small ducklings out, but now was she

næsten kjed af det, fordi det varede saa længe ...
nearly sad of it, because it lasted so long

여기서 우리는 이야기의 흐름이 중심인물과 장소를 향해 이동하고 있음을 알 수 있는데, 이는 많은 소설에서 찾아볼 수 있는 공통적인 특징이다. 덴마크어 출발어텍스트의 첫 문장 첫 단어는 아주 자연스럽게 이야기의 배경을 해설자나 독자로부터 멀리 떨어져 있는 공간에 위치시키고 있는데, 특별한 안내가 따로 제시되지 않는 한 독자는 이 같은 가상의 세계에서 해설자의 설명에 의존할 수밖에 없다. 이 같은 문장 구성에서 덴마크어 'der'의 사용을 통해 주제어의 지시적 요소를 강조하는데, 그 요소는 바로 문장 맨 앞에 위치한다. 영어에서는 이 같은 지시어적 요소가 만들어지지 않는다. 그 이유는 영어의 비인칭 'it'가 지시적 요소를 가지지 않기 때문이다. 위의 예문에서 2, 3, 5, 6, 8번으로 표시된 'der'는 영어번역에서 'there'로 대체될 수 있고(5번의 'derude'는 'out there'로, 8번의 'derinde'는 'in there'로 일반화시킴), 9번 'her'는 'here'로 번역할 수 있다.

영어와 덴마크어에서 주제어의 위치는 특히 핵심적인데, 왜냐하면 앞으로 이야기할 내용의 출발점이나 초점을 제시하기 때문이다(할리데이(Halliday), 1985: 39). 이 출발어텍스트에서 주목할 만한 점은 여기에 사용된 장소지시어 9개 중에서 절반 이상인(연결사 제외) 5개가 모두 주제어 위치에 놓여 있다는 점이다. 이들 장소지시어는 각각 중심 장소를 표시하면서, 이 중심 장소를 기준으로 작가와 독자의 위치와 상대적인 관계를 형성한다.

위의 본문에 사용된 장소지시어 중에서, 첫 번째 장소지시어 1번 'der'는 평범한 시골지역을 멀리 떨어진 공간으로 표시하며, 두 번째 장소지시어 2번 'der'는 황새가 날아다니는 넓은 공간 속에 위치한 장소이면서도 여전히 멀리 떨어진 곳을 가리키며, 세 번째 4번 'der'는 목초지역을 한 바퀴 둘러보고 숲속 가운데까지 들어간 다음, 장소 표현들을 사용하면서 여전히 멀리 떨어진 평범한 시골 전원 풍경으로 우리를 안내한다. 그런 다음 네 번째 주제문 장소지시어 7번 'der'로 이동하게 되는데 여전히 우리의 초점은 우리 부근이 아님을 알려주고 있다. 드디어 다섯 번째 장소지시어인 9번 'her'는 장소를 우리에게로 이동시킨다. 바로 여기서, 주제문 위치에 있는 'nu'['now']는 과거의 어느 지점을 마치 현재인 것처럼 제시함으로써 작품 속의 과거 시간에 대한 등장인물의 관점을 독자들이 공유할 수 있도록 하는데, 이 등장인물에게 그 시간은 여전히 현재로 남아 있다. 여기서 우리는 오리와 공감대를 형성하게 된다.

오리로 향하는 이 같은 이야기의 흐름이 영어번역텍스트에서는 부분적으로 변경되었다.

1)

원문 : *Der*[1] *var saa deiligt ude paa Landet; det var Sommer,*
직역 : There[1] was so lovely out on the country; it was summer,

번역가	번역예문
Anon	How beautiful it was in the country!
Corrin	It was glorious out in the country!
Haugaard	It was so beautiful out in the country.
Keigwin	Summertime! How lovely it was out in the country
Kingsland	It was so lovely out in the country!
Peulevé	Summer had come and it was so lovely out

※분석: 첫 번째 지시적 주제어 'der'['there']는 위의 6개 번역 중 그 어느 것에도 나타나지 않음.
※제안: 이 문장 구조에서의 'der'를 영어번역에서 'it'로 대체함.

2)

원문 : *Stakke nede i de grønne Enge, og der[2] gik Storken*
직역 : stacks down in the green meadows and there[2] walked the stork

번역가	번역예문
Anon	and the stork strutted about
Corrin	and the stork walked around
Haugaard	and there the storks walked (지시적 주제어)
Keigwin	And there went the stork (지시적 주제어)
Kingsland	And the stork was walking about there
Peulevé	where the stork walked around (지시적 주제어)

※분석: 두 번째 지시적 주제어는 6개 번역 중 호가드(Haugaard)와, 키그윈(Keigwin), 플뤠베(Peulevé)의 3개 번역에서 지시적 성격 가짐.

3)

원문 : *dybe Søer; jo, der[4] var rigtignok deiligt derude[5] paa*
직역 : deep lakes; yes, there[4] was indeed lovely thereout[5] on

번역가	번역예문
Anon	it was indeed beautiful in the country!
Corrin	Yes indeed, it was glorious out in the country.
Haugaard	Yes, it certainly was lovely out there in the country!
Keigwin	Yes, it certainly was lovely out in the country.
Kingsland	yes, it was really lovely out in the country!
Peulevé	yes indeed, it was lovely out in the country.

※분석: 세 번째 지시적 주제어는 위의 6개 번역 중 그 어느 것에도 지시어적 성격을 가지지 않음.
※제안: 위의 첫 번째 지시적 주제어의 경우와 똑 같이, 'der'를 영어번역에서 'it'로 대체함.

4)

원문 : *største; der[7] var ligesaa vildsomt derinde[8], som i*
직역 : largest; there[7] was just as wildsome therein[8] as in

번역가	번역예문
Anon	This place was as wild and lonely (지시적 주제어)
Corrin	it was as wild here
Haugaard	and imagine that he was in the middle of the wild and
Keigwin	The place was as tangled and twisty
Kingsland	They grew like a wild
Peulevé	It was as tangled and matted in there

※분석: 네 번째 지시적 주제어는 아논(Anon)의 번역텍스트에서 근접한 지시적 성격을 가지고 있으며, 코린(Corrin)과 플뤠베의 번역만이 이 같은 환경에서 'der'의 영어번역에 'der'를 'it'로 대체하라는 제안을 따르고 있으며, 아논과 키그윈의 번역은 장소에 초점을 두는 것이 중요하다고 판단해서 아논은 [+]근접성 담화 지시어 'this'를 통해서, 그리고 키그윈은 지시적 표현 'the place'를 통해 주제어로 만들고 있음

5)

원문 : *den tykkeste Skov og her[9] laae en And paa sin Rede; hun*
직역 : the thickest forest, and here[9] lay a duck on her nest; she

번역가	번역예문
Anon	and on that account a duck had chosen to make her nest there
Corrin	And a duck was sitting there
Haugaard	Here a duck had built her nest (지시적 주제어)
Keigwin	and here it was that a duck (지시적 주제어)
Kingsland	A duck was sitting on her nest there
Peulevé	and right here (지시적 주제어)

※분석: 다섯 번째 지시적 주제어는, [+]근접성의 지시적 주제어가 호가드와, 키그윈, 플뤠베의 번역에 나타나고, [-]근접성의 지시적이지만 주제어는 아닌 표현이 6개 번역 중 나머지 3개 번역에 나타남. 이 경우, 주제성에 대한 관심은 근접성에 대한 관심과 동일하게 나타난다는 점, 즉 근접성이 높으면 주제성도 높고, 근접성이 낮으면 주제성도 낮다는 점이 흥미로움.

6)

원문 : *skulde ruge sine smaa Ællinger ud, men nu var hun*
직역 : should hatch her small ducklings out, but now was she

원문 : *næsten kjed af det, fordidet varede saa længe ...*
직역 : nearly sad of it, because it lasted so long

번역가	번역예문
Anon	But the pleasure she had felt at first was now
Corrin	But she was getting tired
Haugaard	While she sat waiting for the eggs to hatch, she felt
Keigwin	It was time ... but it was
Kingsland	but she was getting rather tired of it now
Peulevé	Her little ducklings would soon be hatched now

※분석: 여섯 번째 지시적 주제어는 위의 6개 번역 중 그 어느 것에도 지시어적 성격을 가지지 않으며, 'now'와 'was'가 함께 사용된 번역은 아논의 번역텍스트가 유일하며, 그 효과가 재현된 경우로는 킹스랜드(Kingsland)와 플뤠베의 번역을 들 수 있음.

코퍼스에 기반한 일반적 연구를 통해 밝힐 수 있는 내용과, 이번 연구를 통해 찾아낸 내용을 비교하는 관점에서 보면, 첫 번째와 세 번째 지시적 주제어의 경우는 두 문장의 구조가 매우 유사한 이유로 해서 6명의 번역가들이 똑같은 접근법을 택했으며, 코린(Corrin)과 플뤠베(Peulevé)만이 똑같은 문장 구조에서 등장하는 네 번째 지시어 주제의 경우에도 그대로 그 방법을 따르고 있다. 아논(Anon)과 키그윈(Keigwin)의 번역텍스트가 이 같은 방법에서 벗어난 것은 아마도 지시적 요소보다는 주제성을 더 염두에 두었던 결과로 보인다.

번역가 호가드(Haugaard)는 이 부분을 "Their leaves were large and some of the stalks were so tall that a child could stand upright under them and imagine that he was in the middle of the wild and lonely woods."로 바꾸어 번역한 다음 마침표로 마무리 하고 나서, "Here a duck had built her nest"라는 새로운 문장으로 처리했다. 잘 알려져 있다시피, 작가 안데르센은 당시 다른 작가들 같았으면 마침표를 사용

했을 자리에 콤마나 세미콜론을 종종 넣곤 했는데(브로스트롬과 룬드(Broström and Lund), 1991: 24), 안데르센의 지시적 주제어의 사용은 텍스트의 문장을 분할하는 맞춤법으로서의 역할이 아니라, 의미론적 역할이 두드러진다. 앞서 분석한 덴마크어 출발어텍스트는 총 3개의 문장으로 되어 있지만, 6명의 번역가들은 이 문장을 영어로 번역하면서 각각 6개부터 11개까지 다양한 형태의 영어문장을 사용했다(Kingsland 6개, Peulevé 6개, Anon 7개, Corrin 7개, Keigwin 7개, Haugaard 11개).

전체적으로 보면 덴마크어 출발어텍스트에는 그 장면에서 (-)근접성의 성격을 두드러지게 하는 요소들이 매우 많은데, 이 (-)근접성 요소들은 오리가 있는 곳이 갑자기 눈앞에 나타나는 상황을 강조하는 역할을 한다. 그런데 이 같은 근접성을 재현해내야 할 번역텍스트에서는 동일한 강조효과를 찾아보기 어렵다.

앞서 살펴본 6편의 영어번역텍스트에서 이 같은 중요한 요소가 생략되었는지를 판단하는 문제는 결국 우리가 출발어텍스트와 번역텍스트를 어떻게 이해하느냐에 달려있다. 그러나 이들 6편의 영어번역텍스트에서 볼 수 있듯이, 지시어처럼 문장이나 문법에서 보편적이고 필수적이며 기본적이라고 할 수 있는 언어적 현상마저도 번역 과정에서 다양한 형태의 표현의 가능성을 가진다는 사실은, 좁은 범주의 텍스트 환경에서 언어적 형식을 겉으로 보이는 기본적인 '의미적' 현상의 일대일 관계로 대응시키는 것이 얼마나 어려운지를 다시 한 번 강조한다. 그러므로 이 같은 현상을 좀 더 근본적으로 탐구하기 위해서는 텍스트 전체를 대상으로 하는 질적 연구에 대한 필요성이 절실하며, 이에 대한 더 많은 결과물이 필요한데, 그렇기 때문에 문학작품의 번역텍스트는 이 같은 연구를 수행하는 데 매우 유용한 자료 중에 하나가 될 수 있다.

이형진 번역

참고문헌

〈덴마크어 출발어텍스트〉

1. Dal, Erik 1964. *H. C. Andersens Eventyr: Kritisk udgivet efter de originale Eventyrhœfter. II: 1843-55*. Copenhagen: Hans Reitzels Forlag.

〈영어 번역텍스트〉

1. *Hans Christian Andersen: Fairy Tales*. Translator not named. London etc: Hamlyn. 1959.
2. *Tales from Hans Andersen*. Translated by Stephen Corrin @1978. London: Guild Publishing, 1989.
3. *Hans Andersen: His Classic Fairy Tales*. Translation Copyright Erik Haugaard 1976. London: Lynx, 1988.
4. *Hans Christian Andersen: Eighty Fairy Tales*. Translated by R. P. Keigwin. Odense: Skandinavisk Bogforlag. 1976. With an introduction by Elias Bredsdorff. New York: Pantheon Books. 1982.
5. *Hans Andersen's Fairy Tales: A Selection*. Translated from the Danish by L. W. Kingsland. London: Oxford University Press, 1959.
6. *Hans Christian Andersen: Fairy Tales*. Translated by Marie-Louise Peulevé. Odense: Skandinavisk Bogforlag. No Date (1968 이전으로 추정됨)

〈참고문헌〉

1. Baker, Mona. 1993. "Multilingual Database". Report on a feasibility study on multilingual lexicography funded during 1990-91 by the Council of Europe under contract no. 57/89.
2. Brostøm, Torben, and Lund, Jørn. 1991. *Flugten i sproget: H. C. Andersens udtryk*. Copenhagen: Gyldendal.
3. Bühler, K. 1934. *Sprachtheorie*. Jena: Fischer.

4. Catford, J. C. 1965. *A linguistic theory of translation: An essay in applied linguistics*. London: Oxford University Press.

5. Chomsky, Noam. 1957. *Syntactic structures*. The Hague: Mouton & Co.

6. Church, Kenneth W. and Gale, W. A. 1991. "Concordances for parallel text". Paper presented at the Seventh Annual Conference of the UW Centre for the New OED and Text Research, *Using Corpora*, September 29-October 1, 1991, St. Catherine's College, Oxford, England.

7. Fillmore, Charles. J. 1975. *Santa Cruz lectures on deixis*, Bloomington, Indiana: Indiana University Linguistics Club.

8. Fillmore, Charles. J. 1982. "Towards a descriptive framework for spatial deixis". In R. J. Jarvella and W. Klein (eds), *Speech, Place and Action*. New York: John Wiley & Sons Ltd, 31-59.

9. Halliday, Michael. A. K. 1985. *An Introduction to Functional Grammar*. London: Edward Arnold.

10. Lyons, John. 1977. *Semantics: Volume 2*. Cambridge: Cambridge University Press.

11. Marinai, E., Peters, C. and Picchi, E. 1991. "Bilingual reference corpora: A system for parallel text retrieval". Paper presented at the Seventh Annual Conference of the UW Centre for the New OED and Text Research, *Using Corpora*, September 29-October 1, 1991, St. Catherine's College, Oxford, England.

12. Reddy, M. J. 1979/1993. "The Conduit Metaphor - A Case of Frame Conflict in Our Language about Language". In A. Ortony (ed.) *Metaphor and Thought*. Cambridge: Cambridge University Press, 284-324. Second Edition, 164-201.

13. Sapir, E. 1921. *Language: An Introduction to the Study of Speech*. New York.

14. Sperber, Dan. and Wilson, Deirdre. 1986. *Relevance: Communication and Cognition*. Oxford: Basil Blackwell.

15. Toury, Gideon. 1985. “A rationale for descriptive translation studies”. In T. Hermans (ed.), *The Manipulation of Literature: Studies in Literary Translation*. London and Sydney: Croom Helm, 16-41.

일본어 어미조사 'ne'(ね)의 사용과 문학적·어학적 역할
— 번역 문제를 중심으로

마사코 타이라 Masako Taira
캠브리지대학교 영어와 응용언어학 연구소 (영국 캠브리지)

서론

본 논문은 크게 세 개의 장으로 구성되어 있다. 첫 번째 장에서는 일본어 어미조사 'ne'가 사용되는 방식과 사용되는 맥락에 대한 최근의 연구와 의의를 중심으로 논의하며, 두 번째 장에서는 일본어 소설에 등장하는 두 가지 예문을 중심으로 어미조사 'ne'가 영어로 번역되는 과정에서 발생하는 문제를 논의하고자 한다. 마지막으로, 세 번째 장에서는 이 같은 논의를 소설 번역에 관한 문학적 비평담론으로 확장시킴으로써 문학번역에서 발생하는 언어적, 문학적, 문화적 요소들 사이의 상호관계성을 강조하고자 한다.

일본어 어미조사 'ne'에 관한 연구

일본어에는 'ne', 'yo', 'sa', 'ka' 등과 같이 문장 끝에 위치하는 매우 다양하고 풍부한 종류의 조사들이 있다. 문장 끝뿐만 아니라 문장 중간이나 문장 시작부분에 오기도 하는 조사 'ne'는 일본어 구어체 문장에 자주 사용되며, 특히 의례적인 인사말에 거의 필수적으로 사용되고 있다.

쿡(H. M. Cook, 1988: 25)의 연구에 의하면, 조사 'ne'는 문장의 지시적 의미로서의 역할은 거의 없으며, 주어와 목적어와 같은 문법적 요소와도 별다른 상관관계를 가지지 않는다. 그렇기 때문에 조사 'ne'에 대한 연구는, 주어 조사인 'ga'나 주제 조사인 'wa'와 같은 일본어의 다른 조사들에 대한 연구에 비하면 상대적으로 상당히 적은 편이다.

영어에는 주어와 목적어를 나타내는 영어만의 고유한 방법이 있기 때문에 일본어를 영어로 번역하는 과정에서 주어 조사나 주제 조사의 사용이 특별히 문제가 되지 않는다. 그러나 조사 'ne'의 경우는 다르다. 일본어 조사 'ne'의 경우, 일본어 문장에서 그 사용이 적절한지 아닌지를 판단할 수 있는 기준을 정확하게 명시하는 것은 쉽지 않다. 또한, 조사 'ne'가 사용되었을 때 문장이나 발화에 어떤 효과가 발생하는지를 정확하게 밝히는 것도 쉽지 않다. 조사 'ne'의 사용은 여러 가지 면에서 번역가에게 상당한 어려움을 초래한다. 한번은 영어 아동문학 작품을 일본어로 번역한 적이 있었는데, 문장이나 발화를 좀 더 자연스러운 일본어 표현으로 만들기 위해 조사 'ne'를 사용하는 과정에서 꽤 많은 고민을 했던 기억이 난다.

학자들은 일본어 조사 'ne'의 사용과 관련해서 다음과 같은 몇 가지 결론을 이끌어냈다. 첫째, 조사 'ne'의 사용은 대화 상대자들 사이에 상호소통성이나 친화성을 향상시키는 효과가 있다. 조사 'ne'는 청자에 대한 발화자의 공감을 보여주거나, 청자의 확인이나 동의를 유도하기 위해 사용된다(미즈타니(Mizutani), 1985). 둘째, 조사 'ne'는 화자가 청자와의 친밀성을 원하거나(맥글로인(McGloin), 1989), 화자와 정서적인 소통의 장을 구축하거나, 아니면 화자에게 전반적인 동감을 표시하기 위해(쿡, 1988; 1922) 사용된다.

카미오(A. Kamio, 1990: 76)는 조사 'ne'의 역할은 일반적으로 청자로 하여금 청자에게 제공되는 정보에 관해 동일한 인지상태를 받아들이도록 유도하는데 있다고 주장한다. 이를 '공동 반응'('co-responding') 혹은 '협동'('co-operative') 태도라고 한다. 카미오는 이 같은 태도는 일반적으로 말하는 친절한 태도와는 다른 성질의 것으로, 굳이 말하자면 언어적이고 인식적 영역의 태도에 속한다고 주장하는데(1990; 72), 이 같은 주장은 매우 적절하고 중요하다.

카미오는 '정보에 관한 발화자의 영역'과 '정보에 관한 청자의 영역' 두 가지의 개념적 카테고리를 제시하면서, 이 두 가지 카테고리는 일본어에서 문장 끝에 오는 법칙을 설명하는데 유용하다고 강조한다. 카미오가 제시한 개념들을 예시로 설명하면 아래와 같다:

(1) Watashi wa 1942 nen 9 gatsu 29 nichi umare desu.
I T(HEME) 1942 year 9 month 29 day birth BE
I was born on the 29th of September, 1942.

카미오는 위의 〈예시 1〉은 화자의 영역에 속하는 정보를 다루고 있기 때문에, 〈예시 1〉은 사용할 수 있는 발화 양식에 해당한다. 그러나 다음 〈예시 2〉는 그렇지 않다.

(2) Anata wa 1942 nen 9 gatsu 29 nichi umare desu
You T 1942 year 9 month 29 day birth BE
You were born on the 29th of September, 1942.

〈예시 2〉에서는 'I'(나)에 해당하는 'watashi'가 'you'(당신)에 해당하는 'anata'로 대체되었다. 카미오는 〈예시 2〉와 같은 문장은 마치 의사가 기억상실증에 걸린 환자에게 말하는 상황에서나 제한적으로 사용될 수 있으며, 일반적인 상황에서는 'ne'를 사용하는 아래의 〈예시 3〉이 가장 적절하다고 지적한다.

(3) Anata wa 1942 nen 9 gatsu 29 nichi umare desu <u>ne</u>.
You T 1942 year 9 month 29 day birth BE SF
You were born on the 29th of September, 1942.

마지막으로 카미오는, 청자의 영역에 속하는 정보를 다루는 경우 'ne'의 사용은 필수적인 반면, 정보가 청자의 영역에 속하지 않는 경우 'ne'의 사용은 선택적이라고 주장한다.

본 연구에서는, 출발어텍스트와 번역텍스트의 비교 분석을 통해 어미조사 'ne'의 영어번역에서 발생하는 번역의 어려움에 대한 번역가의 대처 방안이 과연 어미조사 'ne'에 관한 기존의 연구결과에 새로운 관점이나 방향을 부여할 수 있는지를 살펴보고자 한다.

카미오의 이론적 틀은 그 자체로는 매우 유용하다. 하지만 그 중 일부분은 본 연구의 분석 자료와 상충하는 측면이 있기 때문에, 본 연구에서는 카미오의 이론적 틀을 일부 수정해서 사용하고자 하며, 분석 자료를 카미오의 '영역' 관점뿐만 아니라 '증거성'('evidentiality')이나 다른 정보성 특징들과 발화행위 등과 같은 다양한 관점에서 접근하고자 한다.

정리하자면, '상호주관성'('inter-subjectivity') 어미조사인 'ne'는 말을 하는 화자가 다양한 맥락에서 청자의 관점을 화자 자신의 관점으로 편입시켜 결합된 관점으로 만들고자 하는 의지의 정도를 나타낸다는 것이 본 연구자의 주장이다. 맥락에 따라서는, 이 같은 중요한 기능은 인지적, 평가적 어미조사를 포함하는 화자의 다양한 태도를 가리키는 여러 수단들을 통해 이루어질 수 있다. 본 연구를 통해, 정보가 화자에게 가까이 다가가면 갈수록 조사 'ne'가 사용될 확률은 낮으며, 정보가 청자에게 가까이 가면 갈수록 조사 'ne'가 사용될 확률은 높아진다는 점을 확인할 수 있다.

일본어에서 조사 'ne'와 같은 태도 어미조사가 왜 필요하고 중요한지에 대해서는 여러 이론가들이 언급하고 있다. 쿡(1992; 526, 534)은 일본어에서 조사 'ne'의 사용은 대화를 나누는 사람들 사이에서의 감정 공유가 일본 문화에서 차지하는 중요성과, 이야기를 나누는 화자들 사이의 대립이나 갈등을 피하고자 하는 일본사람들의 성향과 밀접한 관련이 있다고 강조한다. 카미오(1990; 56)는 조사 'ne'의 사용은 직접화법의 문장양식을 선호하지 않는 일본사람들의 성향과 관련 있다고 주장한다. 여기서 말하는 직접화법의 문장양식은 문장 맨 끝에 동사가 위치하면서 문장의 내용이나 주장을 명확하게 개진하는 특징을 가진다(미즈타니, 1985 참조). 문장에 담겨있는 정보가 화자와 청자 모두에게 공유되는 상황에서 화자가 조사 'ne'를 사용하지 않는다면, 이 상황은 마치 화자 혼자서 정보를 독점하고 있다는 인상을 줄 수 있는데, 이것은 일본 문화에서 매우 부정적인 상황으로 인식될 수 있다(오이시(Oishi), 1985 참조). 그러므로 조사 'ne'의 사용이 강조하는 것은, 자기중심적인 관점에 반대되는, 즉, 타자에 대한 기본적인 인간적 배려의 차원이다.

일본어 소설의 두 개의 문단 분석

본 연구를 수행하던 중에 일본어 소설 한 편을 읽다가 흥미로운 문단 두 개를 발견해서 해당 문단의 영어번역텍스트를 확인해 보았는데, 결과적으로는 영어번역가가 일본어 조사 'ne'의 사용과 관련해서 일본어 출발어텍스트의 의미를 제대로 파악하지 못한채 영어로 번역한 사실을 발견했다.

여기서 분석하는 두 개의 문단은 1914년 나츠메 소세키(Natsume Soseki)가 발표한 소설 『코코로』(*Kokoro*)에서 발췌했는데, 비교대상이 되는 영어번역본 *Kokoro*는 1957년 출판된 맥클레란(E. McClellan)의 번역본이다. (이보다 앞서 출판된 영어번역본으로는 콘도(I. Kondo)의 1951년 번역본이 있지만 오래전에 절판되어 일반 독자들의 접근성이 떨어지기 때문에, 본 연구에서는 맥클레란의 번역본을 분석대상으로 삼는다.) 번역가 맥클레란은 소설의 제목인 일본어 단어 'Kororo'의 가장 적절한 영어번역으로 라프카디오 헌(Lafcadio Hearn)이 사용했던 '사물의 본질'('the heart of things')이라는 표현을 예로 든다. 그의 번역에는 또 다른 일본어 단어 'Sensei'도 나오는데 의미나 사용용법의 측면에서는 영어단어 'teacher' 보다 프랑스어 단어 'maître'[master]에 더 가깝다.

소설 『코코로』는 3장으로 구성된 1인칭 서술 작품이다. 1장에서는 'Sensei'라고 불리는 어느 외로운 엘리트 지식인의 삶을 그의 젊은 친구인 소설 속 내레이터의 눈을 통해 그려내고 있고, 2장은 내레이터와 그의 부모에 관한 내용을 담고 있으며, 3장은 'Sensei'와 그의 고백'이라는 부제를 가지고 있다,

본 연구에서 분석하는 두 개의 문단은 작품의 1장에 나오는 부분으로, 'Sensei'와 그의 부인, 그리고 내레이터가 대화하는 상황이다. 분석방법으로는 편의상, TT(Target Text)라고 지칭하는 영어번역텍스트를 먼저 제시하고, 이에 해당하는 일본어 텍스트인 ST(Source Text)와 일본어 텍스트의 영어 주해를 함께 제시하도록 한다.

(4)

영어번역텍스트(TT) (p.17)

TT 4-a. "It would be so nice if we had children," <u>Sensei's wife said to me.</u>

"Yes, wouldn't it?" I answered. But I could feel no real

sympathy for her.
At my age, children seemed an unnecessary nuisance.
"Would you like it if we adopted a child?"

TT 4-b. "An adopted child? Oh, no," she said, and looked at me.

일본어텍스트(ST) (p.25)

ST 4-a. 'Kodomo demo aru to ii n desu ga
child TAG exist if nice NOMINALIZER BE
CONNECTIVE

ne' to Okusan wa watashino hoo o muite itta.
SF Q wife T my direction O turning said

일본어텍스트(ST) (p.25),

ST 4-b. 'Moraikko jya, nee anata' to
adopted child BE SF you Q(UOTATIVE)

Okusan wa mata watashino hoo o muita
wife T again my direction O(BJECT) turned

일본어텍스트 ST 4-b와 영어번역텍스트 TT 4-b를 비교해보자. 여기서 알 수 있듯이, 일본어텍스트 ST 4-b에 있는 'mata'[again]에 대한 영어표현은 번역본에 등장하지 않으며, 영어번역텍스트에 있는 'Oh, no'라는 표현은 일본어텍스트에 해당 표현이 존재하지 않는다. 이 문제를 하나씩 짚어보도록 한다.

왜 일본어 표현 'mata'[again]는 영어번역(4-b)에서 생략되었을까? 이유는 아마 영어번역텍스트 TT 4-a부분에 나온 영어번역 "Sensei's wife said to me"에서 부인이 내레이터를 향해 몸을 돌리는 장면이 생략되었다는 점에 기인할 것이다. 일반적으로 문학텍스트의 언어학적 분석에 사용되는 예시는 지시대상을 명확하게 설명하는 목적을 가지는 반면에, 위의 (4)번 문단은 2인 이상의 다수가 대화하는 환경을 배경으로 한다. 이 같이 다중의 화자가 존재하는 대화에서는 누가 누구에게 이야기하고 있는지를 명확히 하는 것이 매우 중요하다. 일본어 텍스트 ST 4-a는 주인공의 아내가 남편과의 사이에 자식이 없는 현실에 안타까움을 표현하며 내레이터로부터 공감을 구하려고 하는 상황으로 볼 수 있다, 이 장면을 영어번역가는 위의 예문에 나온 것처럼 "Sensei's wife said to me"라고 번역했는데, 오히려 아내의 바디랭귀지를 보다 분명하게 드러내 보일 수 있도록 "Sensei's wife turned and said to me"라고 번역했더라면 더 효과적이었을 것으로 생각된다. 이렇게 번역하면 아내의 발화의 대상이 내레이터라는 것이 분명해짐으로써, 바로 그 다음 이어지는 내레이터의 대답이 더욱 자연스러워 질 수 있었을 것이다.

이 부분은 다음 문제로 이어진다. 만약에 영어번역가가 'the wife <u>turned</u> and said to me, "it would be nice if we had children"이라고 번역했더라면, 아내의 몸동작을 의도적으로 구체화함으로써 아마 여기서 'we'가 아내와 내레이터를 가리킨다는 점을 독자들이 불필요한 혼란 없이 파악할 수 있었을 것이다. 일본어에서 주어는 영어와 달리 반드시 문장에 명시되어야 하는 요소가 아니기 때문에, 위의 영어번역텍스트 TT 4-a에서 누구의 아이를 가리키는 지를 굳이 밝히지 않아도 된다. 아내의 대답은 대략 다음과 같은 의미를 담고 있다: 'It would be nice if there were a child or children' (참고로, 일본어는 영어와는 달리 단, 복수 구분이 명확하지 않다). 이에 대한 해결책으로서, 내레이터를 향해 말하는 아내의 자세는 그대로 유지하면서 아내의 대사를 'It would be so nice to have had children'이라고 번역했더라면 어떠했을까 하는 생각이 든다. 여기서 밝히고 싶은 것은, 아내가 내레이터를 향해 몸을 돌려 말하고 있는 것이 이 작품의 저자의 구체적인 의도였기 때문에 영어번역텍스트에서도 'the wife turned and said to me'로 번역하는 것이 중요하다는 사실이다.

두 번째 요소는 일본어텍스트 ST 4-b에 사용된 'nee +2인칭 호칭 anata'와 영어번역텍스트 TT 4-b에 나오는 'Oh, no'라는 표현에 관해서이다. 이 두 표현은 비슷한 리듬감을 공유하기는 하지만 의미적으로 직접적인 등가성을 가지지는 않는다. 여기서 대두되는 번역의 문제는 다음과 같다:

- 남편의 제안에 대한 아내의 혐오감이 일본어텍스트에는 간접적으로 암시되어 있는 반면, 영어번역텍스트에서는 'Oh, no'라고 직접적으로 명시되어 있다.
- 일본어텍스트에서 중요한 의미를 가지는 표현인 'nee anata'가 영어번역텍스트에서는 명시적으로 표시되지 않고, 오히려 부정적인 암시로 대체되어 있다.

문법적으로 말하자면, 'nee'는 조사 'ne'의 강조적 변형이라고 할 수 있는데, 품사는 문장 서두나 중간에 들어가는 감탄사로 분류된다. 그러나 'nee'와 'ne'는 모두 비슷한 역할을 수행하기 때문에 언어학적으로는 같은 카테고리에서 논의가 이루어진다(쿡, 1988; 1992).

여기서 기본적인 번역의 문제는 이 같이 다중의 화자가 대화에 참여하는 상황에서 'nee'라는 표현을 통해 아내가 발화의 대상으로 삼고 있는 사람이 누구인지를 파악하는 일이다. 그 사람이 'Sensei'인지 아니면 내레이터인지를 확인해야 한다. 또한, 'anata'[you]가 누구를 지칭하는지, 또한 'nee'의 역할은 무엇인지 등을 살펴볼 필요가 있다. 아래 5번 예시를 살펴보자.

(5) a. Moraikko jya.
b. Moraikko jya, anata.
c. Moraikko jya (,) nee.
d. Moraikko jya, nee anata.

예를 들어, 아내가 문장 5-a. 'Moraikko jya.'만을 사용하는 경우를 생각해 보자. 불완전한 형태의 이 문장은 입양에 대한 화자의 부정적인 시각이 뒤이어 나올 것이라는 점을 암시적으로 내포하고 있다. 번역가는 이 같이 암시된 부정적 시각을 파악한 다음, 영어번역텍스트에서 'Oh, no'라는 부정적 표현으로 구체화시켰다. 이 같은 상황에서 아내가 왜 내레이터를 바라보며 말을 했는지는 구체적으로 드러나지 않는다.

그 다음 경우로, 아내가 문장 5-b. 'Moraikko jya, anata.'라고 말하는 경우를 생각해 보자. 이 표현은 입양에 대한 제안뿐만 아니라 그 같은 제안을 한 남편에 대한 아내의 더욱 부정적인 판단을 암시하는 것으로 이해할 수 있다. 여기서 아내는 남편을 지칭하는 호칭으로 'anata' [you]를 사용했다. 이 경우 역시 내레이터에게로 자세를 바꾸는 아내의 의도가 불분명하다.

다음으로, 아내가 문장 5-c. 'Moraikko jya(,) nee.'를 사용하는 경우를 살펴보자. 이 경우 'nee'의 역할과 발음되는 방식에 따라 크게 두 가지 상이한 해석이 가능하다. 첫 번째, 'nee'가 바로 앞에 있는 음절 다음에 연이어서 발음되는 경우인데, 이것은 아내의 부정적인 판단에 대해 화자가 고민하는 상황을 보여준다. 이 경우 아내가 누구를 바라보고 말하는지가 분명하지 않다. 두 번째, 'nee'가 바로 앞에 있는 음절 다음에 잠시 멈추었다가 발음되는 경우인데, 이 경우는 청자로부터 동의 혹은 공감을 구하는 역할을 한다. 여기서 아내는 발화의 대상자로부터 자신의 판단에 대한 동의를 구하기 위해 'nee'를 사용한다. 아내와 그녀의 남편만이 대화하고 있는 상황이라면, 아내는 남편으로부터 이해와 동의를 구하려고 하는 것으로 볼 수 있지만, 내레이터를 포함해 세 사람이 대화하고 있는 상황에서는 아내의 시선이 누구에게로 향하는지가 중요하다. 저자가 일본어텍스트에서 아내의 자세를 의도적으로 명확히 하고 있는 상황을 고려하면, 아내는 지금 내레이터에게 말하는 것으로 판단하는 것이 더욱 적절하다.

마지막으로, 일본어텍스트에서 작가가 사용한 문장 5-d. 'Moraikko jya, nee anata'를 살펴보자. 이 표현은 5-c 문장과 비슷한 의미를 가지는데, 내레이터로부터 동의를 구하고자 하는 아내의 좀 더 강력한 의지가 담겨 있는 것으로 볼 수 있다. 'nee'의 사용은 내레이터를 남편 편이 아니라 자신의 편으로 만들고자 하는 아내의 의도를 보여주며 'anata'를 추가함으로써 자신의 판단에 동의를 구하고자 하는 아내의 의도를 더욱 강조한다.

이를 근거로, 일본어텍스트에 있는 아내의 발화 4-b는 내레이터를 향하고 있는 것으로 볼 수 있다. 나츠메 소세키 전문가로 인정받는 요시카와(Yoshikawa)와, 소세키의 작품의 번역가인 콘도(Kondo), 그리고 이 작품에서 아내와 내레이터의 관계를 보다 적극적으로 해석한 코모리(Komori) 같은 학자와 번역가들도 이 같은 해석을 강조한다.

그렇다면 이 같은 해석을 번역에서는 어떤 방식으로 반영할 수 있을까? 아래 (6)번에 있는 콘도의 1951년 번역본을 살펴보자.

(6) An adopted child! That's different, I am afraid.
Don't you think so?" She looked at me, as if wishing
me to confirm her opinion.

콘도의 번역은 맥클레란의 번역본 4-b와 큰 차이를 보이지만, 아내의 발화에 대한 본 연구자의 해석과는 일치하고 있음을 알 수 있다. 이 번역은 일본어텍스트에서는 암시만 되어 있는 발화자의 부정적인 입장을 오히려 번역텍스트에 명확하게 드러내면서, 내레이터에 대한 발화자의 호소를 본문 서술을 통해 분명하게 만들고 있다. 어떤 면에서는 지나치게 구체화시킨 측면도 있지만, 이 표현이 일본어텍스트에서 차지하는 중요한 의미를 고려해볼 때 다른 번역보다 훨씬 더 적절한 것으로 판단된다. 이 상황에서 차라리 내레이터의 이름을 직접 언급하는 방법이 훨씬 더 간단하게 문제를 해결할 수 있겠지만, 이 소설에서 내레이터의 이름은 끝까지 익명으로 남아 있기 때문에 이 같은 대안은 해결책이 되지 못한다.

아래의 번역예문은 가즈오 이시구로(Kazuo Ishiguro)의 영어 단편소설 *An artist of the floating world*[『떠 있는 세계의 예술가』(1986)]에서 발췌한 것으로, 화자가 자신의 판단에 동의를 구하고자 하는 사람의 이름을 언급하면서 이를 위한 부가의문문을 사용하는 방식으로 화자의 호소를 나타낸다. 이 영어텍스트를 도비타(S. Tobita, 1988)가 일본어로 번역한 『浮世の画家』(Ukiuo no Gaka)는 발화자가 대화를 하고 있는 대상의 이름뿐만 아니라 'nee'도 함께 사용해서 명확하게 밝히고 있음을 알 수 있다.

(7)

영어텍스트(ST, p.37)

"I thought we would all go tomorrow to the cinema," I explained. "A family outing, so to speak."

"Tomorrow?" Noriko looked at me, then turned to my grandson [Ichiro]. "Well, (a) we can't go tomorrow, can we, Ichiro? We're going to the deer park, remember?"

일본어번역텍스트(TT, p.47)

(a) <u>Ashita</u> <u>wa</u> <u>ikenai</u> <u>wa</u> <u>yo</u>. <u>Nee</u>, <u>Ichiro</u>.
tomorrow T cannot go SF SF. SF Ichiro

위의 예문(7)의 밑줄 친 (a)문장에서 볼 수 있듯이, 영어에서 부가의문문은 일본어 조사 'nee'와 비슷한 화자 태도를 보여준다. 밀러와 브라운(Miller and Brown 1979: 44)은 '에딘버그 화법'(Edinburgh speech)에 관한 논문에서, T와 X, Y 이렇게 세 사람이 모여 나누는 대화에서 X와 Y 두 사람이 비슷한 생각을 공유하고 있을 때, 제 3자인 T를 설득시키기 위해서 X와 Y 사이에 부가의문문을 사용한다고 설명하는데, 이 주장은 설득력이 있어 보인다. 아래 예문 (8)과 (9)를 살펴보자.

(8) T: 'Harry's got a Suzuki.'
X: 'No, he's no, he's got a Yamaha.'
He then *turns* to Y and says: 'E Harry's got a Yamaha?'
[이탤릭 부분은 논문 저자의 강조]

(9) X would <u>turn</u> to Y and say 'Mr. Smith's a right rotter, e?'
[밑줄 친 부분은 논문 저자의 강조]

이와 매우 유사한 대화패턴은 앞서 살펴본 예문 4-b에서도 찾아볼 수 있다. 밀러와 브라운 논문에서 X에 해당하는 부인이, Y에 해당하는 내레이터로부터 동의를 구하는 상황인데, 여기서 'Sensei'는 대화의 제 3자인 T에 해당하는 것으로 볼 수 있다.

또 다른 유사점은 예문 4-b, 7, 8, 9에서도 찾아볼 수 있다. 이는 자신의 의견에 대해 동의를 구하고자 하는 대상을 향해 화자가 몸을 돌리는 자세에 관한 것이다. 클락과 칼슨(Clark and Carlson 1982: 347) 논문에서 언급되었듯이, "화자는 특정한 청자가 특정한 역할을 수행하도록 의도하는데, 이를 위해 청자로 하여금 누가 어떤 역할을 해야 하는지를 상호적으로 인식하도록 하는 방법을 사용한다." 그러므로, 위의 예문에서 볼 수 있듯이, 화자가 이야기를 하면서 몸의 방향을 바꾸는 행위는, 청자로 하여금 자신의 이야기에 대한 동의를 구하고, 제 3자인 나머지 한 사람에게는 자신의 이야기를 들을 수 있도록 하는 화자의 발화 장치로 볼 수 있다.

맥클레란이 영어로 번역한 *Kokoro*에 나오는 예문 10을 아래에서 살펴보자. 여기에는 앞서 예문 4에서 논의되었던 동일한 문제가 발생하고 있다. 'Sensei'가 아내에게 자신이 죽은 다음에 그녀가 어떻게 살아갈 것인지를 묻자, 아내는 그런 상황이 발생하면 자신도 별다른 도리가 없겠지만 그래도 운명을 받아들여야 할 것이라고 대답하면서, 'nee, anata'라는 표현을 추가한다.

(10)

영어번역텍스트(TT) (p.75)

"But if I die first," he [Sensei] continued, "what will do you?"

"What will I do ...?" Sensei's wife hesitated. For a moment, she seemed afraid, as though she had caught a brief glimpse of the life of sorrow she would lead when Sensei was gone. But when she looked up again, her mood had changed.

"What will I do? (A) <u>Why, what do you expect me to do?</u>" she said lightheartedly. "I shall simply tell myself that 'death comes to old and young alike,' as the saying goes." She deliberately looked at me when she said this.

일본어텍스트(ST) (p.89)

'Doosuru tte, (A) shikataganai wa, nee anata
what (will I) do Q cannot help it SF SF you

Rooshoofujyoo tte yuu kurai da kara' Okusan wa
'death is unpredictable' Q say (almost) BE because wife T

kotosarani watashino hoo o mite jyoodanrashiku koo itta
deliberately my direction O looking as joke this said

내레이터를 바라보는 아내의 의도적인 시선으로 판단해 볼 때, 일본어텍스트 ST 10-a의 'anata'[you]는 'Sensei'가 아니라 내레이터를 지칭하는 것으로 보는 것이 적절하다. 이 대목에서 아내는 내레이터를 자신의 편으로 끌어들이려고 노력하고 있다.

영어번역텍스트 TT 10-a에서 볼 수 있듯이 번역가는 이 문장을 "why, what do you expect me to do?"라고 번역했는데, 여기서 'you'는 'Sensei'를 가리킬 가능성이 높다. 왜냐하면 질문을 했던 사람이 바로 'Sensei'이기 때문이다. 그러다보니 내레이터에게 간절하게 동의를 구하는 부인의 노력이 영어번역텍스트 예문 10에서는 제대로 드러나지 않는다. 아래 예문 11은 이 부분에 대한 콘도의 영어번역이다.

(11)
"(a) Oh I couldn't do anything, could I? We can never know when we are going to die, nor can we stop the hand of Death".
She, glancing deliberately at me, said this in a lighter tone. (p.86)

번역가 콘도는 이 문장에서 내레이터에게 공감을 구하는 화자의 노력을 보여주려고 한다. 그러나 영어번역텍스트 11-a만 가지고는 과연 이 상황에서 청자가 누구인지를 구체적으로 알 수는 없으며, 텍스트의 다른 부분을 통해서 그 청자가 바로 내레이터라는 점을 유추해 볼 수 있다.

여기서 알 수 있듯이, 콘도의 번역과는 달리, 맥클레란의 번역은 내레이터에 대한 화자의 간절한 요청을 제대로 전달하지 못하고 있다. 이 같은 현상이 단순히 언어적 문제에 기인하는 것인지, 아니면 번역가가 텍스트와 등장인물들의 관계를 제대로 이해하지 못하고 내린 선택인지가 궁금하다. 이 시점에서 문학비평의 문제를 논의할 필요가 있다.

문학비평

*Kokoro*의 영어번역가이기도 한 맥클레란이 이 작품에 대한 자신의 비평을 소개한 책에서, 그는 자신의 관점이 기존의 번역가들보다 훨씬 더 '순진하다'는 점을 인정하고 있다. 맥클레란은 소설에 등장하는 아내를 자상하고 외로운 여자로 묘사하면서, 오히려 내레이터는 죽어가는 자신의 아버지를 버리다시피 하며 나와서 'Sensei'를 만나려고 했던, 그런 다음 자결을 계획했던 그런 사람이라고 말하고 있다. 이 같은 관점은 이 소설을 분석하는 기존의 시각과 일치한다(미요시(Miyoshi), 1988 참조).

그러나 코모리는 이 작품에 대해 상당히 다른 시각을 제시한다. 코모리는 이 소설에 대한 대부분의 문학비평이 도덕성과 이기주의, 또는 사랑과 우정 같은 대결구도의 측면에서 작가의 사상이나 윤리를 분석하기 위해, 소설의 제3자의 역할에 초점을 맞추려는 경향이 있다고 지적한다. 'Sensei'를 소설의 중심으로 보고 내레이터를 중립적인 관찰자로 보는 해석과는 달리, 코모리는 내레이터가 훨씬 더 적극적인 역할을 한다고 해석한다. 코모리는 이야기에 등장하는 'I'는 분명히 아직 미성숙한 젊은 남자이지만, 작품 속에서 시간이 가면서 나이가 들어가고 더 많은 경험을 쌓은 'I'는 이후에 이 이야기를 쓰는 과정에서 'Sensei'와의 관계도 변화를 겪게 되고, 'Sensei'의 한계도 인식하게 된다는 점을 강조한다.

코모리는 자신의 논문의 결론에서 소설 속의 두 문단에 대한 자신의 해석 관점을 예시로 제시한다. 여기서 코모리는 내레이터가 죽어가는 자신의 아버지를 버리면서까지 수도 도쿄로 찾아온 것은 홀로 남은 'Sensei'의 부인을 위해서였다는 점을 강조한다. 앞서 우리가 논의했던 똑 같은 두 문단을 인용하면서 코모리(1985: 326-327)는 다음과 같이 주장한다:

> 만약, 작품에 부인의 표정에 대한 묘사가 나와 있지 않았다면, 2인칭 호칭인 'nee anata'가 'Sensei'를 지칭하는 표현이라고 생각할 수 있겠지만, 대화가 인용으로 표시되어 있고 아내의 몸의 방향이 어디를 향해 있는지가 명시되어 있으며, 그녀의 눈길이 'ことさら' [kotosarani; 'deliberately'(의도적으로)]이라고 강조되어 있다는 점에서, 결국 이 장면이 내레이터의 기억 속에 있다는 것을 보여준다.

코모리는 이 논문에서 'nee'의 사용에 대해서는 구체적으로 언급하지 않는다. 그러나 이 소설에서 아내가 내레이터에게 동의를 구하고 있다는 코모리의 판단은 작품에서의 'nee'의 사용에 부분적으로나마 근거를 두고 있다고 볼 수 있다.

앞서 분석한 각각의 문단의 대한 관점은 결국 전체 작품과 등장인물들을 어떤 식으로 읽어낼 것인지와 밀접한 관계를 가지고 있다. 코모리는 아내의 대화에서 보다 깊은 의미를 찾으려고 하면서, 이를 근거로 아내와 내레이터 사이에 특별한 관계가 형성되어 있음을 보여주려고 한다. 또 다른 비평가 이시하라(C. Ishihara, 1985: 312) 역시 이 작품에서 아내를 일종의 '전략적인' 인물로 보는 시각이 인정을 받기 시작했다고 주장한다.

그렇다면 아내는 과연 이 작품에서 그동안 강조되었던 모습처럼 정말 '순수하고 아름다운' 여인일까, 아니면 뛰어난 전략가일까? 아니면, 앞서 살펴본 문단에서 정말 내레이터가 그녀와 똑같은 생각을 하고 있다는 것을 아내는 알고 있을까? 아니면 혹시라도 아내가 가식적으로 그런 척을 하고 있는 것은 아닐까? 아니면, 아무런 조건 없이 순수하게 내레이터의 공감을 구하고 있는 것은 아닐까? 이 같은 질문에 대한 대답은 결국, 본문뿐만 아니라 아내와 내레이터의 관계, 아내와 'Sensei'의 관계를 어떻게 해석하는지에 따라 다를 수 있다. 맥클레란의 번역은 세 번째 가능성, 즉 순수한 아내의 모습에만 근거하고 있으며, 그 외의 다른 가능성은 두드러져 보이지 않는다.

개인적으로 본 논문의 저자는 위에서 논의했던 코모리의 주장에 동의하지는 않지만, 아내에 대한 다양한 해석을 이끌어내려고 했던 작가의 그 의도는 부인할 수 없을 정도로 분명해 보인다. 그러므로 개인적인 생각으로는, 영어번역에서는 아내가 내레이터에게 호소하는 모습을 보여주면서도 그 모호함은 일본어텍스트에서처럼 여전히 살려두는 시도가 중요하다고 생각한다.

결론

본문에서 논의했던 번역의 문제들은 궁극적으로 문학적, 언어적, 문화적 문제와의 연관성에서 설명할 수 있다. 예를 들면, 현대 문학해석 방법론의 영향이나, 관점을 공유하는 역할로서의 조사 'ne'의 사용에 대한 이해, 그리고 'ne'의 사용을 통해 '관점을 공유하는' 개념을 일본어 문법에 표준화시키는 것이 결국 일본 문화에서 이 같은 가치를 얼마나 중요하게 생각하는지를 보여준다는 사실에 대한 문화적 고려 등을 들 수 있다. 그렇기 때문에, 조사 'ne'를 다른 언어로 번역할 때, 해당 언어에서 이 같은 단어나 표현이 일본어에서처럼 '의견을 공유하는' 의미나 역할을 가지지 않는 경우에는 이 부분이 일본어에서만큼은 중요하지 않을 수 있다. 물론 이들 언어권에서도 굳이 똑같은 언어적 표현이 아니더라도 다양한 방법이나 수단을 통해서 동일한 의미전달을 수행할 수도 있다는 점을 밝혀둔다.

1957년 출판된 맥클레란의 번역은 이 작품에 대한 번역가 자신의 관점을 투영하고 있다. 문학텍스트에 대한 다양한 해석과 관점이 자유롭게 논의되는 오늘날 학계의 분위기를 감안하면, 요즘 *Kokoro*를 번역하려는 번역가는 맥클레란의 번역과는 달리 작품속의 모호성을 그대로 살려서 번역하려고 할 가능성이 높아 보인다. 그래서 조사 'ne'의 영어 번역이 맥클레란의 번역과는 다른 식으로 이루어질 수 있을 것이다. 이처럼 새로운 번역들은 조사 'ne'의 특성과 역할에 대한 번역가들의 더 깊은 이해를 반영하는 결과이면서도, 또 한편으로는 출발어텍스트의 함의나 맥락에 대한 번역가들의 수용 의지와 역량이 발전하였음을 분명하게 보여주는 것이기도 하다.

문학번역에서 번역가가 내리는 선택은 이처럼 다양한 언어적, 문학적, 문화적 이해관계가 복합적으로 작동한 결과인데, 특히 언어학 연구에서 번역텍스트를 분석 자료로 사용하는 경우와, 과거에 논의된 방법론에 대한 고찰을 통해서 미래의 문학번역가들에게 방법론을 제시하는 경우에는, 이 같은 사실에 대한 인식은 매우 필요하고 중요하다.

이형진 번역

참고

1) 본 연구를 진행하는 과정에서 많은 도움과 통찰력 있는 조언을 아끼지 않았던 키스튼 맴키아르(Kirsten Malmkjær) 교수에게 큰 감사의 마음을 전한다. 또한, 유용한 피드백을 제공해 준 키이스 브라운(Keith Brown)과 질 브라운(Gill Brown)에게도 감사드린다. 끝으로, 작가 소세키에 관한 중요한 자료들을 제공해주고, 일본어로 된 많은 참고자료들을 정리해서 일본에서 직접 영국으로 보내준 도요코 요시가와(Toyoko Yoshikawa)씨에 대한 고마움도 잊지 못한다.

참고문헌

1. Clark, H. H. and Carlson, T. B. 1982 "Hearers and speech acts". *Language* 58(2): 332-373.

2. Cook, H. M. 1988. *Sentential Particles in Japanese Conversation: A Study of Indexicality*. Doctoral dissertation. University of Southern California.

3. Cook, H. M. 1992. "Meanings of non-referential indexes: A case study of the Japanese sentence-final particle *ne*". *Text* 12(4): 507-539.

4. Ishiguro, K. 1986. *An Artist of the Floating World*. London: Faber and Faber.

5. Ishihara, C. 1985. "*Kokoro no Oedipus*". *Seijoo Kokubungaku* 3: 304-315.

6. Kamio, A. 1990. *Joohoo no Nawabari Riron*. Tokyo: Taishuukan.

7. Komori, Y. 1985. "Kokoro niokeru hantensuru shuki". *Seijoo Kokubungaku* 3: 316-328.

8. Kondo, I. 1951. Trans. *Kokoro* (Reprint). Tokyo: Kenkyuusha.

9. McClellan, E. 1957/1980. Trans. *Kokoro*. Tokyo: Charles E. Tuttle.

10. McClellan, E. 1969. *Two Japanese Novelists, Soseki and Toson*. Chicago: The University of Chicago Press.

11. McGloin, N. H. 1989. *A Students' Guide to Japanese Grammar*. Tokyo: Taishuukan.

12. Miller, J. and Brown K. 1979. "Tag questions in Edinburgh speech". *Linguistische Berichte* 60: 24-45.

13. Miyoshi, I. 1988. "Watson wa haishinsha ka." *Bungaku* 5: 337-349.

14. Mizutani, N. 1985. *Nichiei Hikaku Hanashikotoba no Bunpoo*. Tokyo: Kurosio.

15. Natsume, S. 1914/1991. *Kokoro*. Tokyo: Shinchoosa.

16. Oishi, T. 1985. *A Description of Japanese Final Particles in Context*. Doctoral dissertation. The University of Michigan.

17. Tobita, S. 1988. Trans. *Ukiyo no Gaka*. Tokyo: Chuuookooron.

셰익스피어의 언어유희와 번역가[1)]

더크 델라바스티타 Dirk Delabastita
벨기에의 나무르 대학(FUNDP Namur)

글자 장난과 숫자 장난

내가 이해하는 글자 장난(letter puns)은 용어는 애매모호함이 A, B, C와 같은 글자가 의미와 소리를 갖고 있다는 사실에 기초하는 그런 말장난이다. 글자(letters)의 '의미'(meaning)는 알파벳에서 어디에 위치하느냐에 의해 정의되고, 따라서 글자 'A'는 '알파벳의 첫 번째 글자'라는 의미를 갖는다. 알파벳의 각 글자의 의미는 이런 방식으로 알파벳 시퀀스 안의 상대적인 위치에 의해 결정된다. 글자들은 다양한 언어 사이에서 대략적인 또는 완전한 의미적 등가가 가능해 보이는 어휘 부분 집합을 형성한다. 예를 들면, 네덜란드어, 프랑스어 및 독일어에서 글자 B(좀 더 정확히 말하면 그 언어들의 B 대응물)의 의미는 A와 C사이에 있는 그것의 자리에 의해 결정된다. 여기 언어간 등가의 가능성은 똑같은 알파벳을 이용한다는 조건에 달려 있고, 글을 읽고 쓸 수 있는 능력도 당연히 선제조건이다.

한 언어의 어휘 일부로서 글자는 또한 '소리 구조'(phonemic structure)

를 갖고 있고, 그것은 글자의 의미보다 훨씬 더 많이 언어에 영향을 받는 것 같다. 영어의 K와 네덜란드어의 K는 꽤 비슷한 의미의 가치를 갖지만, 소리 구조는 상당히 다르기 때문이다. 장난(pun)이 뜻이 다른 단어나 단어 분절음이 있는 글자의 동음을 눈에 띄게 하는 한, 대부분의 글자 장난에서 효과에 핵심적인 것이 바로 이 소리이다.[2)] 그러므로 X, T, C 세 글자가 결합되어 소리 연상을 통해 'ecstasy'(황홀함)라는 단어를 연상시킨다. 마찬가지로 파리의 XL 가게 이름은 미용과 향수에서 'excellence'(우수함)를 약속한다.

다음의 예는 더 긴 설명이 필요하다. 벨기에 북쪽 지역과 네덜란드의 호프집에서 벨기에 호가든 맥주를 홍보하는 잔 받침에는 만화가 들어 있는데, 그 만화에는 'een veestapel'이라는 캡션과 함께 v 글자를 마구 쌓아놓은 것(heap)이 있다. 어휘로 확고히 자리 잡은 합성어인 네덜란드어 'veestapel'은 '가축'을 뜻하고, 그것은 그 만화의 문맥에서 의미가 통하지 않는다. 완전히 예기치 않은 의미인 'v를 쌓아놓은 것(*stapel*)'을 떠올리게 하는 것이 바로 그 그림이다. 대충 그려진 그 그림(새 무리를 나타낸다고도 쉽게 생각될 수 있는)의 이 의도된 해석을 이해하는데 어느 정도의 시간이 걸리고, 서로 긴밀히 연결된 합성어 veestapel의 놀라운 '문자 그대로의' 해석도 다소 시간이 걸린다. 사실 독자가 수수께끼의 언어적, 시각적 부분이 서로를 설명한다는 흐뭇한 사실을 발견할 때, 그 농담은 효과를 거둔다. 아래에 더 많은 예시가 있다.

- INXS [록밴드]
- XS pour elle [향수]
- Entertainment X-Press [NBC 슈퍼 프로그램]
- G a [전형적인 프랑스 그림글자조합 수수께끼. 이것은 'j'ai grand(g *grand*) appétit(*petit a*)'를 뜻한다]
- If the B mt put: if the B. putting: [이 전형적인 영국 그림글자조합 수수께

끼는 다음처럼 읽힌다. If the grate be empty, put coal on. If the grate be full, stop putting coal on.(쇠살대가 비어있으면 석탄을 넣어라. 쇠살대가 꽉 차면 그만 넣어라)]

숫자 장난(number puns)도 똑같은 방식으로 작동한다. 'three', trois, drei, drie, tres 등과 같은 단어들은 거의 완벽히 대응하는 '의미'를 갖고 있으며, 각 숫자는 똑같은 수학 시리즈에서 위치가 상대적으로 어디에 있는지에 따라 정의된다. 국제 알파벳은 종종 언어마다 다르지만, 우리의 수학 시스템은 소위 선진 국가 대부분에 공통적이다. 그러나 차이는 소리의 측면에서 발생하기 마련이다. 이 '소리의 특징', 좀 더 정확히 말하면 의미가 다른 단어나 단어 분절음이 비슷한 소리가 나는 상황이 숫자 장난에서 이용된다. 예를 들면, Soul 2 Soul(록밴드)가 그러하다.

글자 장난과 숫자 장난은 종종 혼합되어 나타난다. 예를 들면 (프랑스어) K7(카세트), Q8(석유화학 회사), U2(록밴드 이름), DD 4U(더블 다이아몬드 맥주 광고 문구)가 있다.

맥주잔 받침과 셰익스피어

글자 장난과 숫자 장난은 현대 대중문화의 수사(rhetoric)에 속한다. 지금까지 살펴본 예들은 슈퍼마켓, 주유소, 대중음악 및 호프집에서 모은 것이다. 숫자 장난과 글자 장난이 자주 나타나는 두 번째 대중 담론 영역은 낱말놀이 잡지, 퍼즐 클럽, 퀴즈 및 오락용 언어이다. 특히 기술적으로 더 복잡한 형태의 글자 장난과 숫자 장난(예를 들면 그림글자조합 수수께끼나 알파벳 시)은 본질적으로 두 번째 영역에만 나타난다. 이러한 말장난 분야는 또한 놀이터에서 아이들이 대화할 때도 나타나는데,

아이들이 모든 종류의 수수께끼를 좋아한다는 사실은 익히 잘 알려진 사실이다.

그러므로 위대한 영문학 정전 텍스트에서 글자 장난을 찾을 수 있다고 기대하는 사람은 거의 없다. 그러나 르네상스 및 후기 르네상스 문학에서 많은 예들을 찾아볼 수 있다. 셰익스피어 작품에서 나는 몇 개를 찾았고, 아래 목록은 거의 모든 글자 장난을 망라한다고 생각한다.[3)]

Antony and Cleopatra IV. vii. 6-8

ANTONY: [...] Thou bleed'st apace.

SCARUS: I had a wound here that was like a T,

But now 'tis made an H. [...]

1. s1: H는 알파벳 h를 가리킴(T 아래에 추가 획을 그으면 옆에서 볼 때 H 모양이 된다)
   s2: H는 ache(통증)을 가리킴(셰익스피어 시대에는 에이치(aitch)로 발음되었음)

Love's Labour's Lost IV. ii. 53-60

HOLOFERNES: I will something affect the letter; for it argues facility.

The preyful princess pierc'd and prick'd a pretty pleasing pricket;

Some say a sore; but not a sore, till now made sore with shooting.

The dogs did yell; put 'ell to sore, then sorel jumps from thicket;

Or pricket sore, or else sore'll the people fall a-hooting.

If sore be sore, then 'ell to sore makes fifty sores – O – sorel!

Of one sore I an hundred make, by adding but one more l.

2. s1: yell은 거칠게 소리 지르는 것을 말함
   s2: l은 알파벳 l을 가리킴([j] 발음기호와 함께 발음되면 yell과 같은 발음이 된다. sore를 sorel로, more를 moral로 더 길게 만들 필요가 있음)

s3: ell은 길이 단위이며 약 30cm임

s4: L은 로마 숫자로 50을 가리킴

Love's Labour's Lost V. i. 44-53

MOTH: Yes, yes he teaches boys the horn-book. What is a, b, spelt backward with the horn on his head?

HOLOFERNES: Ba, *pueritia*, with a horn added.

MOTH: Ba! most silly sheep with a horn. You hear his learning.

HOLOFERNES: *Quis*, *quis*, thou consonant?

MOTH: The last of the five vowels, if you repeat them; or the fifth if I.

HOLOFERNES: I will repeat them; a, e, i, -

MOTH: The sheep: the other two concludes it; o, u.

3. s1: you는 2인칭 대명사

   s2: u는 모음

   s3: ewe는 다 자란 암컷 양

4. s1: I는 1인칭 대명사

   s2: i는 모음

5. s1: u는 모음

   s2: you는 2인칭 대명사

Love's Labour's Lost V. ii. 42-45

KATHERINE: Fair as a text B in a copy-book.

ROSALINE: Ware pencils, ho! let me not die your debtor,

My red dominical, my golden letter:

O! that your face were not so full of O's.

PRINCESS: A pox of that jest! and I beshrew all shrows!

6. s1: O는 알파벳 글자

s2: O는 감탄사

s3: O는 작은 원이나 점(로잘린이 의미한 것은 '얽은 자국'임)

Midsummer Night's Dream III. ii. 185-188

HERMIA: What love could press Lysander from my side?

LYSANDER: Lysander's love, that would not let him bide-

Fair Helena, who more engilds the night

Than all yon fiery oes and eyes of light.

7. s1: o는 원, 구, 둥근 점을 (은유적으로) 가리킴

   s2: o는 알파벳 글자 o

8. s1: eye(눈)는 천체를 (은유적으로) 가리킴

   s2: i는 알파벳 글자 i

Much Ado About Nothing III. iv. 49-53

[BEATRICE] By my troth, I am exceeding ill – heigh-ho!

MARGARET: For a hawk, a horse, or a husband?

BEATRICE: For the letter that begins them all, H.

MARGARET: Well, and you be not turned Turk, there's no more sailing by the Star.

9. s1: H는 알파벳 글자 h

   s2: H는 ache(통증)을 가리킴(엘리자베스 여왕 시대에 그 두 단어는 똑같이 발음되었음)

Twelfth Night II. v. 87-91

MALVOLIO: By my life, this is my lady's hand: these be her very C's, her U's, and her T's, and thus makes she her great P's. It is in contempt of question her hand.

ANDREW: Her C's, her U's, and her T's: why that?

10. s1: C, U, T는 알파벳 글자

s2: cut은 cunt(여성 성기)를 가리킴

11. s1: P's는 (대문자)P's를 가리킴(올리비아의 손글씨에서처럼)

s2: Piss는 소변(보는 행위)을 가리킴

Twelfth Night II. v. 120-138

[MALVOLIO:] If I could make that resemble something in me! Softly! 'M. O. A. I.'-

TOBY: O ay, make up that! He is now at a cold scent.

FABIAN: Sowter will cry upon't for all this, thought it be as rank as a fox.

MALVOLIO: 'M' - Malvolio! 'M'! why, that begins my name!

FABIAN: Did not I say he would work it out? the cur is excellent at faults.

MALVOLIO: 'M' - But then there is no consonancy in the sequel; that suffers under probation: 'A' should follow, but 'O' does.

FABIAN: And 'O' shall end, I hope.

TOBY: Ay, or I'll cudgel him, and make him cry 'O'!

MALVOLIO: And then 'I' comes behind.

FABIAN: Ay, and you had any eye behind you, you might see more detraction at your heels than fortunes before you.

12. s1: O는 알파벳 글자 O

s2: O는 감탄사, 고통 등의 표시

13. s1: I는 알파벳 글자 i

s2: ay는 긍정(yes), 그럼에도 불구하고(even so)를 뜻함

s3: eye는 시각 기관을 가리킴

Two Gentlemen of Verona I. i. 107-112

PROTEUS: But what said she?

SPEED: [*first nodding*] Ay.

PROTEUS: Nod-ay: why, that's 'noddy'.

SPEED: You mistook, sir: I say she did nod; and you ask me if she did not, and I say 'y'.

PROTEUS: And that set together is 'noddy'.

14. s1: ay는 긍정(yes)을 말함

s2: I는 알파벳 i를 가리키고 'nod'를 'noddy'로 길게 만들 필요가 있음

셰익스피어의 글자 장난 번역

나는 위에서 다룬 셰익스피어의 글자 장난과 그것을 번역한 프랑스어 및 네덜란드어 번역물을 비교해 보았다. 나는 각 케이스를 독립적으로 논의하지 않고, 번역가와 번역 학자 둘 다 반드시 똑같은 방식은 아니더라도 번역을 복잡하고 역동적인 '결정 과정'(decision process)으로 보는 관점에서 도움을 얻을 수 있다는 일반적인 주장을 지지하기 위해 위 예시를 이용하고자 한다. 번역을 선택 과정으로 보는 관점이 새로운 것은 아니지만(지리 레비(Jiri Levý)와 제임스 홈즈(James S Holmes)의 이름이 제일 먼저 떠오른다), 그것의 유용성을 더 살펴보고 보여주고자 한다.

의사결정은 '가능한 옵션 세트' 중에서 선택하는 것을 말한다. 셰익스피어 글자 장난의 가능한 번역들 전체 세트 재구성과 관련된 어마어마한 문제들이 우리를 저 멀리로 데려가겠지만, 우리는 두 가지 기본적인 사실에 관심을 기울여야 한다. 첫째, 글자 장난은 보통 도착어에 나타나지 않는 출발 언어의 구조적 특징에 기초한다. 둘째, 글자 장난에서는 일반적으로 시적(poetic) 기능에 전형적으로 나타나는 차이와 유사

성을 갖고 노는 장난이 매우 집중된 형태로 발생한다. 예를 들면 형태소, 단어 및 구라는 가장 작은 텍스트 공간에 나타나기 때문에 번역가가 어떻게 해볼 말한 여지가 최소한으로 줄어든다.

이러한 두 요소가 결합되어 번역가는 곤란한 딜레마에 빠진다. 말장난을 보존하는 것은 말장난과 그것의 문맥에서 급격한 변화가 발생하는 대가를 치러야만 하기 때문이다. 다시 말해 다른 텍스트의 수준(문법, 어휘, 어역, 운율 체계 등)을 최대한으로 대등하게 번역하려면 말장난을 포기해야 한다. 어느 경우든, 원본의 중요한 한 가지 텍스트 요소는 다른 요소를 살리기 위해 희생된다. 물론 생존을 위해 '경쟁하는' 텍스트 요소 사이의 이러한 갈등의 실제 강도는 경우에 따라 다를 것이다. 아래 예문에서는 영어, 프랑스어, 독일어 및 네덜란드어가 대등하기 때문에 숫자 장난이 쉽게 통할 수 있다.

2night, 7nuit, heute n8, vann8
(=*tonight*, *cette nuit*, *heute nacht*, *vannacht*).[4]

그러나 만약 위에 언급된 숫자(둘, 일곱, 여덟)들이 특정한 의미 가치가 있고 출발 텍스트의 일관성에 중요한 영향을 끼친다면, 말장난의 전면적 '손실'과 급격한 '수정' 사이에 딜레마가 다시 수면 위로 나타날 것이고, 이는 그 딜레마가 다양한 요소에 따라 심각할 수 있음을 보여준다.

새로운 커뮤니케이션 환경에서 도착어 텍스트의 '수용성'(acceptability)이 번역가의 주관심사라면, 도착어의 관습과 규범이 번역가들을 말장난 번역시 조심스럽거나 좀 더 대담한 전략을 택하게 만들 것이고, 그 결과 사실 처음에 말장난이 있었는지 깨닫기도 전에 그 딜레마에서 벗어나는 방법을 알게 될 것이다. 예를 들면 만약 도착어 문화권에서 말장난이 저급하거나 사소한 형태의 위트 정도로 여겨진다면 도착어 중심의 번역가들은 종종 원본의 말장난을 다룰 때 "과도한" 독창성이나 창조성을 드러내지 않을 것이다. 그러한 상황에서 모호함이 없는 명확한 번역 형태가 나오는 것은 두말할 필요도 없다.

'출발어 텍스트 중심의 번역가들'(기디온 뚜리(Gideon Toury)의 용어에 따르면 충분성(adequacy)의 규범을 따르는 사람들)은 그 딜레마를 좀 더 의식적으로 이해할 뿐만 아니라 더 심각하게 생각할 것이다. 잘못하면 그야말로 이러지도 저러지도 못하는 상황이 될 수 있다. 이 범주의 번역가들은 도착언어권의 수용성과 상관없이 텍스트의 중요성에 따라 원본의 모든 특징들을 재생산하려고 한다. 그러한 일반적인 전략은 항상 어떤 협상을 포함하겠지만, 말장난 번역에는 번역가가 도달할 수 있는 협상 조건이 훨씬 더 까다로와 텍스트의 수준이나 특징의 대규모 또는 준대규모 희생을 강요하는 지경까지 이른다. 다른 텍스트 구조를 적절하게 번역하기 위해 말장난을 포기하거나 아니면 '수정'하는 대가로 말장난을 보존하는 것이 있고, 이 두 기본적인 옵션 다 최대의 등가를 목표로 하는 번역가들에게는 충분히 만족스럽지 못할 것이다.

원본에 최대한 상응하는 대응어를 찾는 번역의 규범 때문에 말장난을 다루는 번역가가 교착상태에 빠질 때, 그 규범은 실천불가능한 지시가 된다. 마찬가지로 그 규범은 실행 지시로서 그 존재 이유를 잃고 사실 순조로운 실행에 장애가 된다. 그러나 번역가들은 계속 번역해야 한다. 대부분의 경우 시간이 부족하고, 한가지 난관에 갇혀 있는 것은 누릴 수 없는 사치이다. 그래서 원본 중심의 번역가들은 말장난을 다룰 때 타협 없는 충실성이라는 그 곤란한 지시를 적용하는 것을 일시적으로 '미루는' 것으로 알려져 있다. 흥미로운 것은 도착어권의 관습과 취향보다 출발 텍스트 구조를 더 중시하는 이러한 지시를 일시적으로 미루다 보면, 번역가는 출발어 텍스트 중심의 번역가가 무시할 자유, 또는 의무가 있는 그 '수용성 고려사항'에 일시적으로 (말장난에 관한한) 노출이 된다는 점이다. 그 결과 번역가들은 결국 자신이 도착어 중심의 번역가들 상황 속에 있는 것을 알게 되고, 원본의 말장난을 다루는 그들의 번역 방식은 독자가 누가 될지 그들이 기대하는 것에 의해 영향을 받을 것이다.

텍스트 유형, 장르 및 커뮤니케이션 상황과 같은 문제뿐만 아니라 말장난의 텍스트 기능을 고려한 후에, 번역가는 특정 상황의 말장난이 미래 청중에게 잘 받아들여질 가능성이 충분히 있다고 판단할 수 있다. 그러한 평가는 '보상'과 '수정'이라는 타당성 안에서 자신감을 고무시킬 것이고 그래서 번역가의 '연상적 창조성(associative creativity)'을 일으킬 것이다. 그러나 만약 이유가 어떻든 도착어 텍스트 말장난이 받아들여질 수 있을지 의심스럽다면 번역가는 더 조심스런 경로를 택하여, 일단 진실로 여겨지는 충실성을 위해 말장난을 희생시킬 것이다. 흥미로운 사실은 이런 상황에 있는 번역가들은 아래 세 가지 상황에서 이점을 얻을 수 있다는 것이다.

(i) 번역가들은 말장난의 '번역불가능성'이라는 널리 받아들여진 그 도그마를 언급할 수 있다.

Le lecteur perd peu de chose si la traduction est impossible. (기조(Guizot), 1865:III 195).

(ii) 번역가들은 텍스트의 잉여성 원칙에 의존할 수 있다. 말장난이 문단에서 항상 결합 원칙만을 갖고 있는 것이 아니다. 그래서 번역가들이 생략하거나 모호하지 않게 명확하게 번역한다고 해서 비논리가 반드시 생기는 것은 아니다.

Peut-être y a-t-il ici un jeu de mots sur la lettre H dont la prononciation fut longtemps la même que celle de ach(douleur); mais c'est nullement indispensable pour que la plaisanterie soit commpréhensible(지드

(Gide) 1971:1617).

마찬가지로 내가 살펴본 번역가들 그 누구도 앞에 소개된 7, 8, 11번 예문에 나타난 말장난의 모호성을 보존하기 위해 특별한 노력을 하지 않았다. 그 문단이 말장난 없이도 의미가 아주 잘 통하기 때문인 것 같다.

(iii) 번역가들은 말장난 해석에 자연스럽게 포함되는 의심과 개인적 판단의 여지에서 말장난의 생략에 대한 정당성을 찾을 수 있다. 예를 들면 어떤 비평가들은 숫자 장난 6번 예문에서 동그란 알파벳 O가 여성 생식기를 가리킨다고 하지만, 이러한 읽기는 확실하다고 입증하는 것보다는 비밀에 부치는 것이 더 쉽다는 것은 말할 필요도 없다. 내가 살펴본 모든 번역가들이 이러한 읽기를 간과했거나 무시한 핑계를, 그것이 찾기 힘들다는 사실에서 찾았다는 것은 그리 놀라운 일이 아니다.

세 가지 중요한 발언

위에서 나는 글자 장난(또는 숫자 장난)에 맞닥뜨렸을 때 번역가 의사결정의 기본적인 조건을 요약하고자 하였다. 이러한 시도는 물론 번역가들이 일정한 패턴 없이 행동하지 않고 그래서 특정 상황에 이용할 것 같은 종류의 전략에 대해 분별 있는 예측이 가능하다는 믿음에 영향을 받는다. 여기에 세 가지 관찰이 기계적인 모델의 함정에 빠지지 않기 위해 필요하다. 첫째, 원본 중심과 도착어 중심의 접근과 같은 두 가지 기본적인 번역 규범 사이에는 절대적인 2항 대립이 아니라 연속 변이가 있다. 이와 같은 발언은 원본 중심 번역가의 딜레마의 절박함, 즉 말장난의 형식 구조가 번역가를 "불가능한" 선택으로 강요하는 상황에 적용되고, 또한 말장난이 도착어권 문화에서 수용되는 정도에도 적용된다.

둘째, 말장난의 수용성은 다층의 개념으로 보아야 한다. 예를 들면 글자 장난은 글자 장난으로서, 모든 종류가 모인 말장난(wordplay)으로서 또는 더 일반적으로 말하면 어떤 의미나 텍스트 기능의 전달자로서 받아들여질 수 있다. 말장난의 '하부 유형'인 글자 장난은 엘리자베스 1세와 제임스 1세 시대에는 비교적 새로운 것이었다. 글자 장난의 인기와 지적인 명성은 스펠링과 형식적 언어 구조 문제에 대한 강한 관심 때문에 생겨난 결과였다. 런던의 여러 방언과 언어 표준화 과정, 대모음 추이[the Great Vowel Shift, 중세영어에서 현대영어로의 역사적 음운 변화]의 여파, 식자율의 급속한 발견은 모두 더 일관된 글쓰기 전통을 찾으려는 움직임과 함께 스펠링에 대한 인식과, 소리와 글자의 잘못된 만남에 대한 인식을 높이는데 기여하였다. 18세기와 19세기에 잉크와 글씨판(hornbook)은 그 새로운 가치를 잃었고 식자율은 더 낮은 사회 계층으로까지 뻗어나갔다. 따라서 글자와 스펠링에 대한 르네상스 양식과 바로크 양식이 가졌던 열정적인 관심은 사라졌고, 글자 장난은 천천히 정전 문학에서 맥주잔 받침과 록밴드 수준으로 격하되었다.

> 그림글자 조합 수수께끼는 유행에서 벗어난 것처럼 보이고 어린이 만화나 성인용 낱말놀이 잡지를 제외하고는 좀처럼 눈에 띄지 않는다. (오가드(Augarde) 1984:91).

이것을 통해 왜 내가 예로 들은 것에서 원본 중심의 번역가들조차도 늘 글자 장난을 글자 장난으로 번역하기 위해 특별히 애를 쓰지 않는지 알 수 있다. 그러나 물론 그러한 미묘한 차이는 주된 관심이 의미의 안정성과 스타일의 명료성인 사람들에게는 거의 중요하지 않으며, 그런 관심 때문에 '어느 형태나 종류의 말장난'도 제외된다. 그래서 18세기 후기 번역가 피에르 르 투르네르(Pierre Le Tourneur)는 내가 제시한 예문 중 두 번째 글자 장난과 그 옆 말장난을 부록의 각주로 쫓아냈다. 그는 아래와 같이 말한다.

> tout cela ne vaut pas la peine d'être entendu (르 투르네르(Le Tourneur) 1776-1783:XVIII 258-9)

때로 (글자) 장난의 허용 기준은 단순히 그 장난을 사용해서라기보다는 텍스트에서 그 장난이 무엇을 '말하게'(say) 되어 있는지 또는 무엇을 '하게'(do) 되어 있는지에 있다. 이것은 내가 제시한 11번째 셰익스피어의 글자 장난 예문에 해당되고, 그것의 외설적인 의미는 내가 살펴본 모든 번역본에서 상실되었다. 일단 진실로 여겨지는 충실성을 위한 선택은, 분명 말장난 그것 자체와 아무 상관없는 도덕적 고려사항에 의해 영향 받는다.

세 번째, 그리고 마지막으로, 내가 제시한 모델이 실제 정신세계로서의 번역 과정을 나타내려고 의도한 것이 아님을 언급할 필요가 있다. 오히려 그것은 여러 요소를 논리적으로 정렬해 놓은 것이고, 그 요소들의 복잡한 상호작용은 어느 정도 예상가능한 결과를 야기한다. 정말로 "성공적인" 말장난 번역이 종종 "예외"나 "행운"의 측면에서 설명될지라도, 우연과 개인적 취향은 분명 말장난 번역 이야기의 오직 반만 보여줄 것이다. 결정의 대부분은 엄밀히 말해서 가능한 것(언어기호학적 측면에서)과 허용가능하고 바람직한 것(도착문화권의 관습과 이데올로기) 사이의 역동적인 상호작용에 달려 있다. 이러한 상호작용이 어떤 식으로든 번역 교육과정의 중심에 있어야 한다고 생각하지 않을 수 없다. 교육과정의 주요 목적이 미래 번역가를 양성하는 것이든 이론 및 역사 연구에 학생들을 참여시키든 말이다.

윤선경 번역

미주

1) 이 논문 일부는 네덜란드어로 다음의 책에 출판된 적이 있다. Henri Bloemen et al. (eds.) *Letterlijkheid/ Woordeijkheid*, Antwerpen/Harmelen: Fantom, 1995.

2) 글자 장난과 숫자 장난의 몇몇 범주가 서로 다른 기호 구조를 갖고 있음을 주목할 필요가 있다. 아래 사항을 고려할 것.
   - TV Twee를 줌인해서 확대해 보면 TVVEE가 된다. 이것은 벨기에의 두 번째 플라망어 텔레비전 네트워크의 로고였다. 여기에 V와 W의 단순한 문자소 유사성이 이용되었다(프랑스어 W '두 개의 v'를 비교할 것). 그 로고 글자들을 다른 색깔로 하는 것이 그 글자 장난을 드러내기 위해 필요하다. 내 글의 이탤릭체 사용은 (빈약한) 대체물 역할을 한다. 마찬가지로 내가 제시한 셰익스피어 글자 장난 예문에 있는『안토니와 클레오파트라』(IV.vii.6-8)의 글자 장난의 효과 일부는 T와 H의 단순한 형식적 유사성에서 나온다.
   - 로마 숫자는 숫자를 글자로서 나타낸다. 예를 들면, I(하나), V(다섯), X(열), L(오십), C(천), D(오백), M(만)이 있다. 이러한 관습은 글자와 숫자 사이의 문자소 일치를 만들어내고, 그리하여 말장난할 수 있는 충분한 가능성을 제공한다. 이러한 상황은 문학 장르 전체 즉, 연대 표시명을 야기하였다(Augarde 1984의 10장 참조할 것). 여기에 글자 장난과 숫자 장난의 범위가 겹친다. 내가 예로 제시한『사랑의 헛수고』(IV.ii.53-60)의 첫 번째 문단은 라틴 숫자 장난의 예를 포함한다.
   - (영어가 아닌) 많은 언어에서 부정관사와 숫자 1은 형식적인 면에서 비슷하거나 심지어 똑같다. 이러한 형식의 관계는 의미적 동기가 있는 것이고, 많은 사전은 다의성, 예를 들면 여러 의미를 가진 단어의 측면에서 그것을 서술했다. 프랑스어 'un'과 네덜란드어 'een'을 영어의 'a(n)' 대 'one'과 반대되는 것으로서 비교해보라. 다의성이 존재하는 언어에서 이러한 두 의미의 예상 가능한 형식의 말장난이 때로 발견되고, 그것은 보통 관사를 아랍어 숫자 1로 쓰는 것에 의해 발생한다.
   - 숫자는 종종 복합어와 다른 숙어적 표현에서 발견된다. 예를 들면 one-armed bandit(외팔의 강도), two-edged(양날의), three-piece suit(쓰리피스 정장), four-letter word(네 글자 단어), five o'clock shadow(저녁 무렵 거뭇거뭇 자란 수염) 등등이 있다. 아주 작은 수사적 효과가 숫자 단어를 아랍어 숫자로 교체하여 창출될 수 있다.

3) 셰익스피어 인용은 뉴 아든(New Arden) 판본에 기초한다. 따라서 해설의 일부도 그 판본에서 온 것이다.

4) 예는 하이베르트(Heibert, 1993:227)에서 수정된 것이다.

참고문헌

1. Augarde Tony 1984. *The Oxford Guide to Word Games*. Oxford & New York: Oxford University Press.

2. Ballard Michel 1996. "Wordplay and the Didactics of Translation'[1]. *Wordplay and Translation, special issue of The Translator* 2(2): 333-46.

3. Delabastita Dirk 1993. *There's a Double Tongue. An investigation into the translation of Shakespeare's wordplay, with special reference to 'Hamlet'*. Amsterdam &*Atlanta, GA: Rodopi*.

4. Delabastita Dirk (ed.) 1997. *Traductio. Essays on Punning and Translation*. Manchester: St. Jerome / Namur: Presses Universitaires de Namur.

5. Heibert Frank 1993. *Das Wortspiel als Stilmittel und seine Übersetzung am Beispiel von sieben Übersetzungen des 'Ulysses' von James Joyce*. Tubingen: Gunter Narr.

6. Liede Alfred 1963. *Dichtung als Spiel. Studien zur Unsinnspoesie an den Grenzen der Sprache*. Berlin: Walter de Gruyter. 2 vols.

John Benjamins Series

10 Rimbaud's Rainbow

번역과 독재정권
— 〈윌리엄〉 도서 시리즈와 독재자

이안 크레이그 Ian Craig
퀸 메리 앤드 웨스트필드 칼리지(Queen Mary and Westfield College)

스페인 프랑코 정권의 검열을 기록하고 정의하려는 여러 시도들(Abellán 1980; Beneyto 1977; Cisquella 1977, Laprade 1991)이 이루어졌음에도 특히 아동문학 영역에서 다른 통제 모델이 어느 정도로 작동되었는지에 대한 충분한 연구가 없었다. 아동문학 검열은 프랑코 정권의 일반 문학 검열보다 더 가혹했을 뿐만 아니라 때로 다른 기준을 적용하기도 하였다. 보기 드물게 많은 양의 아동도서가 번역이었다는 사실은 이러한 기준의 차이에 커다란 영향을 끼쳤다. 즉 그 정권은 어린이와 사회 전반에 대한 자신의 편협하게 전통적인 개념을 반영하지 않는 모든 어린이 관련 외국 서적을 배제하거나 검열함으로써 스스로의 미래를 보호하려고 했다는 것이다. 따라서 해외에서 온 고전 동화조차도, 살짝 뒤트는 것부터 해서 완전히 배제시키기까지 다양한 방식으로 조작되었다. 그 정권의 이데올로기는 천박했고, 경제 불안, 나중에는 사회 불안 때문에 현실적인 목적을 위한 제약들이 도입되었고, 그 결과 문화적 자급자족을 추구하는 것은 경제적 자급자족만큼이나 실패할 운명이었다. 그러나 이러한 시도가 이루어졌다는 사실만으로도 프랑코 정권이 자신의 미래 운명에 대한 유토피아적 열망을 포함한 고립주의적인 준독재 정부에서, 유일하게 남아 있는 열망인 권력의 영속과 함께 자신을 위해 권위의 이데올로기적 파산을 향하여 나아간 것에 대해 많은 것을 알 수 있다.

몇 가지 이유로 아동문학은 번역학 분야에서 특히 생산적인 영역이다. 첫째, 아동문학과 번역문학이라는 문학의 하위 시스템은 둘 다 특히 국가간 그리고 언어간 현상이기 때문에 자연스러운 짝이 된다. 이것은 각 시스템의 텍스트가 종종 겹치는 것을 의미한다. 둘째, 번역문학과 아동문학은 일반문학 시스템과 구별되는 어떤 특징들을 공유하고 있다. 두 시스템은 전통적으로 시학의 위계질서에서 종속적이거나 낮은 위치를 차지하였고, 그리하여 후원 시스템, 즉 "쓰기, 읽기 그리고 문학의 다시 쓰기에 도움을 주거나 방해하는 권력(사람이나 기관)"(르페브르(Lefevere), 1985:227)을 통해 직접적인 조작에 특히 취약하였다. 물론 후원제는 문학 시스템 전반의 필수적인 부분이다. 항상 출판사, 편집자, 비평가 그리고 출판 산업에서 돈줄을 대는 사람들과 취향이나 유행을 결정하는 사람들이 있기 때문이다. 그러나 번역 문학의 경우 후원 시스템은 더 분명하고 직접적이다. 어떤 의미에서 이것은 번역이 종종 의뢰를 받아 이루어지기 때문이고, 또 어떤 면에서는 일부 독자에게는 번역이 된 후에야 텍스트가 존재한다고 생각되기 때문이다. 예를 들면 체코슬로바키아의 금지법 시대, 밀란 쿤데라(Milan Kundera)의 작품 원본은 오직 극소수의 독자들에게 비밀리에 읽혔다. 그러한 경우 쿤데라가 영어 번역본 『농담』(*The Joke*)의 저자 서문에서 밝히듯이(쿤데라, 1983:x-xii), 중개의 존재(번역 의뢰, 번역의 생산과 배급)가 저자와 독자 사이의 의사소통에 중요한 연결고리가 된다. 또한 편집자는 편견 때문에 "파생적인 텍스트"(국제 저작권법에서 번역이 정의되는 것처럼)에 개입하는 것이 더욱 더 정당하다고 종종 느낀다. 아동문학의 경우 독자와 텍스트의 만남은 문자 그대로의 후원자, 즉 자식을 위해 책을 선택하는 부모 또는 선생님과 같은 지정된 대리인에 의해 똑같이 중개된다. 르페브르가 말하듯이, "후원제는 보통 문학형식의 특징(poetics)에서보다 문학의 이데올로기에 더 많이 관련 된다"(르페브르 1985:227). 이것은 특히 아동문학의 경우에서 그러하다. 왜냐하면 아동문학에서 텍스트는 교훈적이고 유익한 정보를 줄 뿐만 아니라 더 중요하게는 어린이 인성 발달에 중요한 영향을 끼치는 것으로 이해되기 때문이다. 셋째, 문학의 두 하위 시스템은 서로 다른 방식으로 그리고 종종 일반 문학 시스템보다 더 노골적으로 이데올로기에 봉사하기 위해 조작된다. 이것은 전체정권이나 독재정권에서 더욱 그러하다. 그러한 정권의 두 가지 특징은 번역된 아동문학 연구에 중요하다.

카를 J. 프리드리히(Carl J. Friedrich)의 전체주의에 대한 6가지 정의(프리드리히 1954 그리고 1966)에서 첫 번째 특징은 "모든 사람이 따라야 하는 '인류의 완벽한 최종 단계'에 초점을 둔 공식적인 이데올로기" 사피로(Schapiro) 재인용 1972:18)이다. 전체주의 정권은 그 이름이 암시하듯이 사회가 획일적이고 균질적일 것을 강요한다. 이러한 개념의 필연적인 결과가 상대주의 거부이며, 따라서 정권 밖에서 생산되는 문학 텍스트, 즉 번역물에 영향을 끼치는 외국 '관습'의 거부이다. 프리드리히의 두 번째 특징은 "보통 한 사람이 이끌고 위계적으로 조직되며 국가 관료보다 우수하거나 그것과 엮여 있는 단 하나의 거대한 당"의 존재이다. 그러한 시스템의 결과는 1793년 칸트가 예언적으로 표현한 가부장적 사회이다.

> 정부는 아버지가 아이를 대하는 것처럼 사람들을 향한 자비의 원칙 하에 세워질 수 있다. 그러한 아버지와 같은 정부에서 백성은 자신에게 정말로 유용한 것과 해로운 것을 구분할 수 없는 미성숙한 아이로서 순전히 수동적으로 행동해야 하고, 자신의 행복에 대해 국가 원수의 판단에 의존하고 또한 행복을 추구하는 데 그의 친절함에 의존해야 한다. (칸트, 1970:74; 사피로 재인용 1972:29-30)

그러면 어떤 면에서 보면 모든 문학은 그러한 정권 하에서 아이들을 위한 문학으로 여길 수 있다. 그러나 그런 정권의 유토피아적인 가식으로 인해 아이들은 국가 프로젝트의 미래의 횃불을 드는 사람으로서 특별한 조심이 필요하다고 생각되었다. 단도직입적으로 말하면 가장 효과적인 세뇌는 어린 시절의 세뇌이다. 이것은 내전 후의 스페인에 특히 그러하다. 왜냐하면 성인은 승자와 패자로 이미 회복될 수 없을 만큼 양분되었기 때문이다. 만약 그 정권이 영구히 지속되고자 한다면 "새로운 민족"(New Race)은 이데올로기적인 측면에서 균질화되어야 했다. 이것은 현실에서 아동문학의 경우 검열의 정도가 다르고(더 심하고), 때로 검열의 종류가 다르다(다른 기준을 따른다)는 것을 의미한다. 〈윌리엄〉(William) 시리즈 동화책(크롬프톤(Crompton) 1922-1970)의 예는 이러한 추가적인 엄격함의 기저를 이루는 아동문학에 대한 태도가 외국성에 대한 프랑코 정권 이데올로기와 교차하고 있음을 보여준다. 현실에서 이것은 순수/정화를 추구하는 그 독재정권의 열정에 타격을 받은 것은 바로 아동문학 '번역서'임을 의미했다.

〈윌리엄〉 시리즈 동화책이라는 특정한 경우의 중요성을 이해하기 위해서는 먼저 프랑코 정권 검열 전반을 살펴보는 것이 필요하다. 이탈로 칼비노(Italo Calvino)는 『어느 겨울밤 한 여행자가』(*If on a winter's night a traveller*)의 10장에서 가능한 검열 조건들의 목록을 제시하는데, 그 목록은 항목 1, "모든 책이 체계적으로 몰수되는 나라"에서부터 항목 8, "일반적으로 무심한 가운데, 책이 모든 취향과 모든 아이디어를 위해 매일 생산되는 나라"에 이르기까지 다양한 스펙트럼을 보여준다.

기존 연구에서 일반적으로 이해하는 프랑코 정권의 검열은 칼비노 목록의 항목 3, "기존 검열이 조야하고, 대략적이고 예상불가능한 나라"에 해당한다. 이러한 정설의 한 가지 예가 마누엘 아베얀(Manuel Abellán)이며, 그는 프랑코 정권의 검열을 다음과 같이 서술한다. "객관적 기준의 코퍼스 부족과 구체적인 적용 규범의 부재로 인해 검열자들은 사건 이후에나 알 수 있는 이름 없는 코드의 패턴을 따라야 한다고 느꼈다"(아베얀 1980:87). 비슷한 선상에서 존 버트(John Butt)는 아래와 같이 적는다. "어떤 철학, 이데올로기, 이상도 없이 그 스페인 정권은 무차별적으로 검열하고 의심과 불안이 만연된 분위기를 고의적으로 창출하였다"(버트, 1974;52).

프랑코 정권의 검열은 아동문학의 경우 적어도 전쟁 직후에 '종종' 이러한 서술에 딱 들어맞긴 하지만, 그 정권은 칼비노의 4번째 범주, "검열이 미묘하고 많은 정보가 있고 내포와 암시를 잘 알아보고 꼼꼼하고 비열한 지식인들에 의해 관리되는 나라"와 더 많이 닮아 있다. 크롬프톤의 〈윌리엄〉 시리즈 동화의 예는 아동문학 번역서의 검열 기준이 적어도 일정 기간 동안에는 일반적으로 적용되는 검열과 상당히 다르다는 사실을 보여준다. 더 일반적으로는, 만약 프랑코 정권이 단순히 독재적인 특징과 반대되는 어떤 전체주의적 특징이라도 분명히 보여준다면, 그러한 특징은 프랑코 정권의 일반 도서정책에서보다 아동문학이라는 특정 분야에서 더 분명하게 드러난다.

프랑코 정권 시대에 작동 중이었던 지배적인 검열 스타일을 더 알아보기 위해 검열 보고서 자체의 포맷을 살펴보자. 검열자들은 단지 아래 질문에 대답하도록 요청받았다.

그것은 교회의 도그마를 공격하는가?
그것은 도덕에 위배되는가?
그것은 그 운동의 제도나 사람들을 불쾌하게 하는가?

이것은 본질적으로 수동적이거나 방어적인 검열의 개념을 설정한다. 기본적인 입장은 작품이 어떤 신성불가침 범주에서 분명하게 위반하지 않기만 하면 출판을 허가하는 것이기 때문이다.

물론 그렇다고 해서 프랑코 정권의 검열이 아주 억압적인 것이 아니었다는 것은 아니다. 아베얀과 버트가 말하듯이 검열은 종종 제멋대로 적용되었고, 기준은 재임 중인 정보부 장관의 변덕에 따라 또는 그 장관 아래 공무원들을 지지하는 더 은밀한 권력자들의 변덕에 따라 바뀌었다. 그러나 실제에서는 프랑코 정권의 검열은 특정한 금기 범주에 따라 노골적으로 위반한다고 생각되는 단어나 표현의 국지적 삭제를 포함하는 경향이 있었다. 보통 이 정도의 억압으로 설령 이야기 전체가 더 분산된 방식으로 그 정권이 본보기라고 생각하지 않는 세계관을 주장하거나 라이프 스타일을 칭찬하더라도 충분하다고 여겼다. 이 사실은 『톰 소여』(*Tom Sawyer*)(트웨인(Twain), 1876)의 경우에서 알 수 있는데, 그 책 다수의 판본과 번역본이 그 줄거리에 명백하게 드러나는 범법자 인물과 일반적인 관행을 거스르는 것을 찬양하는 것을 검열자들이 못마땅하게 여겼음에도 불구하고 출판되었다. 번역 아동문학에 특별히 엄격했던 시대 뒤에 나온 한 판본에서, 로빈이 주교 및 왕에게서 도둑질한 것을 가난한 사람들에게 나눠주기 때문에 톰이 로빈 후드를 칭찬한 부분은 로빈슨 박사의 잔혹한 살해를 이야기하는 글처럼 교정지에서 삭제되도록 표시되었지만, 그 이야기가 범죄행위, 폭력 행동이나 반항을 표면적으로 지지하는 다른 많은 경우(범법자나 해적이 되고자 하는 소년들의 판타지와 허클베리 핀의 이상한 행동을 찬양하는 것 등)에도 불구하고 출판은 허용되었다.

우리가 〈윌리엄〉 시리즈 동화책을 고려해보면 이러한 국지성 검열이 스페인에서 그 동화 시리즈의 첫 작품들의 출판을 반대하지 않았다는 것은 분명하다(표 1을 참조할 것). 검열 중인 초기 〈윌리엄〉 시리즈 동화책 번역본 교정지 아카이브에 따르면 윌리엄이 종교의 권위를 무시하는 글이 일부 삭제되었음을 알 수 있지만, 도서 전체는 특별한 관심을 받지 않거나 약간의 인정을 받았다. 그러나 1942년 에디토리얼 몰리노(Editorial Molino) 출판사는 *Guillermo hace de las suyas* 작품의 만 부 인쇄부수를 제안함으로써 판돈을 올렸고, 그 책은 만 부 유통을 이미

승인받았다. 두 번째 제안서는 "나는 이 책이 교육적이라고 전혀 생각하지 않습니다"라는 전면 비판과 함께 무시되었다. 몰리노 출판사가 출판하려 했던 그 다음 네 개 제목에 대한 보고서에는 새로운 검열 사항, 즉 도서의 외국성, 특히 영국성이 있었고, 그 검열 사항은 1942년 전과 1949년 후의 보고서에는 전혀 존재하지 않았다(*Guillermo el malo* 뒤에 몰리노 출판사가 출판한 작품에 대한 보고서는 지면 부족으로 표 1에 포함되지 않았는데 여전히 유용했다). 작품 안에 새겨진 그리고 작품이 내포하는 그 외국적 세계관을 암시하는 용어가 갑자기 나타나기 시작하였다. "아주 영국적인 캐릭터", "영국식 사고방식", "스페인 어린이에게 낯선 캐릭터와 관습", "스페인 기준에는 아마도 무례한"과 같은 말들이 금지 시대 전후의 규범이었던 〈윌리엄〉 시리즈의 남의 마음을 상하게 하지 말라는 밋밋한 말과 현저한 대조를 이룬다. 순전히 외국성을 근거로 그 시리즈를 금지하는 것은 프랑코 시대에 지배적이었던 검열 방식과 극명하게 다르다. 〈윌리엄〉 시리즈 동화책 금지 시대에 이용되었던 검열 방식은 말하자면 "국부성"과 반대인 "정보성"인 것이다. 이는 작품이란 것은 전체 효과의 측면에서 평가되는 것이지 특정한 금기를 명백히 위반한 것을 찾기위해 단순히 기계적으로 "훑어보는" 것이 아님을 뜻한다.

이러한 프랑코 정권 검열 기준의 변화는 정보부의 고위층에서 이루어진 특정한 결정의 결과였음이 분명하다. 이것은 첫째 새로운 정책 하에서 시련을 겪은 첫 번째 제목이 옛날 기준의 적용을 받고 수가 더 적었음에도 이미 유통되었다는 사실에서 유추할 수 있다(*Guillermo hace de las suyas*, 1942). 둘째, 금지된 두 번째 책 제목 *Guillermo el proscrito*이 연이어서 '같은 사람으로부터' 완전히 모순된 두 개의 판결을 받았다. 이것은 분명 어느 기준을 적용해야 하는지(옛날 기준 혹은 새로운 기준) 확신이 없어 생겨난 결과이고, 그 당시 정보부에서 작동하고 있는 다른 종류의 두 개 기준이 있었음이 확실하다. 금지된 세 번째 제목(*Los apuros de Guilermo*, 1942)에 대한 보고서를 통해 국지성 검열에서 정보성 검열로 바뀐 것에 대한 이유를 알 수 있다. 콘데(Conde)의 판단은 결정적인데, 그 판단은 국내에서 생산된 책이 종이 부족 때문에 자국 생산품인 스페인 책이 아동문학 분야에서 선호되어야 한다는 중요한 정보를 주기 때문이다(이러한 실용적인 고려가 나중에 *Travesuras de Guilermo*(1943)를 결정할 때 다시 등장한다). 이것은 한 분야의 정책 고립주의가 어떻게 다른 분야를 전염시키는지 보여주는 예이다. 자급자족 관세, 통화 및 무역 정책을 선택하는 바람에 스페인은 종이와 같은 원자재가 부족해지기 시작했다(프레스톤(Preston), 1986:6). 이러한 어리석음의 여파는 궁극적으로 스페인이 미국과 경제 협력관계를 구축했던 1950년대에 사라졌지만, 그 판단력 부족이 끼친 영향은 문화 정책 영역에서 분명히 느낄 수 있다. 그 정권의 외국인 혐오는 민족 문화를 보호하기 위해 더 확고하게 뿌리내렸기 때문이다.

그러나 검열 기록물 이외의 출처에 따르면 종이 부족에 대한 실용적인 고려는 1940년대 스페인에서 아동문학 보호주의 정책의 주입 동기 중의 하나일 뿐이었음이 자명하다. 비슷한 이데올로기적 요소가 공식 후원을 받은 신문이나 전문 출판 저널 기사에 분명하게 드러났고, 이 글들은 출판물 대부분이 번역이었던 스페인 출판업자들의 애국주의 부재를 1940년대 내내 한탄했다. 고전 외서는 꾸준한 판매를 보장했기 때문에 유용한 생산품이었고, 검열자와의 거래관계는 훨씬 더 알아보기 쉬웠다. 이는 살아있는 스페인 저자의 경우 검열 논의는 이데올로기적 예속의 수단으로서 그리고 단순한 지연 전략으로서 이용되었기 때문이다. 편집자는 수정이나 삭제를 권하는 검열자와 그러한 수정이 발생하기 전에 자신의 예술적 허영심을 달래야 했던 작가 사이에서 기나긴 협상을 중개해야 했다.

번역물 반대 공식 캠페인은 특히 문학 작품을 목표로 삼았다. 이것은 무지한 독자를 감각적으로 참여시키는 일종의 오락용 책에 대한 잠재적인 두려움 때문이었고, 그 공포는 독단적인 종교적 미신에서 생겨난 것이었다. 아래 문단은 그 시대에 전형적인 선언문이다.

> 소설, 자전적 소설, 동화 그리고 의지를 예속시키는 모든 것은 감정을 자극하고, 마치 공기가 불꽃을 기울게 하는 것처럼 이런 저런 방식으로 그들에게 지시를 한다. 이 모든 것이 바깥 세계에서 오는 열린 채널이 되고, 그 어떤 인간적 수단도 그들이 세상과 삶에 대한 이해를 들여오는 것을 막기 위해 존재하지 않는다. 그러한 이해는 우리가 우리 것이라 부르는, 스페인식 삶이라 자랑스럽게 부르는 그 개념과 완전히 다른 것이다. (에레로(Herrero) 1942:5)

과학은 어떤 식으로든 반드시 훨씬 더 국제적이라고 또한 생각되었다. 문학 보호주의 이익에 대해 위와 같은 관찰을 한 똑같은 사람(당시 INLE 또는 스페인 국내 서적 협회 대표인 미구엘 에레로)이 "모든 종류의 자급자족 중에서 과학적 자급자족이 가장 불합리한 것이다"라고 선언하였다. 이렇게 표면적으로는 자유로운 과학을 접근하는 방식에 대한 설명은 과학 및 문학 텍스트에서 찾을 수 있다. 압도적으로 많은 숫자의 과학 번역서가 독일에서 왔고, 독일은 연합군 나라보다 적어도 1940년대 초반에는 프랑코 정권에 훨씬 더 이데올로기적으로 중요한 국가였다. 반면 문학 서적은 영어에서 점점 더 많이 번역되고 있었다. 이것은 많은 부분 1940년부터 1953년까지 마드리드의 영국 협회 소장인 괴짜 아일랜드인 월터 스타키(Walter Starkie)와 그 시대 영문학을 다루던 스페인 출판업자인 조셉 자네스 이 올리베(Josep Janés i Olivé)가 주도했던 사업의 결과였다(허틀리(Hurtley) 1992).

그 정권을 지지하는 문화 이데올로기 신봉자들은 영문학 대다수를 향한 경멸을 공공연하게 드러냈고, 불쾌한 문학과 천한 민족성을 연결시키는데 거리낌이 없었다. 예를 들면 미겔 에레로는 왜 영어권 나라에서 탐정소설이 성공을 거두었는지 아래와 같이 설명한다.

> 그리고 진실은 이 장르가 우리 정서에 맞지 않아 우리나라 필경사들이 좋아하지 않았다는 것이다. 우리는 세계의 가장 훌륭한 범죄자에 관한한, 영국 사람을 따라가지 못한다는 것을 인정해야 한다. 그래서 영국인은 이 장르에 가장 훌륭한 경찰과 가장 훌륭한 소설가들을 갖고 있는 것이다. 어두컴컴하고, 과학적인, 미리 계획된 비인간적인 범죄가 우리에게는 없는데 왜 우리가 런던 경찰청을 설립할 필요가 있겠는가?(에레로 1942:6)

쉽게 믿고 경험이 적은 어린이 독자는 말에 내재하는 유혹에 특히 취약하다고 생각되었다. 이러한 생각은 청소년 도서 여자 아이를 대상으로 하는 전통적인 처방에서 생겨났다. 예를 들면 여자 아이가 독자인 대중 소설은 자신보다 높은 사람과 결혼함으로써 사회적으로 낮은 신분을 극복할 수 있다고 믿게 만든다는 이유로 공격받았다(토랄(Toral) 1946:456). 또 다른 항목에서는 성에 막 눈 뜨기 시작하여 생기는 위험을 상쇄하기 위해 11살 소년들에게 성경 및 성인군자의 삶을 다룬 책과 함께 많은 모험 이야기를 읽혀야 한다고 충고한다(*Lasso de la Vega* 1945). 이것은 이데올로기 신봉자들이 세뇌가 올바르게 이루어지기만 하면 아이에게 흥미를 유발시키고 영향을 끼치는 수단으로서 책을 이용하는데 반대하지 않았음을 보여준다.

그러나 비록 그 정권의 외국인 혐오성 수사(rhetoric)가 모든 문학을 타겟으로 하고 있을지라도, 통계에 따르면 그 정권의 활동은 아동문학 분야에서만 수사적인 것을 뛰어 넘었거나 아니면 적어도 문학 전반에서보다 훨씬 더 수사적이었음을 알 수 있다. 문학 번역서 수치가 1940년대에 심각하게 떨어졌지만(보살(Bozal) 1969), 아동문학 시장의 스페인 문학은 1942년에 단지 27% 였던 것이 1950년에는 훨씬 더 애국적이고 존경할만한 수준인 53%로 증가하였다. 매년 출판된 책 제목을 보면 그러하다(니콜라스(Nicholas) 1985:217).

그러나 그 통계는 소위 아동문학 번역서 초과라는 "문제"가 사실 크게 줄어들고 있지 않았다는 사실을 숨기고 있다. 왜냐하면 모든 책이 같은 수로 생산된 것이 아니기 때문이다. 만약 그 정권이 출판도서 제목 수에 관한한 균형을 바로잡는다면, 1940년대 및 50년대 스페인을 휩쓸고 지나갔던, 그 당시 다량으로 출판된 외국 만화의 물결을 막기 위해 그 정권이 할 수 있는 것은 별로 없었다. 전체주의 노선에 따른 세심히 계획된 보호주의 정책이 결여되어 사면초가에 몰린 출판업자들은 예측할 수 없는 시장 세력에 휘둘리게 되었다. 그들은 어쩔 수 없이 경제 안정에 가장 덜 저항하는 노선을 추구하였다. 수입하기에 저렴하고, 낱개 보다는 시리즈로 인기를 누렸던 만화책은 그러한 상황에서 이상적인 생산품으로 적합하였다. 만화책 무역은 기반이 탄탄하였고 그 시작이 내전 이전으로 거슬러 올라갈 수 있는데 특히 바르셀로나에서 그러했다. 그러나 1940년대에 이르러 식자율이 높아지기 시작했고, 만화책이 잠재적으로 아주 강력한 세뇌 수단이 되면서 전례 없는 규모로 유포되기 시작하였다(가스카(Gasca) 1966 그리고 1969). 특히 미국 제국주의 이데올로기를 많이 담고 있는 미국 슈퍼 영웅 만화의 인기상승은 분명 프랑코 정권에 상당한 걱정거리를 안겨주었다. 예를 들면 1950년대 아동문학 검열최고 담당자였던 신부 바스케스(Father Vázquez)가 『슈퍼맨』(*Superman*) 만화의 멕시코 번역 수입을 승인하기 전에 가장 높은 수준의 협의가 필요했다. 만화책 증가는 분명 검열 기준을 바꾸는데 중요한 역할을 했을 것이고, 또한 1956년 법률로 제정된 아동문학 관할 레글라멘토(Reglamento) 문서 공표에 주요한 원동력이었다((센단 파소스(Cendán Pazos) 1986:3장).

이러한 법규는 아동문학 분야 문화정책의 상세한 선언문이 되었고, 그 정책은 도서 일반 검열에 존재하지 않는 그런 종류의 것이었다. 레글라멘토 문서가 주로 만화책이나 〈윌리엄〉 시리즈 동화책처럼 폭넓은 잠재적인 독자층이 있는 외국서적 유입에 대한 반응임을 고려하면, 그 법규는 이국성에 대해 프랑코 정권이 일반적으로 인정하는 것에 대한 진술로 볼 수 있다. 레글라멘토 문서의 어떤 항목은 〈윌리엄〉 시리즈 동화의 금지와 특히 직접적인 관련이 있으며, 그러므로 그 법규에서 외국문학 특징에 집중된 특별한 관심을 강조하는 데 전반적으로 공헌을 했다.

레글라멘토 문서의 금지 범주는 5개 섹션으로 나뉜다. 종교적인 것, 도덕적인 것, 심리적이고 교육적인 것, 애국적이고 정치적인 것, 그리고 문학, 예술, 기술적인 것으로 분리된다. 그 항목들 중 일부는 금지 기간 전후의 〈윌리엄〉 시리즈 도서에 강요된 삭제나 수정을 직접적으로 설명해 준다. 예를 들면 첫 두 항목은 "신앙이나 성경의 진실 관련하여 드러나지 않은 실수"와 "세속주의의 두드러진 예, 또는 실수나 스캔달을 일으키는 다른 고백에 상응하는 의식의 과격한 묘사를 담고 있는 이야기"를 금지한다. 그러한 종교적 처방의 중요성 때문에 윌리엄이 동네 목사를 존경하지 않는 구절이 수정되고(번역 교정지에서 시장이나 의사로 변경됨), 그가 교회사에 대한 책을 훼손하는 구절이 수정된다(고대 로마에 대한 책으로 변경됨). 또 다른 항목은 "사랑에 반드시 나오는 미묘함과 이상주의 없이 사랑이 과도하게 사실적으로 그려지는 이야기 및 부도덕적으로 여기는 음탕한 언어나 그림을 담고 있는 이야기"를 금한다. 이것은 아마도 왜 바이올렛 엘리자베스가 윌리엄과 그의 친구들에게 자기에게 키스하라고 요청하는 곳이 삭제되었는지를 설명할 것이다. 그러나 다른 항목들은 직접적인 삭제를 설명하지는 않지만 프랑코 정권의 아동문학 텍스트 패러다임 구축에 도움을 주고, 그래서 왜 1942년과 1958년 사이 검열자들이 〈윌리엄〉 도서를 박해했는지 설명한다. 한 항목은 특히 프랑코 정권이 이해하는 사회의 개념이 기초하고 있는, 서로 연결된 수직적 사회 위계질서 불가침성을 확립하며, "부모의 권위, 가족과 가정의 신성함, 권위 있는 사람들에 대한 존경, 고국에 대한 사랑이나 법에 대한 복종을 조롱하는 경향이 있는 웃긴 일탈은 무엇이든지" 금지시킨다. 〈윌리엄〉 도서의 풍자 다수가 그러한 위계질서의 전복에서 나온 것임은 두말할 필요도 없다.

프랑코 정권의 검열을 일반 대중이 이해하는 방식과 반대로, 레글라멘토 문서는 그 정권 이데올로기 신봉자들이 아이러니 감수성을 그 기준에 넣으려고 부단히 노력했다는 사실을 보여준다. 예를 들면 한 이야기에서 역효과를 낸 교훈적 계획이 2번째 항목(i)을 통해 그려지고, 그 항목은 "복종하는 척하는 아이의 덕목을 칭찬하거나 부당함에 항의하여 들고 일어나는 아이의 반항을 비판하는 이야기"를 금지한다. 그렇게 계획을 전도하는 것은 크롬프톤의 이야기에서 흔한 기법이고, 그 이야기에서 윌리엄은 종종 순수하게 좋은 일을 하려할 때 가장 많은 혼란을 일으킨다. 좀 더 직접적으로는 항목 3(d)은 "아이의 아이러니 감각이 바탕을 두고 있는 솔직함과 순진함을 무시하는 너무 지적이거나 회의적인 유머 감각을" 금지한다. 이러한 아이러니 뉘앙스 인식은 틀림없이 〈윌리엄〉 시리즈 동화 몇 권을 금지했던 문학 텍스트 검열이라는 세계적인 개념에서 나온 것이다.

결론적으로 아동문학은 분명 전체주의 정권이 외국성에 대해 어떻게 반응하는지 아주 잘 알려주는 풍부한 자료이다. 프랑코 정권의 경우 아동문학 분야에서 번역 작품의 양과 중요성은 두 가지 흥미로운 반응을 이끌어낸다. 하나는 레글라멘토 문서의 형태로 나타난 노골적인 이데올로기 선언이다. 두 번째는 정도나 종류의 측면에서 다른 종류의 책에 부과된 검열 스타일과 다른 검열 스타일이 그것이다. 궁극적으로 나는 프랑코 정권의 동화책 정책은 문학 일반에 적용된 정책보다 훨씬 더 성공적이라고는 생각하지 않는다. 주요 이유는 프랑코 정권은 정말로 전체주의적인 문화 정책을 주입하기 위해 경제를 충분히 통제하지 못했기 때문이다(리드루에호(Ridruejo) 1976:130). 이것은 출판업자가 경제 지불능력과 이데올로기 사이의 길을 끊임없이 가야 했다는 것을 의미했다. 1940년대, 50년대 스페인 경제의 위태로운 상태를 고려해 보건데 불가피하게도 외국만화 무역을 용인하는 것과 같은 이데올로기적으로 애매모호한 입장을 택하는 것이 불가피했다.

그러나 아동문학의 예, 특히 〈윌리엄〉 도서의 예는 1940년대, 50년대의 프랑코 정권이 실제로 전체주의 정부의 가식과 유사한 가식이 있었음을 보여준다. 검열을 통한 더 큰 조직화와 개입의 정도는 인류의 완벽한 최종 단계에 집중된 이데올로기에 대한 믿음, 아니 적어도 믿음이라는 가식을 보여준다. 프랑코 정권 성명서들은 민족성의 본질적 순수성을 언급하는, 엄포를 놓는 듯한 말들로 가득 차 있다. 그러나 나치나 스탈린의 선전물과 다르게 이것들은 퇴행적일 뿐이다. 그러나 초기 동화책 정책은 우리가 미래를 위한 유토피아적 가식을 알아 볼 수 있는 몇몇 안 되는 분야 중의 하나, 아니 유일한 분야이고 전후 세대에게 그것을 주입시킴으로써 그 정권의 이데올로기를 영속시키고자 하는 시도였다. 그 시도가 외국과의 연계성 필요 때문에 실패했다는 사실은 그 정권이 문화생산 수단을 완전히 통제함으로써 이데올로기적으로 스스로를 정당화시키지 못한 데에서 비롯된다.

표 1. 스페인의 〈윌리엄〉 시리즈 도서(1940-1959)

제목과 출판년도	결의안	영어 제목 및 보고
G. el genial 1940 1941	1,000부 수입 인가	*William the Fourth*(1924) 어린이에게 적합한 모험 소설. 도덕적. 출판허가
G. el incomprendido 1940 1941	〃	*More William*(1922) 유머가 이상하고 복잡하고 불안하지만 재미있음. 아주 독창적임.
G. el conqusitador 1941 1942	〃	*William the Conqueror*(1926) 모욕적이지 않고 구성이 잘 된 어린이용 모험 이야기.
G. hace de las suyas 1941 1942	수입인가 10,000부 출판 취소	*William Again*(1923) 1941: 새로운 〈윌리엄〉 모험소설 시리즈, 이전 책처럼 해가 없고 재미있음. 1942: 이 책을 교육적이라고 생각하지 않으므로 허가 취소를 제안함.

제목과 출판년도	결의안	영어 제목 및 보고
G. el proscrito 1942	10,000부 거절	*William the Outlaw*(1927) 11월 2일: 영국 아이들 이야기. 출판을 지연시킬 이유가 없음.
Los apuros de G. 1942	8,000부 거절	11월 3일: 우리나라 어린이 교육과 상충되는 영국적 특징이 강한 동화, 이러한 이유로 우리는 그것을 허가 불가하다고 생각함. *William in Trouble*(1927) 앙드레(Andrés): 영어에서 번역된 그리고 완전히 영국식 사고방식을 가진 동화책. "유머"(humour)(원본에 쓰인 영어단어)가 없는 것은 아니지만 스페인 아이들은 스페인 책을 읽는 것이 더 낫다고 생각됨. 콘데(Conde): 검열이 필요한 것은 아니지만 이 책이 영어에서 번역된 것이기 때문에 이 분야에서 스페인 출판물을 선호하는 것이 옳다고 생각되고 영어 번역서는 종이부족으로 정지되어야 한다고 생각됨. 페나(Peña): 부정적인 것도 긍정적인 것도 없는 동화책이므로 출판금지를 제안함.
Travesuras de G. 1943	8,000부 거절	*Just William*(1922) 영어에서 번역된 책이라는 불리한 점이 있고...스페인 아이들에게 낯선 관습과 성격이 있음... 종이 부족을 감안한다면 스페인 동화를 선호하는 것이 옳음...
G. el organizador 1943 1949	수입 1,000부 거절 10,000부 거절	*Still William*(1925) 아이들과 무관한 책. 본 도서의 성격은 스페인 아이들이 읽기에는 무례해 보임.
G. el bueno 1958	8,000부 인가	*William the Good*(1928) 장난기 있지만 순수한 모험 이야기, 정신분석적 예리함이 보임.
G.el malo 1959	8,000부 인가	*William the Bad*(1930) 독창적인 소설... 검열 불필요.

기록 출처: Archivo General de la Administractión del Estado

윤선경 번역

참고문헌

1. Abelián, M. 1980. *Censura y creación literaria en España (1939-1976).* Barcelona: Editorial Península.

2. Beneyto, A. 1977. *Censura y política en los escritores españoles.* Barcelona: Plaza y Janés.

3. Bozal, V. 1969. "La edición en España. Notas para su historia". *Cuadernos para el Diálogo* 14 Extraordinario (May): 85-93.

4. Butt, J. 1974. "Spain's skin-deep liberalism". *Index on Censorship* 3(2): 51-53.

5. Cendán Pazos, F. 1986. *Medio siglo de libros infantiles y juveniles en España* (]935- 1985). Madrid: Fundación Germán Sánchez Ruipérez.

6. Cisquella, G., Erviti, J.L. and Sorolla, J.A. 1977. *Diez años de represión cultural: La censura de libros durante la Ley de Prensa (1966-1976)*, Barcelona: published jointly by numerous publishing houses.

7. Crompton, R. 1922-1970. 38 titles between these dates, beginning with *Just William* (1922) and ending with *William the Lawless* (1970). London: George Newnes.

8. Friedrich, C.J. 1954. "The Unique Character in Totalitarian Society". In C.J. Friedrich(ed), *Totalitarianism* (proceedings of Conference held at the American Academy of Art and Sciences, March 1953). Cambridge (Massachussets).

9. Friedrich, C.J. and Brzezinski, Z.K. 1966. *Totalitarian Dictatorship and Autocracy*, 2nd ed. (revised). New York: Praeger.

10. Gasca, L. 1966. *Tebeo y cultura de masas.* Madrid: Editorial Prensa Española.

11. Gasca, L. 1969. *Los comics en España.* Barcelona: Editorial Lumen.

12. Herrero, M. 1942. "Estadísticas y comentarios". *Bibliografia Hispánica* 1(5): 1-7.

13. Hurtley, J.A. 1992. José Janés: editor de literatura inglesa. Barcelona: Promociones y Publicaciones Universitarias.

14. Kant, I. 1970. *Political Writings* (ed. Hans Reiss). Cambridge: Cambridge University Press.

15. Kundera, M. 1983. *The Joke* (tr. by Michael Henry Heim). London: Faber and Faber.

16. LaPrade, D.E. 1991. *La Censura de Hemingway en España*. Salamanca: Universidad de Salamanca.

17. Lasso de la Vega, J. 1945. "La selección de libros. Reglas para bibliotecarios, editores, libreros y lectores". *Bibliografía Hispánica* 4, 1: 1-25.

18. Nichols, G.C. 1985. "Children's Literature in Spain, 1939-1950: Ideology and Practice". In Henán Vidal (ed), *Fascismo y experiencia literaria: reflexiones para una recanonización*. Minneapolis: Society for the Study of Contemporary Hispanic and Lusophone Revolutionary Literatures, 213-221.

19. Preston, P. 1986. *The Triumph of Democracy in Spain*. Cambridge: Cambridge University Press.

20. Ridruejo, D. 1976. *Casi unas memorias*. Madrid: Planeta.

21. Schapiro, L. 1972. *Totalitarianism*. London: Pall Mall Press.

22. Toral, C. 1946. "Ensayo de selección de bibliotecas para niñas de once a dieciséis años". *Bibliografía Hispánica* 5(7): 455-463.

23. Twain, M. (pseud, of Samuel L. Clemens) 1876. *The Adventures of Tom Sawyer*. London: Chatto and Windus.

John Benjamins Series

10 Rimbaud's Rainbow

문학번역의 새로운 사용역
— 라틴아메리카의 경우를 중심으로

엘스 히베이루 피레스 비에이라 Else Ribeiro Pires Vieira
미나스 제라이스 연방대학교 (브라질 벨로 호리존테)

> 이 같은 이중의 변화는 근본적인 원칙으로서의 진정한 의미의 '생성' 혹은 '-되기'(becoming)'라고 할 수 있다. 들뢰즈(Deleuze)는 이 현상을 '이중 구속'(double capture)이라고 규정했는데, 이 두 가지 용어는 관계성에 있어서 '서로의 특징'을 가져오게 된다. 물론, 여기서 각각의 용어는 자신만의 독립된 정체성을 그대로 유지한다는 전제가 가능하다. 이것이 바로 '이중 생성'인데, 새로운 특징을 받아들이는 과정에서 힘의 불균형이 발생한다. 왜냐하면 이 두 가지 용어는 각각 개별적인 '생성'(-되기)의 단일한 과정 속에서 걸려들었기 때문이다. ... 그래서 결국 '생성'(-되기)는 서로 상반되는 것들 사이의 관계가 아니라, 접촉이면서 포획이기도 하다(Jenkins).

오늘날 후기구조주의와 포스트모더니즘적 맥락에서, 번역 이론가들은 인문학의 다른 분야의 학자들과 마찬가지로, 다양한 영역과 범주를 연구대상으로 확장하고 다른 종류의 구조에 더 많은 학문적 관심을 가지는 과정에서, 텍스트의 내재성과 문장의 기본 단위로서의 단어성에 대한 관심으로부터 벗어나는 경향을 보이고 있다. 전통적으로, 투명성이나 비가시성은 번역을 평가하는 중요한 범주로 작동했는데, 이 같은 범주는 '타자성'이라는 흔적을 지워버리면서 원작, 즉, 출발어텍스트의 우월성을 강조하게 되고 출발어텍스트를 닮아가도록 요구하는 하나의 모형으로 상정되어, 결과적으로는 번역을 출발어텍스트의 하위개념으로 추락시키게 되었다.

본 논문은 번역에 대한 역사적 고찰과 함께, 오늘날 라틴아메리카에서 논의되는 번역이론과 번역학을 포함하는 번역 전반에 걸친 논점을 포스트식민주의(postcolonialism)의 비평적 틀 안에서 살펴보고자 한다. 이 같은 포스트식민주의의 비평적 틀은 포스트모더니즘(postmodernism)이나 후기구조주의(poststructuralism)와 후기비평주의(postcriticism)와 부분적으로 겹친다는 점도 염두에 둔다.

라틴아메리카에서 '라틴아메리카성'(Latin Americanness)이라는 개념에 대한 문제제기로 인해, 이를 포괄하는 상위개념인 '라틴아메리카'라는 용어도 논란의 대상이 된 것처럼, 후기구조주의가 문제로 삼은 '패러다임'(paradigm)이라는 거대한 용어를 여기서 사용하는 것이 사실 부담스럽기는 하다. 본 논문은 그럼에도 불구하고, 라틴아메리카에서 번역 패러다임의 전환을 제시하는 새로운 사용역(register)의 등장과 번역 과정, 그리고 이론화의 출발점을 확인해보고자 한다. 이 같은 어휘적인 논란에도 불구하고, 여러 번역 이론가들로부터 '가능성'이라는 차원에서만 언급되던 번역의 새로운 패턴이, 그동안 관례적으로 '라틴아메리카'라고 불리던 환경 속에서 매우 구체적인 (포스트)모더니즘적 현실이 되어버렸다. 이 같은 용어 논란에 대한 논의를 허용하지 않는 시간적·공간적 제약 속에서, 하나의 탈출구로서 '라틴아메리카'라는 용어의 사용이 라틴아메리카에 존재하는 다양한 종류의 문화적 정체성을 부정하거나 삭제하는 것은 아니라는 전제가 성립되었다. 지면의 제약으로 인해, 여기서 이 같은 패러다임의 변화에 대해 구체적으로 논의할 수는 없기 때문에, 본 논문의 기본적인 전략은 20세기 브라질 작가이며 브라질 '구체시'(Concrete Poetry) 운동의 창시자이기도 한 아우구스토 데 캄포스(Augusto de Campos)를 중심으로 해서, 논의 가능한 영역과 지금까지 계속 추구해온 논의의 궤적의 일부분을 살펴보도록 한다.

그래서 이 같은 패러다임 변화에 대한 이정표의 역할로, 본 논문은 번역 이론가인 테자스위니 니란자나(Tajaswini Niranjana)와 로렌스 베누티(Lawrence Venuti) 두 사람에 의해 1992년 제시된 역사와 번역가의 비가시성에 대한 이론적 문제제기에 초점을 맞추고자 한다. 니란자나는 기존 담론과는 차별화된 포스트식민주의 맥락에서, 그리고 베누티는 전형적인 후기구조주의 관점에서 이 같은 주제에 접근한다. 이 같은 논의를 라틴아메리카의 특수한 상황에 적용하는 과정에서, 본 논문은, 1970년대부터 그 이후로 해서 니란자나와 베누티의 주장이 등장하기 전까지인 1990년대 중반까지의 기간 동안, 브라질의 포스트모더니즘에서 찾아볼 수 있는 번역가의 번역방식과 메타언어가, 역사와 번역가의 비가시성이라는 두 가지 범주에 문제제기를 하면서 상대주의적 관점에서 접근한다고 보고 있다. 또한, 본 논문은 모더니즘 시기까지 거슬러 올라가는 번역가의 가시성 문제가 특히 라틴아메리카에서는 매우 뚜렷한 윤곽을 가지면서 번역가의 가시성과 자율성까지 두드러지게 한다고 주장한다. 그런 맥락에서, 본 논문에서 앞으로 구체적으로 논의하겠지만, 라틴아메리카에서는 한편으로는 번역가의 위상을 창조나 재창조의 수준으로까지 올리면서, 또 다른 한편으로는, 그동안 번역에서 전통적으로 주변부로 인식되어온 번역과 주변부 문화라는 두 공간을 식민지화시켜왔다고 할 수 있다. 저자의 타자성과 자율성을 강조하는 이 같은 주장은, 번역에 관한 이분법을 배제하는 것보다는 오히려 번역을 역사와 저자성의 이중성의 중심에 재정립시키는 측면이 있다.

번역 이론과 방식의 새로운 패턴은 번역학 연구 영역에서도 이에 상응하는 변화를 요구하게 되었다. 이 같은 맥락에서, 본 연구는 수잔 바스넷(Susan Bassnett, 1993)의 주장과 동일한 관점에서, 번역학 연구의 세 번째 단계에 해당하는, 후기구조주의로 향하는 방향성은 바로 번역가가 사용하는 비유 언어에 대한 것이었음을 강조한다. 그러나 본 논문은 또한, 그동안 번역이론에서 큰 버팀목이 되어온 은유가 이 같은 새로운 패러다임의 측면에서, 라틴아메리카의 근대성과 포스트모더니즘에 매우 구체적인 의미를 가지게 되었다는 점을 강조한다. 번역에 관한 현대 라틴아메리카의 사상과 철학적 담론에서 '양자성'(bilaterality)과 '이중성'(duality)의 의미를 전달하기 위한 은유의 구체적인 활용의 필요성에 대한 주장은, 수혈이나 다른 사람의 피부나 얼굴을 이식하거나, 혹은 물리학에서 말하는 연통관이나 술에 완전히 찌든 표정과 같이 다른 것을 받아들여 흡수하거나 소화시키는 차원의 은유나 그와 유사한 형태의 다른 비유적 분석을 활용해 왔다. 이 같은 종류의 은유들은 쌍방향의 흐름을 전달할 뿐만 아니라 저자의 타자성도 함께 강조하면서, 또 한편으로는 권력 계급을 재분배하고 번역을 통해 식민주의 양식을 뒤집어버리고, 새로운 배치라는 방향성을 설정한다.

본 논문은 '후기비평주의'(postcriticism)로 다가가는 방향성의 측면에서, 번역학 연구에서도 소설적-이론적(fictional-theoretical) 범주를 포함해야 할 필요성을 강조한다. 이 같은 움직임은, 번역가에게 '소설적-이론적' 범주를 제공한, 브라질어와 스페인어로 쓰인 라틴아메리카의 현대 및 포스트모던 문학(예를 들면, 마리오 데 안드라데(Mário de Andrade)의 『마쿠나이마』(*Macunaíma*), 호르헤 루이스 보르헤스(Jorge Luis Borges)의 『픽션들』(*Fictions*), 가브리엘 가르시아 마르케스(Gabriel Garcia Márquez)의 『백년간의 고독』(*One Hundred Years of Solitude*) 등)의 두드러진 역할을 통해 이미 부분적으로 시작되었다(비에이라(Vieira), 1995 참조). 이 같은 이론적 대안을 가능하게 하는 근거로는 에네이다 데 소자(Eneida de Souza)의 후기비평주의에 대한 연구(1997)와의 연관성을 들 수 있는데, 바르트(Barthes)와 요타르(Lyotard)로부터 출발한 에네이다 데 소자는 과학 담론에서의 주체의 비가시성에 의문을 제기하고, 소설과 이론의 중간 형태에 해당하는 에세이 같은 글쓰기 양식이 후기비평주의의 소설적-이론적 궤적을 만들어내는데 중요한 역할을 한다고 주장하며, 주체성의 영역을 포함하는 계기를 마련한다.

브라질 미나스 제라이스 연방대학교에서 수행된 본 연구는, 소위 말하는 실용주의자들과 반 음성언어중심주의자들(anti-logocentrists)사이에 여전히 진행되고 있는 열띤 논쟁의 브라질적인 바탕에 대항해서 일종의 길안내의 역할로 맥락화 될 수 있다. 오늘날 문화연구와 같은 다른 학문영역에서 진행되고 있는 방향 전환과 맥락을 공유하면서, 본 논문은 '원본'과 '복사본'의 존재론에 대한 후기구조주의의 탐구의 성과를 반영하고, 번역 아카이브를 구축하는 과정에서 역사와 이데올로기, 문화적 맥락에 대한 문제제기를 재시도하고자 한다.

번역가의 비가시성과 역사적 불변성

인도라는 구체적인 환경에 자신을 위치시킨 테자스위니 니란자나(Tejaswini Niranjana)는, 번역은 타자를 재현하는 구체적인 방식을 사용하면서, 에드워드 사이드(Edward Said)가 말하는 '재현'(representation) 혹은 역사성을 결핍한 대상으로서의 위상을 가지도록 함으로써, 식민지 피지배자의 헤게모니적 상황을 고착화시킨다.고 주장한다 그리하여 니란자나의 목표는 이 같은 '불균형과 역사성에 대한 인식의 부재나 결핍, 혹은 억압을 증명하는 대상으로, 번역을 식민지배의 중요한 기제'라고 정의한다. 비가시성에 대한 부차적인 개념으로 니란자나는 '불변성'을 부각시킨다. 니란자나에 의하면, 식민담론의 전형적인 방식 중에 하나는 식민대상을, 변화하지 않고 움직이지도 않는 대상으로서 고착화시키는 것이다. 그렇기 때문에 변화라는 개념을 포함하는 역사성의 필요성을 중요하게 받아들여야 한다. 니란자나는 더 나아가, 역사와 번역은 '재현'이라는 동일한 규범 속에서 작동하며, 차이를 제어하면서 논리 정연하고 투명한 텍스트를 만들어냄으로써 식민지배 과정에 참여하게 된다고 주장한다(니란자나, 1992: 1-43).

또한 1992년 로렌스 베누티(Lawrence Venuti)는 『번역 다시 생각하기』(*Rethinking Translation*)를 편찬했는데, 여기서 제기된 논의들은 3년 후 1995년 출판된 『번역가의 비가시성』(*The Translator's Invisibility*)에서 본격적으로 다루어지게 된다. 서론에서 베누티는, 번역가는 자신의 그림자 같은 존재적 행위자 중에 하나라는 점을 강조하면서, 번역가는 번역해설이나 비평 혹은 이론이나, 자신이 만들어내는 번역물과 관련된 사회, 문화적 환경에 대한 날카로운 인식 같은 것은 생산하지 못하며 오로지 번역물만 만들어냄으로써, 결국 번역은 보이지 않는 행위로 남을 수 밖에 없다고 주장한다. 또한, 베누티는 번역의 고유성은 결국 번역 자신을 드러내지 않는데 있다는 기존의 지배적인 관점을 비판하는데, 기존의 관점에서 보면 번역은 유창함을 전략으로 삼아서 외국어텍스트에 담겨 있는 언어적, 문화적 차이를 지우면서까지 어떻게 해서든 자연스럽게 읽히는 번역텍스트를 만들어낼 때 성공적인 번역으로 평가받게 된다. 베누티의 주장에 따르면, 그런 맥락에서 후기구조주의 텍스트성은 번역의 등가성의 개념을 재정립하게 된다. 다시 말해, 번역은 결코 투명한 재현이 될 수 없으며, 단지 낯선 원본텍스트에 담겨 있는 다층위적이고 분열된 다양한 의미들을 드러내는 해석적 전환으로서, 그 의미들을 똑같이 다층위적이고 분열된 다른 언어로 된 다른 종류의 의미로 치환하는 것일 따름이다. 이 과정은 외국어 원본텍스트에 종속되어 있던 번역을 해방시켜줄 뿐만 아니라, 번역을 종속된 텍스트가 아니라 하나의 독립된 텍스트로 읽어내는 해석학적 접근을 가능하게 한다(베누티, 1992: 1-8).

같은 해인 1992년, 비가시성과 불변성의 범주에 문제제기를 한 비에이라(Else R. pires Vieira)는 이 같은 범주에 대해 다른 대안을 제시하면서 번역의 역사성 영역을 포함시켰다. 좀 더 구체적으로 설명하자면, 비에이라는 초기에는 번역과 식민주의의 밀접한 관계에 대한 탐구로 시작해서, 라틴아메리카의 포스트식민주의이론과 브라질의 포스트모더니즘을 이어주는 새로운 설정과 배치를 추구하며, 이와 관련된 연구와 논문들을 계속해서 발표해왔다. 실제적인 '가시성'과 역사적 '변화성'에 천착하면서, 비에이라는 역사나 번역가의 '비-가시성'(in-visibility)이나, 번역 또는 식민주의에 대한 기존의 시각에서 파생되는 텍스트와 역사의 '불-변성'(in-mutability)에서 볼 수 있듯이, 니란자나나 베누티가 필요로 했던 'in-'이라는 부정어 접두사의 이론적 표현의 범주를 넘어서려고 한다. 요약하자면, 번역을 재배열하고 재정의하고 재고할 필요성에 대한 후기구조주의 이론적 표현이, 비에이라의 이론적 형성 과정에서 바로 비에이라 자신이 번역에 있어서 새로운 계기라고 언급했던 것의 매우 분명하고 확고한 포스트모던적, 포스트식민주의적 발현이 되었다(비에이라, 1992).

라틴아메리카에서 역사 다시쓰기

브라질이나 라틴아메리카 국가에서 서구문학을 번역하는 작업은 결코 순수하다고 볼 수 없다. 각각의 번역행위는 원본을 경계를 넘어 이동시키고, 각각의 번역행위는 또한 서구문명을 경계를 넘어 이동시키는데, 그로 인해 서구문학을 번역하는 행위에는 두 가지 맥락이 내포된다. 즉, 번역은 원본을 다시쓰기 할 뿐만 아니라 역사도 다시 쓰며, 또한 번역은 원본을 재현할 뿐만 아니라 역사도 재현한다,

번역행위와 식민지화, 번역텍스트와 식민지, 그리고 번역가와 식민지 주민 사이의 연관성은 더 확장될 수 있다. 필립 루이스(Philip Lewis)는 번역가와 연관되는 불완전성과, 변형, 불충실성 등의 의미에 대해 언급했다(1985: 39). 또 다른 한편에서, 아르헨티나 학자인 알프레도 모파트(Alfredo Moffat)는 특히 식민지 피지배자들의 심리상태인 당혹스러움, 수치와 열등감 등의 감정을 연구해왔는데, 이 같은 부정적 심리상태를 만들고 고착화시키는 이데올로기적 작동구조 속에 식민지 피지배자가 함몰됨으로써 반복되는 악순환을 초래한다(1975). 다시 말해, 주변부적인 공간으로 규정될 뿐만 아니라, 전통적으로 열등적인 대상으로 인식되는 번역텍스트와 식민지화된 문화 이 두 가지는, 실제로 이 두 가지의 지금 모습 그대로 평가받기 보다는, 원본이나 원래 문화와의 관계를 형성하는 과정에서 이 두 가지가 각각 제대로 구현하지 못했던, 갖추지 못했던 면을 기준으로 평가받는 경향이 있다. 이 같은 '부재'의 기준에 대해 본 연구에서 깊이 다루어보고자 한다.

테오 허만스(Theo Hermans)는 원본 중심적이고 규범적인 접근법은 번역에 대한 가장 일반적이고 전형적인 관점으로, 기본적으로 번역은 한번 손을 거친 중고품이고 이류급이라는 전제에서 시작하는데, 이것은 결국 원본의 우월성을 반영하는 시각이라고 주장한다. 그러다보니 번역에 대한 학술연구 또한, 번역텍스트에서 발견하는 오류나 부적절함을 강조함으로써 결과적으로는 따라잡을 수 없는 원본의 우수한 가치만을 돋보이게 하는 역할에 그치게 된다(허만스, 1985: 8-9). 이 같은 우월성과 열등성의 이분법적 분류는 지난 수 백 년 동안 번역가로 하여금 원본에 충실함으로써 어떻게 해서든 원본의 우월성에 근접하도록 하는 압력과 부담으로 작동했다. 그러나 루이스가 지적하듯이 실제 번역에서 유일한 충실성은 똑같은 반복 밖에는 없었고(루이스, 1985: 39), 이 같은 반복은 보르헤스가 자신의 문학평론 에세이에서 세르반테스의 『돈키호테』를 글자 그대로 똑같이 다시 썼다고 만들어낸 가상의

20세기 프랑스 작가 피에르 메나르(Pierre Menard)의 작업과 별반 다를 게 없다.

아무리 노력해도 원본의 우월성은 영원히 따라잡을 수 없다는 불가능성은, 결국 번역가를 원본과의 관계에서 종속적이고 부차적인 위치에 고착시킨다. 바로 이 지점이 허만스가 번역적 르네상스 담론에 등장하는 은유와 이미지에 관한 연구에서 강조하는 부분이다. 예를 들어, 자주 등장하는 '발자취'와 관련된 은유적 표현들('following in the tracks of others', 'treading in the forerunner's footsteps')만 하더라도, 다양한 종류의 위계적 관계, 즉, 원본텍스트와 번역텍스트 사이의, 우월한 텍스트와 열등한 텍스트 사이의, 자유로운 텍스트와 제약이 있는 텍스트 사이의 위계적인 관계의 형태로 드러난다. 원본텍스트와 번역텍스트 사이의 권력 관계와, 결과적으로 번역의 종속된 위상과 질적 열등성은, '주인'/'하인', '태양'/'촛불', '몸'/'그림자' 사이의 은유적 관계성에도 나타난다(허만스, 1985: 107-115).

16세기 포르투갈 왕실에서 임명한 해상항해 기록자인 카미나(Pêro Vaz de Caminha)에 의하면, 브라질에서 이루어진 포르투갈 탐험대와 브라질 원주민들 사이의 16세기 첫 번째 접촉에서도 이 같은 유사한 권력 관계가 발견된다. 카미나는 화려하게 치장한 포르투갈 선장이 엄청나게 큰 금 목걸이를 목에 걸고, 의자에 앉아서, 발판처럼 깔려 있는 큰 융단 위에 발을 얹어 놓고 있는 모습과, 또 다른 편에서 '옷도 하나 걸치지 않을 뿐만 아니라 자신들의 성기도 그대로 드러낸 채 개의치 않고 부끄러운 줄도 모르고 걸어 다니는' 브라질 원주민들의 모습 사이의 권력적인 대조를 보여준다. 포르투갈 지배자들의 권력의 상징으로서의 큰 융단은 시각적으로도 이 같은 식민지화 과정을 통해 만들어진 문화적 접촉의 관계적 불평등성과 불균형성을 보여주는 예시가 된다. 더 나아가, 화려한 치장과 나체의 몸 사이의 구조적인 이분법적 분류는 식민지 지배자들에게는 일종의 이국적 문화에 대한 매혹적인 측면을 부각시키는데, 이 같은 매혹은 현실에서 곧 어려움에 직면하게 된다(맥궈크(McGuirk), 1996: iii). 여기서 볼 수 있는 이분법적 분류는 나중에 결국 '문명'/'야만'이라는 상징성으로 다시 대두하게 된다.

에네질라 리마(Enezila Lima)가 역사 기록에 관한 자신의 연구에서 논의한 '부재'라는 기준은(1984: 87) 알베르 메미(Albert Memmi)가 언급한 '부정'의 기준과도 유사하다(1977: 81). 그리고 이 '부재'의 기준은 브라질에서 이루어진 포르투갈 지배자들의 식민지 정부를 합리화하고, 정당화시키는 준거가 되는데, 이 역시 르네상스 유럽의 문화적 산물이기도 하다. 이 같은 '부재'나 '부정'의 준거는 브라질로 건너간 포르투갈 탐험가들이 포르투갈에 보낸 첫 번째 서한에도 다시 한 번 잘 드러나 있다. 브라질 탐험대와 동행했던 카미나가 포르투갈 국왕에게 보낸 편지에는 '이곳 원주민들은 쟁기를 사용해 땅을 갈지 못한다', '이들은 가축을 키우지도 못한다', '여기에는 닭이나 양도 없다'와 같은 내용들이 반복적으로 언급되고 있다는 점을 강조하면서, 그로 인해 포르투갈 국왕이 할 수 있는 최선의 방안은 '이들 원주민들을 구해주는 것'이었다는 점을 내세운다. 이들 '열등한' 원주민들을 구하기 위해서는, 우수한 문화를 가진 포르투갈 사람들에게 이들 원주민들이 자신의 능력으로는 도저히 갚을 수 없을 정도의 빚을 지게 하면서라도 원주민들이 요청하지 않은 도움을 주는 그런 종류의 구원사업을 하는 것이 포르투갈의 식민지 정책이 되었다.

카미나가 포르투갈 국왕에게 보낸 편지에 나타난 또 다른 특징으로는, '열등한' 브라질 원주민들을 가리키는 명칭이 없었다는 점이다. 이후에 이들 원주민들을 가리키는 이름이 만들어졌을 때도 사실 '인디언'(indian)이라는 부적절한 표현이었는데, 왜냐하면 그 의미는 '그들'(they)과 '사람들'(people)이라는 뜻이었다. 비평가 메미는 이 점을 놓치지 않고 지적한다. 원주민들을 가리키는 복수형은 결국 이들 원주민들의 개별적 정체성을 부정하는 상징적인 관점의 반영이라고 볼 수 있다. 적절한 이름과 정체성이 부정되었다는 사실은 번역가와 식민지 피지배자의 관계성을 보여주는 상징이 된다. 'Le traducteur et la fonction du double'['The translator and double function']과 'Une voix en trop' ['One voice too many']에서 셀린 진스(Céline Zins)는 작가의 투영된 이미지로만 존재하는, 작가의 대역으로만 존재하는 번역가에게 거부된 정체성의 문제를 살펴본다. 이처럼 거부된 정체성으로 인해 책의 표지에 번역가의 이름이 생략되는 것은 일반적인 현상이 되었다. 책 표지에 인쇄되어 있는 작가의 이름이나 명성에 오히려 방해가 된다고 간주되는 번역가 존재는, 그래서 책 표지에서는 익명의 투명 인간('Mr. Nobody')이 된다(1985: 42-47). 앞서 살펴본 바와 같이, 카미나가 포르투갈 국왕에게 보낸 편지가 포르투갈의 관점에서 바라본 브라질이라는 국가의 기원을 설명하는 자료가 되는 것처럼, 책의 표지는 책의 기원과 역사적 출발점을 보여주는 역할을 한다는 점을 감안한다면 책의 표지에 번역가의 이름이 삭제되는 것은 매우 중요한 '부재'라고 할 수 있다. 왜냐하면 타자, 열등한 자, 이름이 없는 자는, 또한 침묵을 강요받는 자이기도 하기 때문이다. 일반적으로 번역가로부터 기대하는 것은 번역가 자신의 '지나친 목소리'를 억제하고 자신의 존재 흔적을 모두 지우는 것이다. 결국 '익명의', '종속적인', '충실한', '조용한 복제품'—'완벽한 복제품'이라는 '플라톤적 확인'(들뢰즈(Delueze), 1977: 262)—이 번역의 규범이 된다. 번역가의 흔적은 삭제되고, 번역된 텍스트는 결국 단일한 의미를 가진 권위적인 표징을 부여받는다.

유럽에 대한 복제는 라틴아메리카에서 이루고자 했던 것이며, 실비아노 산티아고(Silviano Santiago)가 설명하듯이 유럽의 이데올로기를 라틴아메리카에 이식시키는 것은 결국 타자의 흔적을 완전히 지우는 것만을 통해서 가능한 것이었다. 왜냐하면 우월한 언어와 종교, 문화를 이식함으로써 이중언어 사용을 원척적으로 막는 것은 종교적 다원성을 막는 것이며 식민주의자의 권력을 작동시킨다는 것을 의미하는데, '하나의 신, 하나의 왕, 하나의 언어는, 다시 말해, 진정한 신, 진정한 왕, 진정한 언어가 된다'(산티아고, 1978: 16). 유일신, 단일 군주, 단일 언어를 통해 라틴아메리카의 토착 문화는 말살되고, 유럽의 단일의미가 지배논리가 되었다. 그로 인해 원본에 대한 충실성은, 하비에르 알보(Xavier Albó)가 지적하듯이, 기원자체가 이미 다원성에 근거하고 있는 라틴아메리카의 역사적으로 특수하고 구체적인 환경 속에서 매우 복잡한 개념이 되어버리면서, 라틴아메리카 토착 원주민 문화에 대한 유럽중심적인 억압과 박해는 라틴아메리카의 기억과 전통을 완전히 삭제하지는 못했다. 이 같은 환경에서, 예를 들어, 기원에 대한 억압된 역설은 원본에 대한 관점을 재개념화시켜야 할 필요성을 유발함으로써 '충실성'을 더욱 복잡한 개념으로 만들어놓는다. 일방통행식 충실성은 식민지 역사의 재확인이며, 일방통행식 역사 흐름의 재확인이기도 하다. 이것은 누군가 한 사람의 단일한 목소리의 강요와 이로 인한 타자의 침묵을 기반으로 만들어진 건물의 기초를 더욱 공고히 하는 것을 의미한다.

번역과 식민 역사의 근접성은, 번역을 역사의 일탈과 새로운 배열을 가능하게 하는 것으로 보는 관점을 만들어내면서, 라틴아메리카에서 전통과 정체성, 소설의 문제들을 엮어가는 과정과도 연결된다. 아르헨티나 평론가 리카르도 피글리아(Ricardo Piglia)가 주장하듯이, 라틴아메리카는 출발부터 '번역의 은유'로부터 시작했으며, 아르헨티나 사람들에게 있어 전통이라는 것도 문맥을 통해 읽어내야 하는 번역이라는 형식을 취해왔다. 그리고 작가의 영역이나, 번역가의 영역 모두 '구 전통'(ex-tradition)의 영역이다. 그래서 라틴아메리카의 역사를 일종의 소설과 번역으로 보는 시각이 생겨났다(피글리아, 1992). 이 같은 전체 틀을 관통하는 또 다른 관점으로는 하비에르 알보(Xavier Albó)를 들 수 있는데, 알보는 라틴아메리카의 정체성을 하나의 소설로 바라본다. 이 지역을 가리키는 표현인 '라틴아메리카'라는 표현 자체도, 스페인과 포르투갈이 자리 잡고 있는 '이베리아 반도', 즉 유럽 라틴 문화의 신대륙으로의 이식을 의미한다. 그러나 신대륙으로 이식된 문화가 라틴 문화 한 가지만은 아니었다는 점에서 이 같은 주장의 타당성은 제한적이며, 신대륙과의 관계에서 소위 말하는 '발견'(discovery)이라는 행위도, 사실 결과적으로는 '덧씌움'(covering)이라는 특성을 가지고 있다(알보, 1993).

이 같은 '구 전통'의 역사와, 연속성을 가진 이식 행위, 탈영토화, 연대기적인 일탈은 번역의 역사를 보여주는 한편, 지금도 유효한 번역 원리의 일부를 상대적인 가치로 바꿔놓는다. 알보가 주장하는, 빌려온 정체성이라는 개념을 번역이론에 투영하는 것은, 번역에서 그동안 진행된 작가성과 역사에 대한 논의를 비가시성의 문제를 뛰어넘어, 텍스트화된 작가의 타자성과 권위, 자율성의 문제로 방향을 돌림으로써 원본이 가지고 있는 하나의 고정된 의미라는 개념에 균열을 가져온다.

데리다(Jacques Derrida)는 번역의 출발점이라고 여겨지는 바벨탑 신화를 정치적인 영역으로 끌어와서 읽어내면서, "그[신]는 아버지라는 자신의 이름을 부여하고, 그 같은 강제적인 부여를 통해 바벨탑의 해체를 시작한다"(1985: 170)라고 주장한다. 브라질의 정치적인 상황에서, 문화비평가 산티아고는 서로 밀접한 연관성을 가진 유럽의 종교적, 언어적 패러다임이 식민 르네상스 시기동안 어떻게 해체되었는지를 아래와 같이 설명한다.

> 식민 르네상스는 새로운 사회를 배양한다. 이 새로운 사회는 스페인 사람과 라틴아메리카 원주민의 혼혈인 메스티조(mestizo)의 사회로서, 두드러진 특징은 그 동안의 순수함의 개념이 무너지고 오염되면서 그 대신, 유럽적 요소들과 현지 토착 요소들의 미묘하고 복잡한 혼합의 등장을 들 수 있다. 이 같은 혼합은, 저항과, 인종적 혼혈, 그리고 정복자들에 의해 강요된 문화적·사회적 가치의 전복뿐만 아니라, 비록 표면에서 발생하는 커다란 변화인 것 같지만 실제로

는 서구 문화를 전파하는 두 가지 중요한 시스템인 종교적, 언어적 코드를 바로 잡는데 상당한 영향을 주면서 큰 변화의 새롭고 끈질긴 움직임 속에서 발생한다. 이 두 가지 코드는 그동안 가지고 있던 순수성이라는 위상을 잃어버리고, 새로운 획득에 의해, 미세한 변형에 의해, 그리고 유럽의 사전과 문법을 담고 있는 성경이라는 텍스트의 완결성을 변형시킬 수 있는 낯선 오염에 의해 서서히 풍부해지도록 한다.

포스트모더니즘 시기의 번역 사상에 큰 영향력을 행사한 브라질 모더니즘이 어떤 방식으로 무비판적 모방에 문제제기를 하면서, 일방통행식 흐름과 단절하고, 기원이라는 개념을 재개념화하고, 식민주의 역사를 '재번역'하는지 살펴보도록 한다.

번역이론으로서의 식인주의(cannibalism)와 소설에 관해

1920년대 반자유주의적, 반기독교적 카니발리즘, 즉 식인주의 운동은 유럽을 포함한 서구 문화와의 접촉 그 이전의 원시시대로의 회귀를 주장했다. 그래서 오스왈드 데 안드라데(Oswald de Andrade)는 자신의 저서 『식인풍습선언』(*Manifesto Antropófago*[Anthropophagous Manifesto], 1928)에서 유럽의 식민지 지배자들이 범선을 타고 라틴아메리카에 가져온 '적대적인 승화' 정신에 저항하고 있다. 왜냐하면, "포르투갈 사람들이 브라질을 발견하기 전에 이미 브라질은 자신만의 행복을 발견했기 때문이다." 또한, 그의 반기독교적 반론에서, 특히 기독교 교리에서 언급하고 있는 '금기'를 신랄하게 공격하면서, 오히려 식인문화는 기독교에서 말하는 성체를 받아 모시는 것을 실천하고 있으며 이를 하나의 토템, 즉 신성시하는 대상으로 승화시킨다고 주장한다. 원주민들의 제례의식으로부터 나온 은유적 표현으로서의 '식인주의'는 이 같은 식인풍습 운동의 본질, 즉, 낯선 요소를 거부하기보다는 직접 받아들여서 승화시켜야 한다는 점을 가리키고 있다.

'식인풍습 운동'은 1920년대 브라질에서 대두된 문화 현상으로, 브라질의 경우 포르투갈로부터 정치적으로는 100년 넘게 독립했었음에도 불구하고, 여전히 브라질에서 지속되는 정신적 식민주의에 대한 자각이 브라질과 외부 영향에 대한 문제를 이론화시키는 작업 과정에서 등장했다. 이 같은 이론화 작업과 관련해서 무비판적 모방 논의들도 뒤따라 나왔는데, 1924년의 *Pau Brasil Manifesto*[Brazil Wood Manifesto]는 문학적 차용의 측면에서 일방통행식 역사적 관계의 문제를 제기했고, 1926년의 *Verde Amarelo Manifesto*[Green and Yellow Manifesto]는 브라질 국기의 색깔인 초록색과 노란색을 모티브로 해서 "단순하고 가식없는 문학적 민족주의"를 주장했다(쿠티뉴(Coutinho), 1959: 67). 이 같은 운동들은 주제적인 다양성에도 불구하고 한 가지 공통점을 가지고 있었는데, 바로 브라질이라는 국가에 대한 관심과 브라질의 민족적 요소의 강조였다. 본 논문이 여기서 인용하고 있는 참고문헌들은 '식인풍습 운동'에 국한되는데, 이 문화적 운동은 1970년대와 80년대 번역에 등장했던 브라질 전위주의(vanguardism)와도 밀접한 관계가 있다,

브라질 '식인풍습 운동'에서 셰익스피어를 포함한 서구의 정전화된 문학을 '흡수와 승화'를 특징으로 하는 '카니발화', 즉 식인주의의 대상으로 삼는 것은 그 방식이나 활용의 수단이라는 측면에서 식인풍습 문화와 닮아가는 방향성을 가지고 있다. 셰익스피어의 햄릿의 딜레마인 "To be or not To be, that is the question"은 오스왈드 데 안드라데의 『식인풍습선언』에서 "Tupi or not Tupi, that is the question"으로 재구성되어 있다. 분명 철자의 작은 차이일 뿐이지만, 'To be'와 'Tupi'는 실제로는 유사한 발음을 가진다. 'To be'에서는 양순음 자음인 'b'가 소리나

는 기식음인 반면, 'Tupi'에서는 소리가 나지 않는 비기식음이라는 차이가 있다. 그러나 이 작은 음운론적 변화가 중요한 차이를 만들어내는데, 이는 셰익스피어 작품과의 상호텍스트성에 대한 식민주의적 관점을 투영한다. 투피족은 브라질이 유럽인들에 의해 발견되었을 당시 아마존 강 인근에 살던 원주민 부족이었기 때문에, 여기서 식민지 딜레마는 죽음 이후에 무엇이 있는지에 대한 서구 기독교적 자성과 반성의 문제가 아니라, 근원의 이중성과, 그로 인한 브라질의 문화적 정체성의 이중성, 즉, 유럽인과 투피 원주민, 문명인과 원주민, 기독교와 마술 등의 이중성이었다. 이 같은 문화의 이중성은 서로 다른 두 문명이 서로 다른 속도로 발전하는 과정에서 병치되면서 발생했는데, 오늘날까지도 '기원'에 관한 브라질의 태생적인 역설을 내포하고 있다. 'Tupi or not Tupi'안에서 작동하는 기제에 대한 논의는 결국 사소한 음운론적 차이로부터가 아니라 상당히 심각한 신학적 울림으로부터 시작된다는 것을 알 수 있다. 라틴아메리카 원주민들이 영혼을 가지고 있는지에 관한 16세기 기독교 논쟁의 존재론적 질문과, 그래서 이들 원주민들을 노예로 삼는 것이 허용되는지에 관한 아리스토텔레스적인 논쟁은, 결국은 식민지 지배자나 입법가들이 과연 도덕적으로나 경제적으로 투피족의 존재를 허용할 수 있는지, 그리고 허용해야 하는지에 대한 의미있는 질문으로 이어졌다.

니란자나의 주장과는 반대로, 역사성의 핵심은 예를 들어 이미 20세기 브라질 모더니즘 작가인 마리오 데 안드라데(Mário de Andrade)의 대표작 『마쿠나이마』(*Macunaíma*, 1928) 같은 작품에서도 찾아볼 수 있는데, 이 작품은 소설을 통해 발견할 수 있는 일종의 번역 이론으로도 읽어낼 수 있다. 또 한 사람의 식인풍습주의자인 마리오 데 안드라데는 토착문화의 영향과 유럽문화의 요소들 (예를 들면, 프로이트주의, 초현실주의)을 혼합한다. 제랄드 마틴(Gerald Martin)이 강조하듯이, 마리오 데 안드라데는 유럽의 냉정하고, 또 한편으로, 발전의 발판이 된 과학과 기술문명에 대한 대안으로서, 그리고, 자연세계를 탐구하는 사상과 실제의 시스템으로서 신화적 영역뿐만 아니라 마술적 요소도 진지하고 당당하게 받아들인 선구자적 작가 중에 한 사람으로 평가받는다(마틴, 1985: 148). 소설 『마쿠나이마』에서는, '몸이 역사가 되는' 과정이 식민주의의 공식적인 역사를 다시 쓰는 몸과, 인종적 열등감에 기반을 둔 권력관계에 문제를 제기하는 역사를 텍스트화하는 과정으로서의 몸, 그리고 불평등이라는 제도에 기반을 둔 역사의 불변성을 조롱하는 돌연변이로서의 몸 등을 발견할 수 있다. 또한, 잡종성의 특징을 가지고 경계선에 도전하는 언어를 발견할 수 있고, 마지막으로, 원본에 대한 전복의 성격을 가지고 경계를 뛰어넘는 언어 내적인 번역 프로젝트도 찾아낼 수 있다.

소설에서 영웅인 마쿠나이마는 네그로 강 어귀로 가기 위해 아침 일찍 일어나는데, 자신의 두 형제들과 함께 상파울로라는 문명의 세계로 가기 전, 강 어귀에 자신의 '의식'을 버리고 오려고 한다. 이는 빌려온 정체성을 몸에 입히기 위해 자신의 문화적 기억을 잊으려는 상징적 행위로 볼 수 있는데, 이 같은 궤적은 전통적인 식민지화의 과정을 문명세계로부터 원시세계로 뒤집어놓는 역할을 한다. 작품에서 그 날은 무척 더운 날이었기 때문에, 그들 일행은 상파울로로 들어가기 전에 연못에서 목욕을 할 생각을 했다. 그러나 이들이 모르고 있었던 점은, 그 연못은 신성한 물(기독교적 요소)로 가득 차 있었고, 검은 피부색의 마쿠나이마가 맨 먼저 연못에 들어가 목욕을 하고 나오자 자신의 머리색이 금발로 바뀌고, 눈은 푸른색으로, 피부는 하얀 색으로 변해 있었다: "연못의 물은 그의 검정색을 완전히 씻어버렸다"(1985: 29-30). 마쿠나이마의 동생인 쥐구에(Jiguê)가 이 같은 기적을 알아채고 나서 바로 연못으로 뛰어들었지만, 마쿠나이마의 검정색으로 이미 조금 오염된 연못은 쥐구에에게는 흰색 대신에 구리빛 피부를 만들어주었다. 또 다른 동생인 마나페(Maanape)가 그 다음으로 연못으로 뛰어들었을 때는 이미 연못에 있던 물이 넘쳐 흐른 다음이었기 때문에 마나페는 단지 자신의 손바닥과 발바닥의 검정색만 없앨 수 있었다.

여기서 작가 안드라데의 의도는 백인들이 자신들의 종교와 문화를 원주민들에게 심어줌으로써 원주민들을 뼈 속까지 백인으로 만들고자 하는 목적을 가진 '식민지화' 사업과 기독교 교화의 장면을 패러디하는 것이라고 분석한 에네이다 데 소자(Eneida de Souza)의 관점은 탁월하다. 결과적으로, 마쿠나이마는 외형적으로는 백인으로 탈바꿈했지만, 이는 식민지화 사업의 희화화된 모습으로 남게 된다(1988: 77).

이 같은 피부색의 마술적 변형은, 인종적 열등감과 불변성에 근거를 두는 식민지화 담론의 전복으로서 큰 의미를 가진다. 알베르 메미(Albert Memmi)가 설명하듯이 인종차별주의는 지배와 식민주의의 합법화의 강력한 도구가 되는데, 이 역시 불변성을 내포한다. 식민지 역사의 여러 단계에서 인종차별주의는 식민 지배자와 식민 피지배자 사이의 관계 형성과정에 식민 지배자에게 유리한 불평등과 차별의 제도를 만들어냈다. 피부색이라는 생물학적 요소를 사회학적 요소로 변형시킴으로써 이 같은 불평등의 제도는 더욱 구체화되고 고착화되고, 시간의 흐름이라는 역사는 원래의 변형의 힘마저도 잃어버리게 된다(1977: 70-71). 마쿠나이마의 몸만 변형되는 것이 아니라 자신의 동생들의 몸도 함께 변형됨으로써 그들은 브라질과 라틴아메리카의 인종적, 문화적 다원성의 비공식적 역사를 텍스트에 담아내고 있다.

인종적으로 변형된 마쿠나이마는 상파울로의 문명의 세계로 들어가는데 그곳에서 그는 마쿠나이마 황제로 부상한다. 변형된 것은 그의 피부색만이 아니었다. 그가 사용하는 언어도 똑같이 변형되는데, 그는 예전에 사용하던 혼종성의 포르투갈어가 포르투갈 리스본에서 사용하는 말끔한 포르투갈 표준어로 '번역'된다. 여기서 비평가 소자의 다음과 같은 지적은 유효하다. 황제 마쿠나이마는, 마치 포르투갈 왕에게 식민지 탐험의 여정을 편지로 보고했던 카미나(Pero Vaz de

Caminha, 1450-1500)의 연대기적 편지처럼 편지 형식의 연대기적 기행문을 흉내 내어 보는데, 결국 이는 카미나의 모델을 전복시키는 결과를 초래한다. 왜냐하면, 여기서 마쿠나이마는 위의 카미나처럼 원주민 세계에 관한 글을 유럽의 '문명인들'에게 보내는 것이 아니라, 그와는 반대로, 문명화된 세계에 관한 내용을 원주민들에게 글로 쓰고 있기 때문이다(1988: 94). 이처럼 앞뒤 순서가 바뀐 변형을 비에이라는 번역이론에 대한 패러디라고 해석한다. 카미나의 편지 모형을 전복시키는 주인공 마쿠나이마는 또한 충실성이라는 고유한 관점을 한 걸음 더 발전시키면서 번역 사상마저도 전복시킨다. 이 과정에서, 불순물이 섞이지 않은 포르투갈어라는 순수한 원본성과, 카미나와 같은 식민지 탐험대의 역사가들이 사용하는 수사학적인 코드의 자의적인 전용을 통해 원본의 내용을 지우고 전복시킨다(비에이라, 1995). 그러나 마쿠나이마는 결국 다시 원시 세계로 돌아가서, 자신의 '지배자'와 포르투갈이라는 순수한 원본 언어를 예전의 잡종성 언어로 재번역한다. 모든 전통의 흔적을 포함하고 있는 잡종성 언어는 결국 다양한 목소리를 대변하면서, 라틴아메리카 대륙의 역사를 다시 쓰고, 역사와 번역의 비가시성에 대한 반박으로 읽히게 된다.

가시성과 변이성(mutability), 그리고 작가의 타자성에 관하여

이와 같이 소설에서 유발된 번역이론으로부터 출발한 우리는 1970-80년대 브라질에서 소개된 새로운 사용역으로 이동하게 된다. 아우구스토 데 캄포스(Augusto de Campos)의 식인문화에 기반한 초창기 주목할 만한 프로젝트인 〈*Instranslation*〉에 대한 총체적인 분석과, 점점 커져가는 기술의 발달을 통한 이 프로젝트의 재활성화라는 주제가 해롤도 데 캄포스(Haroldo de Campos)와 실비아노 산티아고(Silviano Santiago)의 '초텍스트화'(transtextualization)와 '이중 표절'(double plagiarism) 프로젝트와 맥을 같이 한다. 좀 더 광범위한 관점에서 말하자면, 식인문화와 관련이 있는 이들 신조어들은, 식민주의에 저항하며, 포스트식민주의 세계에 새로운 질서와 배열을 제시하고, 소외된 공간을 번역을 통해 명확하게 드러내면서 번역된 텍스트 안에 원본텍스트와 브라질 원주민 텍스트가 혼재된 상황을 보여준다. 그래서 번역은 변형인 동시에 양쪽 모두에 대한 흡수이기도 하다.[1] 이 같은 관점에 힘을 실어주는 연구로는, 문학과 문화적 종속에 관한 중요한 논의를 이끌어낸 실비아노 산티아고가 강조한 '사이성 혹은 중간성'(in-betweeness)이라는 개념이다. 산티아고는 라틴아메리카 문학에서 자기표현의 부수적인 측면인 '흡수'(absorption)라는 모호한 공간을 이론화시킨다:

> 희생과 유희 사이에서, 감옥과 일탈 사이에서, 굴복과 규범에 대한 공격 사이에서, 복종과 반란 사이에서, 흡수와 표현 사이에서 ... 바로 이처럼 겉보기에는 빈 공간 같은 그곳에서, 그 성전에서, 그 은밀함의 공간에서, 라틴아메리카의 식인 예식이 이루어진다(산티아고, 1978: 28).

이 이중성의 공간을 통해 산티아고는 모형의 개념을 재정의하고 재배분하는 방식으로 자신의 번역이론을 구축한다. 특히, 번역가를 '사이성 혹은 중간성'의 세 번째 공간에 배치시키면서 산티아고는 '이중 표절'의 개념을 발전시킨다:

> 마누엘 반데이라(Manuel Bandeira)와, 카를로스 드루몬드(Carlos Drummond), 무릴로 멘더스(Murilo Mendes)등의 경우를 모형으로 삼아서 우리는 자크 프레베르(Jacques Prévert)의 시를 포르투갈어로 바꾸어 보려고 했다. ... 번역가의 목표는 그의 자국의 문학의 여러 층에 놓여있는 그 많은 선택

> 가능한 어휘들 사이에서 정확하게 맞는 대응어를 찾는 것이었다. 이런 의미에서, 이 번역가는 부러진 날개를 가진 주석가, 즉 분명, 이중 표절자이기도 하다. 번역가는 번역할 텍스트를 표절하고, 번역을 하기 위한 모형으로 선택한 자국의 시인들을 표절한다(프레베르(Prévert), 1989: 11).[2]

브라질 포스트모더니즘에서 번역을 하는 새로운 방법론적 절차들은 그동안 전통적으로 중립적으로 여겨졌던 공간을 정치화시킨다. 그 방법으로는 번역텍스트에서 중심 문화와 주변부 문화를 융합하고, 번역가를 위해 작가의 공간을 제약하고 결과적으로 작가성과 권위를 재분배하는 과정을 거친다. 이 같은 혼재의 대표적인 예로는 해롤도 데 캄포스가 번역한 괴테의 『파우스트』를 들 수 있다. 예를 들어, 일반적인 문학번역 관례와는 달리 이 작품의 제목 번역에서부터 *Faust* 대신에 *Deus e o Diabo no Fausto de Goethe* [*God and the Devil in Goethe's Faust*]라는 새로운 제목이 등장하는데, 번역에 있어서 상호 대화의 방식을 강조하고 있음을 제목에서부터 알 수 있다. 왜냐하면 오늘날 브라질 독자들에게는 글라우버 로샤(Glauber Rocha)의 영화 *Deus e o Diabo na Terra do Sol* [*God and the Devil in the Land of the Sun*]의 제목으로부터의 영향이 너무나 명확하기 때문이다. 제목에서부터 찾아볼 수 있는 상호텍스트성은 번역에서 수용권 문화가 원본을 재배열하고 변형시키고 있음을 암시하는데, 이후 해롤도 데 캄포스가 자신의 번역 프로젝트를 이론화시키는 과정에서도 확인할 수 있게 된다. 다시 말해, 번역이 더 이상 출발어텍스트에서 도착어권 문화로의 일방통행식 흐름이 아니라, 양방향의 초문화간 교차 작업이라는 것을 알 수 있다.[3)]

아우구스토 데 캄포스의 *Intranslation*과 식인문화

> 오스왈드 데 안드라데의 식인문화 규칙에 의하면, 내가 그들을 사랑하는 방식은 그들을 번역하거나, 그렇지 않으면 아예 그들을 먹어 치워버리는 것이다.
>
> 아우구스토 데 캄포스

이동과, 대체, 변형 등은 아우구스토 데 캄포스의 1978년 프로젝트인 〈*Intranslation*〉을 1920년대의 식인문화와 1950년대의 구체시 운동(Concretism)과 연결시키는데 도움이 되는 개념들이다. 위의 아우구스토 데 캄포스의 글에서 발췌한 내용에서 볼 수 있듯이, 식인문화인 카니발리즘은 아우구스토 데 캄포스의 작품 *Verso, Reverso, Controverso*[*Verse, Reverse, Controverse*] 전체에 두드러진 특징으로 등장한다. 식인주의는 글의 서문에서 '잡아먹는다'는 뜻의 동사 'devour'의 사용이나, 오스왈드 데 안드라데에 대한 직접적인 언급, 혹은 한 걸음 더 나아가 『식인풍습선언』에 실린 글을 글자 그대로 인용한 표현인, "나는 내게 속하지 않는 것에만 관심이 있다"[I am only interested in what does not belong to me] 같은 데에서만 찾아볼 수 있는 것은 아니다. 또한 그는 자신이 사용하는 메타언어를 이끌어내기 위해 자신이 번역하고 있는 바로 그 텍스트에 자양분을 공급한다. 번역한다는 것은 사랑해서 잡아먹어버려 완전히 흡수한 다음 변형시키는 것인데, 이에 대해 아우구스토 데 캄포스는 앤드류 마벨(Andrew Marvell)의 시 〈수줍은 여인에게〉('To His Coy Mistress')에 나오는 표현인 "My vegetable love should grow"로부터 차용한 표현인 "My vegetable love growing vast"['나의 야채사랑은 어마어마하게 커져가고']를 덧붙인다. 마벨의 이 시는 나중에 아우구스토 데 캄포스가 직접 번역하기도 했다. 이 텍스트의 또 다른 특징은, 본문에서 안드라데나

마벨을 인용하면서도 인용 표시인 따옴표를 자주 사용하지 않는다는 점이다. 인용 표시의 삭제와, 번역가의 메타언어, 번역된 텍스트, 그리고 원본 문학이 모두 일체가 된다. 담화는 복잡하게 섞이고 증식한다. 따옴표는 지금 텍스트보다 이전에 쓰인 텍스트를 강조하는 역할을 하는데, 지워진 인용부호는 결국 역사의 연대기적 흐름과 위계관계, 그리고 결국은 겸허함마저 지워버리고, 과거와 현재도 서로 섞어버린다.

원본텍스트와 파생된 텍스트 사이의 경계와 위계의 삭제는, 그것이 연대기적 순서이든 가치론적인 순서이든 상관없이, 그 다음 페이지에서 더욱 뚜렷하게 나타난다. 여기서는 아우구스토 데 캄포스의 초기 프로젝트의 명칭인, 〈*Intradução*〉을 암시하는 내용이 담겨져 있는데, 이 단어는 '서문'(Introduction)에 해당하는 'Introdução'와 '번역(translation)에 해당하는 'tradução'의 혼합어로서, '서문'이 '내적 번역'(translating within)으로 바뀌는 것을 의미한다.

〈*Intradução*〉 프로젝트는 두 사람의 시인의 이름이 들어가 있는데, 하나는, 아우구스토 데 캄포스가 직접 번역한 중세 프로방스 시인 중의 한 사람인 베르나르 드 벵타도른(Bernard de Ventadorn, 1110-1190)과, 아우구스토 데 캄포스 자신이다. 이처럼 두 시인의 존재뿐만 아니라, 이 두 사람이 활동했던 시기가, 즉 처음 출판된 시기와 이 작품을 번역한 시기가, 각각 1174년과 1974년으로 800년이라는 시간적 거리가 있다는 점이 흥미로운데, 이 같은 시간적 거리는 오히려 지금 독자들에게도 벵타도른의 작품이 얼마나 현대적인지를 반증하는 근거가 된다. 이 같은 특징은 이후에 아우구스토 데 캄포스가 다시 한 번 구체적으로 강조하고 있다. 아무튼 〈*Intradução*〉 프로젝트에는 벵타도른의 텍스트와 아우구스토 데 캄포스의 텍스트가 같이 사용되는데, 옆에 나란히 실리는 전통적인 병렬텍스트 방식이 아니라 실타래처럼 서로 뒤섞여 있다는 점에 주목한다. 그래서 이 두 텍스트의 유일한 구분은, 다음 페이지에서 볼 수 있듯이, 아우구스토 데 캄포스의 텍스트는 컴퓨터 활

INTRADUÇÃO

BERNART DE VENTADORN - c.1174
AUGUSTO DE CAMPOS - c.1974

SISE EUNÃONOUS VVECIJO

ADOMNAMULHER

DONQUE EUPLUSMAISMI CALDESEJO

NEGUSNADA QUEVEZEREUVEJA

MON BELVALE OPENSARQUE

EUNNÃOO VALVEJO

From Augusto de Campos, 1978:178

자체로 되어 있는 반면, 벵타도른의 텍스트는 고딕 글자체와 문장 부호로 이루어져 있다는 점이다.

이제 〈*Intradução*〉의 본문으로부터 책의 표지쪽으로 관심을 돌려 보면, 서로 섞임으로서 증식되는 요소를 분명하게 확인할 수 있게 된다. 책의 앞 뒤 표지가 접혀지도록 되어 있는데, 접힌 부분을 펼치면, 접힌 면 쪽에 붙어 있는 반사경이 접히지 않는 면을 좌우대칭의 반대로 비쳐주고 있다. 한 번의 접힘이 증식을 유발하고 나머지 부분을 도치시켜 놓는데, 여기서 우리는 이 책의 제목에 다시 한 번 관심을 가지게 된다. 책의 제목 *Verso, Reverso, Controverso* [Verse, Reverse, Controverse]에서, '시'라는 의미의 'Verse'가 'Reverse', 즉, 뒤집히게 되고, 그로 인해서 'Controverse', 즉 '논란'이라는 의미의 'Controversy'와 '시'의 'Verse'의 합성어가 되고 있다. 여기서 'Verse'[시]라는 단어에 대한 끝없는 언어유희는 매우 중요한데, 왜냐하면 아우구스토 데 캄포스의 궁극적인 목적은, 작품이 맨 처음 발표되었을 때나 지금이나, 널리 알려진 주류문학의 흐름이나 스타일과는 완전히 반대였던 텍스트를, 그래서 논란의 대상이 되었거나 되고 있는 그런 텍스트를 소개하고 번역하는 것이었기 때문이다. 물론, 여기서 '뒤집다'는 뜻의 'Reverse'라는 단어도 'Re-Verse'로 나누어서 보게 되면 '다시 시를 쓰다'라는 의미, 즉 일종의 다시쓰기의 행위로 이해할 수도 있는데, 이 행위는 앙드레 르페브레(Andre Lefevere)의 용어를 빌리지만, '굴절'의 두 가지 형태, 즉 '비평'과 '번역'으로 연결된다. 과거를 '다시 읽고, 다시 쓰고, 다시 창조하고, 다시 평가하기' 위해서는, 모든 것들이 '전복'[Reverse]이라는 뒤집는 행위 속으로 포함되는데, 이 용어는 아우구스토 데 캄포스의 프로젝트의 정신을 온전히 담아낼 뿐만 아니라, 카니발리즘, 즉 식인주의와 포스트모더니즘의 두드러진 특징을 부여하는 역할도 한다. 카니발리즘과 포스트모더니즘 모두에서 '전통'의 문제가 일종의 거부로서가 아니라, 과거에 대한 재평가이면서 '다시쓰기'라는 행위로서 총체적으로 나타나기 때문이다.

아우구스토 데 캄포스가 번역한 윌리엄 블레이크(William Blake)의 시 〈병든 장미〉(‘*The Sick Rose*’)의 번역도 이 같은 담론의 식민문화적 결합과 관련있다. 아우구스토 데 캄포스는 이 번역을, 마치 글의 내용을 그림으로 풀어 설명하는 ‘도해적 판본’(iconogramic version)이라고 설명한다. 원래는 일반적인 순서로 구성된 블레이크의 시가 번역에서는 일종의 구체시 혹은 구상시(concrete poem)로 변형된다. 이 점은 상당히 의미가 큰데, 왜냐하면 아우구스토 데 캄포스는 자신의 형인 해롤도 데 캄포스(Haroldo de Campos, 1929-2003)와, 데시오 데 피그나타리(Décio de Pignatari, 1927-2012)와 함께 1950년대 구체시 운동의 선두에서 활동했기 때문이다. 이들은 외국문학을 모델로 삼아 의존하는 현상을 문제 삼으며, 브라질 문학계의 시 문화를 바꾸어보겠다는 의지를 가지고 시작해서 해외 문학계에도 상당한 영향력을 끼치게 되었다. 구체시 활동에 참여했던 시인들은, 표현의 초점을 시각적 효과로 이동시키면서 의미의 증식을 시도하는데, 이를 통해 결과적으로 브라질 시의 실험정신을 이끌어냈다. 더욱이, 식인문화의 관점에서 보면 아우구스토 데 캄포스는 원본이 가지고 있는 ‘불가촉성’, 즉, 절대로 범접할 수 없는 절대 가치로부터 벗어나면서 번역가로서 텍스트를 변형시키는 역할을 수행한다. 즉, 번역은 원본을 재현(represent)하는 것이 아니라, 원본을 다시 내놓는(re-present) 역할을 한다. 여기서 한 걸음 더 나아가, 아우구스토 데 캄포스는 번역가인 자신의 목소리를 숨기지 않고, 블레이크의 텍스트를 포르투갈어로 번역할 뿐만 아니라 브라질 문학으로 번역하고, 자신만의 구체시로 번역한다. 즉, 다른 언어로 번역하는 것이 아니라 하나의 문학으로 번역하는 것이다. 목소리와 담화가 서로 얽힌다. 작가와 번역가의 목소리와 담화가, 영국 문학과 브라질 문학이, 언어적 담화와 비언어적 담화가 혼재하게 된다. 잡종화(hybridization)가 단일의미를 누르고 지배논리로 등장한다.

번역가가 텍스트 안의 또 하나의 목소리가 되도록 하는 전략은 작품의 작가성의 문제와도 연관이 된다. 왜냐하면 여기서는 번역된 텍스트 안에 작가인 블레이크의 작가성과 아우구스토 데 캄포스의 작가성이 함께 존재하기 때문이다. 아우구스토 데 캄포스는 번역가의 가면을 숨기기보다는 의식적으로 번역가의 가면을 드러내면서 쓰고 있는데, 이는 아우구스토 데 캄포스와 그의 형이 상당한 친분관계를 유지했던 에즈라 파운드(Ezra Pound)를 떠올리게 한다. 사실 이 같은 입장은 아우구스토 데 캄포스 자신이 아래 구절에서 분명하게 밝혔던 부분인데, 이 구절은 번역텍스트와 원본 사이의 관계를 새롭게 바라볼 수 있는 대안을 제시하고 있다. 이 같은 번역의 새로운 방법론과 관점은, 배우와 가면, 그리고 '다른 사람의 피부'를 걸치고 있는 것을 가리키는 다양한 은유적 표현의 뭉치를 통해서 제시된다. 이 같은 관점을 아우구스토 데 캄포스는 글의 서문에서 아래와 같이 밝히고 있다.

> 나에게 번역은, 다른 사람의 눈에 비치는 모습이라는 의미의 '페르소나'(persona)이다. 이 표현은 같은 철자의 단어이지만 의미하는 뜻이 거의 다르다. 흉내를 낼 대상의 피부 속으로 들어가서 모든 것을 다시 흉내 낸다. 모든 통증과 모든 소리, 모든 색깔을 말이다. 바로 이런 이유 때문에 나는 결코 모든 것을 다 번역하려고 하지 않는다. 오직 내가 느끼는 것, 오직 내가 거짓말을 하는 것, 오직 내가 느낀다고 거짓말을 하는 것. 포르투갈 시인인 페르난두 페소아(Fernando Pessoa, 1888-1935)는 자신의 페르소나로 한 번 더 말한다[Pessoa would say once more in his own persona](아우구스토 데 캄포스 1978: 7).

아우구스토 데 캄포스는 '페르소나'(persona)라는 단어와 이에 해당하는 포르투갈어 표현 '페소아'(pessoa)를 통해 언어유희를 시도하는데, 우연인지 모르겠지만, 포르투갈어 'pessoa'는 포르투갈 시인 페르난

두 페소아(Fernando Pessoa)의 이름이기도 하다. 페소아는 알베르토 카이에이로(Alberto Caieiro), 리카르도 레이스(Ricardo Reis), 알바로 데 캄포스(Álvaro de Campos)라는 필명도 사용했다, 버나드 맥거크(Bernard McGuirk)가 언급했듯이, 페소아가 자신의 시 쓰기 활동에서 반어법적으로 조작해낸 이 같은 가상의 작가 이름들과 그들의 만들어진 생애는, 단일 목소리와 의미라는 개념에 대한 도전이 되었다(1988: 1). 이 같은 도전은, 아우구스토 데 캄포스 같은 브라질 번역가들이 번역가의 투명성이라는 개념에 파묻혀 있는 전통적인 번역 이론에 문제제기를 하는 것과 같은 맥락이다. 또한, 단일 목소리와 의미에 대한 도전은, 다중의 정체성이 존재한다는 사실과도 밀접하게 연관되어 있다. 다중의 정체성에는 다중의 가면의 의미도 포함되는데, 번역이 '페르소나', 즉, 하나의 가면이 되지만, 그 가면을 쓰는 얼굴과는 분명 별개이면서도 동시에 그 얼굴에 얽매이게 되는 것뿐만 아니라, 이를 통해 번역은 모호성의 공간이 되고, 거리감을 부수적으로 필요로 하는 인접성의 공간이 되며, 타자성을 부수적으로 필요로 하는 유사성의 공간이 된다.

번역가는 자신이 흉내 낼 사람의 피부 속으로 들어가는 사람인데, 이 점에서는 배우가 쓰는 가면과 유사한 은유적 상관성을 가지고 있지만, 또 한편으로는 페소아가 말하는 식민문화적 흡수 혹은 빨아드림의 상징성과도 관련된다. 아우구스토 데 캄포스 자신도, 사랑하는 행위와 번역하는 행위, 그리고 잡아먹는 행위 사이의 연관성을 설정하고, 번역의 이 같은 식민문화적 흡수의 차원을 암시하면서, 오스왈드 데 안드라데의 식민문화적 법칙을 받아들였다. 듀란(Duran)과 토도로프(Todorov)가 언급한 것처럼 다른 사람의 피부로 들어간다는 행위에는 식민문화적 흡수의 차원이 암시되어 있다는 점을 강조할 필요가 있다. 예를 들어, 아즈텍 원주민들은 제례의식에서 희생 제물로 바쳤던 신적인 존재의 피부 속으로 실제로 들어가서 그 이름을 그대로 사용함으로써 자신들 스스로를 신성하다고 여기곤 했다(토도로프, 1983: 155). 이 같은 풍습은 원주민 사회에서 신성시되는 상징물로부터 힘을 강화시키는 식인문화적 자양분을 공급받는 것으로 이해되었고, 타자가 직접 되지 않고서도 간접적으로 타자의 정수를 흡수할 수 있는 방법으로 여겨졌다.[4)]

그러나 여기서 중요한 점은, 식인주의나 가면, 혹은 다른 사람의 피부 속으로 들어가는 행위 모두, 우열이라는 이분법적인 권력 대립이 아니라, 계속 변화하고 탈바꿈하는 그런 개념에 근거한 관계를 설명하는 방법이라는 것이다. 여기서 말하는 '탈바꿈'은 결합과 차이, 영구성과 초월성, 그리고 자율성을 부수적으로 필요로 하는 종속성 등과 같이, 이분법이 아니라 이중성의 입구에서 작동하는 그런 개념이다. 대립의 플라톤적 변증법과, 유형이나 복사본을 배제하는 플라톤적 변증법을 뒤집으면서(들뢰즈, 1974: 259), 아우구스토 데 캄포스는 번역에서 상호연관성과 이중 변형이라는 관계성을 이끌어내는데, 여기서 번역은 원본으로부터 자양분을 받으면서 원본을 보충하는 역할을 한다. 그리고 번역은 자신만의 독립적이고 지속적인 존재가치를 가지는 만큼이나 원본에 예속된 존재라는 것을 보여준다.

아우구스토 데 캄포스가 앞서 인용한 부분으로 다시 돌아가서, '페르소나'의 문제는 아우구스토 데 캄포스로 하여금 번역의 정의를 더욱 확장시켜주는데, 아우구스토 데 캄포스는 "그 누구보다도 프루스트가 정확하게 보았듯이, 번역은 비평 행위이다. 비평 행위 중에서도 가장 뛰어난 형태 중의 하나이다"(1978: 7)라고 말한다. 사실, 문학담론과 번역담론, 그리고 비평담론 사이의 뗄 수 없는 불가분의 관계는 아우구스토 데 캄포스의 작품에서 찾아볼 수 있는 주목할 만한 특징이다. 이 책에는 중세 프로방스 시와, 영국의 형이상학 경향의 시, 이탈리아의 바로크 시, 19세기 영국의 제라드 M. 홉킨스(Gerard M. Hopkins), 프랑스 상징주의 시인 라포르그(Jules Laforgue) 등의 시 작품의 번역과, 각각의 시에 대한 소개가 실려 있다. 시 번역 외에도, 중세 포르투갈 풍자시와,

포르투갈의 관능시와 풍자시, 그리고 브라질 북동부 지방에서 유래한 대중적인 구전문학의 일종인 '코르데우' 문학(literatura de cordel [string literature])등에 대한 비평 에세이들도 여러 편 실려 있다. 이 모든 것들을 아우르는 것은 바로, 과거에 대한 뚜렷한 재평가 작업, 즉 그동안 가려져 있던 동전의 뒷면을 뒤집어 보여주는 정신이다. 왜냐하면 이들 대부분의 텍스트는 아예 출판되지 않았거나 부분적으로만 출판되었거나, 아니면 창작 당시나 그 이후에 검열에 걸려서 빛을 보지 못하게 되면서 왜곡되거나 완성되지 못한 상태로 문학계에 남게 된 작품들이었기 때문이다. 이 작품들 중에서 일부는 그 당시부터 잘못 이해되어지기도 했는데, 영국의 형이상학 시가 그런 예에 속한다. 또한, 시장 노점에서 빨래처럼 줄에 한 장씩 걸어서 판매하던 구전문학의 일종인 '코르데우 문학'처럼 전통적으로 미미하다고 여겨졌던 문학 양식도 있다. 그래서 아우구스토 데 캄포스의 프로젝트는, 전통과 관련해서는 굳이 과거를 부정하거나 희화화시키려는 의도가 아니라, 과거 전통에 대해 경의를 표하면서 다시쓰기를 통해 과거를 바로 잡고자 하는 목적을 가진다. 아우구스토 데 캄포스는, 비록 이들 대부분의 텍스트들이 중세 작품이지만 놀라울 정도의 근대성이나 참신함은 여전히 배울 점이 크다고 강조한다. 과거에 대한 이 같은 재편은 다시 한 번 식인문화와 포스트모더니즘의 추진력을 그의 작품에 부여한다.

아우구스토 데 캄포스는 작품선집 작업을 '창조'와 '비평'과 동급으로 놓는 관점을 제시하면서 다음과 같이 설명한다: "작품선집 작업은 지식과 직감, 그리고 창조에 의해 이루어지는 작업으로, 미학적, 인간적 경험의 동일한 지평선 양끝 쪽에 각각 위치해 있는 '비평'과 '창조'의 적대적 관계를 화해시키는 역할을 한다"(1978: 114). 사실, 아우구스토 데 캄포스가 시도한, 번역과 비평, 선집 작업 사이의 경계선을 의식적인 삭제는 앙드레 르페브레가 주장한 '굴절'(refraction) 이론과 닮은 꼴이다. 그러나, 아우구스토 데 캄포스의 프로젝트의 이론화 과정에는 분명 눈에 띄는 '식인문화'적 편견이 반영되어 있는데, 이는 아마도 브라질 문화에 대한 고려와 관련되어있다. 원본으로부터 번역텍스트 문화권으로 일방통행식 관계가 설정되는 문화권에 번역을 통해 작가나 작품을 소개하는 과정에서 관례적으로 사용되는 번역가의 '곁텍스트'(paratext)와는 달리, 아우구스토 데 캄포스는 브라질 문학의 흔적을 잃어버리지 않는다. 예를 들어, 영국 형이상학 시인들에 대한 그의 비난은, 브라질 구체시 운동에 큰 기여를 한 시인 카브랄 데 멜로 네토(Cabral de Melo Neto)의 비난과 비교가 된다(1978: 125). 이와 관련된 사례들은 넘쳐나며, 외국으로부터 들어온 문학을 토착문화가 어떻게 소화시키고 자기화하는지에 대한 식인문화적 철학을 적나라하게 보여준다.

아우구스토 데 캄포스의 경우에서 볼 수 있듯이, 식인문화적 철학을 번역에 적용하는 작업은 담화와 표현의 방법을 다양화시키고, 번역은 원본에 대한 모방적 재현이라는 전통적인 개념을 상대적인 개념으로 바꾸어놓는다.

앞서 언급했듯이, 아우구스토 데 캄포스의 형인 해롤도 데 캄포스는 '초텍스트화'(transtextualization)라는 새로운 용어를 통해, 창조적인 번역의 관점에서 원본과 자국문학의 양방향적 혼합을 시도한다. 그래서 번역은 더 이상 원본에 종속되는 관계가 아니라, 비록 원본에 대한 빚은 여전히 가지고 있지만, 보다 자율적이고 독립적인 창조의 위치로 옮겨가게 된다. 이는 A가 B로 되며, 또한 B는 A가 되지만, 결코 똑같지 않은, 그래서 번역, 혹은 변형, 변화 등의 개념을 거쳐서 제3의 새로운 개념, 제3의 새로운 영역이 나타나게 되는데, 그것은 A나 B가 아니라 A와 B사이에서 발생하는 역동적인 관계성이 된다.

번역에 대한 이 같은 철학을 설명하는 이중성의 개념과, 번역을 통한 하나와 또 하나의 만남에 근거해서 이루어지는 발전의 개념은 아우구스토 데 캄포스가 포르투갈어로 번역한 16세기 영국 시인 존 던(John

Donne)의 시 〈유령〉(*'The Apparition'*)에 잘 나타나있다.

아래와 같은 존 던의 시를,

Then shall my ghost come to thy bed,
And thee, fain'd vestall, in worse armes shall see

아우구스토 데 캄포스는 다음과 같이 번역해서 큰 주목을 끌었다:

Meu fantasma virá ter ao seu leito
[My phantom will come to your bed]
Onde serás, falsa vestal, uma mulher
[When you will be, false vestal, a woman]
Qualquer nos braços de um outro qualquer (1977).
[Anyone in the arms of another]
*괄호안의 영어번역은 본 논문의 번역가의 번역임.

아우구스토 데 캄포스의 번역의 마지막 두 줄은 브라질의 유명 작곡가 루피시니오 로드리게스(Lupicínio Rodrigues)로부터 인용한 것인데, '고급 예술'과는 거리가 먼 대중음악과 연관되는 그의 시를 번역에 삽입한 것은, 정치적 맥락과 더불어 매우 흥미로운 상호텍스트적, 상호문화적 유희 효과를 만들어낸다. 원본과 번역 사이의, 혹은 궁극적으로, 기득권 중심 문화의 우월성과 주변부나 신생 문화권의 열등성 사이의 전통적인 위계적 권력관계를 뛰어넘어, 고급문화와 저급문화라는 이분법적 분류를 타파하면서 아우구스토 데 캄포스는, 그동안 신성시되었던 텍스트성으로부터 텍스트화된 타자성으로 변하는 새로운 형태의 번역을 주창한다.

그래서 번역은 번역가의 문화적 정체성과 역사적 맥락성을 주장하는 다시쓰기의 과정으로 받아들여지는데, 이는 이미 20세기 아르헨티나 소설가 호르헤 보르헤스의 "번역은 반드시 일탈적이어야 하며, 번역은 그 어떤 것도 신성시해서는 안된다"라는 자신의 유명한 주장에서 이미 예측되었던 움직임이었다.

아우구스토 데 캄포스: 식인문화 번역으로부터 시각적 번역으로

시각적 번역을 향한 아우구스토 데 캄포스의 특징적인 방향성을 논의하기에 앞서서, 그가 번역한 〈병든 장미〉('*The Sick Rose*')가 14년 후에 어떤 파장을 불러일으켰는지를 살펴보는 것이 필요할 것 같다. 아우구스토 데 캄포스 자신이 글의 내용을 그림으로 표시하는 방식으로 도해적 번역을 했던 것을, 블레이크 탄생 227주년을 맞이해서 조형 예술가인 치코 조르제테(Chico Zorzete)와 조르지 바사니(Jorge Bassani)가 실험적인 기호간 재번역이라는 새로운 시도를 했다. 상파울로 대학교 캠퍼스에 조형 예술가 두 사람이 아우구스토 데 캄포스의 도해적 번역을 바탕으로 하는 나선형 행태의 '병든 장미' 형상을 사람 크기의 플라스틱 튜브로 만들었는데, 사람들이 실제로 그 안으로 걸어 들어가서 꼬불꼬불한 통로를 지나갈 수 있도록 해 놓았다. 즉, 번역텍스트를 이처럼 보고 느끼고 실제로 경험해 볼 수 있도록 재배치하였다. 시각적 감각을 염두에 두고 만들어진 다양한 층위의 번역을 통해, 존 던의 생일날 자신을 부활시키고 있다.

최근 아우구스토 데 캄포스와 아루나우두 안투네쉬(Arnaldo Antunes)가 시도한 시각적 번역의 사례는 기술을 통한 텍스트와 번역의 표현의 새로운 과정을 보여준다. 이 같은 시도는 시 번역의 모형을 오늘날 첨단 기술 시대의 변화에 맞추고 있는데, 이는 구체시 운동이 가지고 있는 일

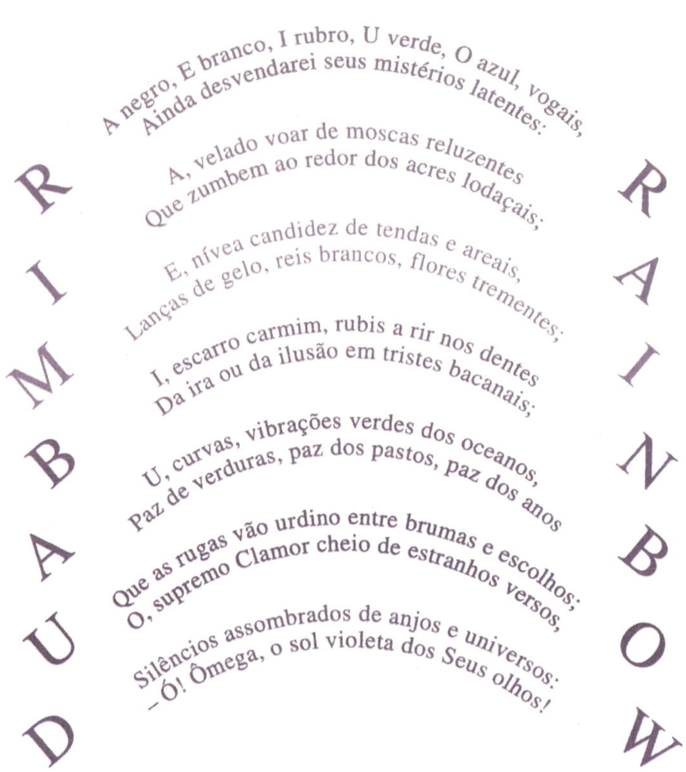

종의 편견, 즉 시각적, 청각적인 상대적 가치를 강조하기 위해 시를 이와 같은 독특한 형태로 구성해서, 단어를 단어의 기본적인 물질적 특징으로부터 새롭게 부활시킨다는 관점으로 회귀하는 것이다(폴랴 지 상파울루(*Folha de São Paulo*), 1996: 8). 사실, 아우구스토 데 캄포스와 아루나우두 안투네쉬가 최근 아르튀르 랭보(Arthur Rimbaud)의 시 〈모음들〉(Voyelles)을 매우 창의적인 컴퓨터 보조 번역을 통해 번역한 것은 블레이크의 〈병든 장미〉(*'The Sick Rose'*)를 도해적 번역으로 시도한 결과물로부터 즉흥적인 영감을 받았다고 전해진다. 번역과 재창조를 통해 부활시키는 시도는 아우구스토 데 캄포스 자신이 19세기 랭보(Rimbaud)의 시를 번역해서 만든 선집 *Rimbaud Livre*['Free Rimbaud']의 제목

에서부터 분명하게 드러나는 관점이다. 모음에 관해 쓴 랭보의 소네트 시에서, 각각의 모음은 특정한 색깔과 연결이 된다. A는 검정색, E는 흰색, I는 빨간색, O는 푸른색, U는 초록색을 가리킨다. 이 시의 번역가인 아우구스토 데 캄포스와 아루나우두 안투네쉬는 보통 한 줄 한 줄 진행되는 시의 전통적인 순서와, 4-4-3-3행의 전형적인 소네트 형식을 버리고, 대신 컴퓨터 그래픽 기술을 이용해 아치 모양으로 각각 2행으로 이루어진 7개의 연으로 바꾸는 기호간(intersemiotic) 번역을 시도하면서, 각각 7개의 연은 서로 다른 색깔로 표시했다. 다시 말해, 색깔과 그 색깔을 가리키는 단어의 음운적 표현의 관계를 뛰어넘어, 기호간 번역을 통해 소네트 자체를 아예 무지개로 만들어버렸다. 더욱이, 비록 시의 제목은 포르투갈어로 번역을 했지만, 시의 옆 빈 공간에다 음운과 색깔의 관계를 이용해서 또 다른 언어유희를 시도하고 있는데, 시의 왼편에는 시인의 이름 랭보의 영어표기인 'Rimbaud'를 세로로 표기하고, 오른편에는 무지개의 영어단어인 'Rainbow'를 똑같이 세로로 배치했다. 여기서 주목할 점은 포르투갈어로 번역된 시에 무지개라는 뜻의 'Rainbow'는 영어로 표기되어 있다는 점인데, 'Rimbaud'[랭보]와 'Rainbow'[레인보우]라는 단어의 음성적 유사성을 소리와 이미지로 병치시키고자 하는 아우구스토 데 캄포스의 의도를 명확하게 확인할 수 있다.

이 번역을 통해 강조하는 점은, 창의성뿐만 아니라, 개인적이든, 역사적이든, 문화적이든 번역가의 자율성과 독립성을 다시 한 번 강조하려는 작가의 의도이다. 역사성과 문화적 개성이 두드러지는 '포스트모던' 라틴아메리카에서의 번역의 경향을 고려해볼 때, 이들 시인-번역가들이 소개하는, 번역에 관한 혁신적인 생각과 방법론은 다시 한 번 원본에 대한 창조/재창조로서의 번역의 관점을 강조한다.

포스트식민주의 번역이론의 재편으로 향하는 연구방향성

1980년대 말, 조르지 반델레이(Jorge Wanderley), 주앙 무라(João Moura), 호세 리노 그루네발드(José Lino Grünewald), 파울로 브리토(Paulo Britto), 우초아 라이테(S. Uchoa Leite), 넬슨 아르세르(Nelson Arscher) 등과 같은 또 다른 번역가들 집단에서 주창한 관점은, '번역에서 불충실성의 가치', '사탄적인 작업으로서의 번역', '매춘으로서의 번역', '오역으로서의 번역', '정전에 대한 재평가로서의 번역'등과 같은 번역 패러다임의 변화에 대한 요구에 힘을 실어준다. 또한, 역사성이라는 주제도 현대 브라질 번역가 넬슨 아르세르의 번역 이론의 공격의 대상이 된다. 베누티 이전에 이미 등장했던 아르세르에 의하면, 번역은 사실상 존재하지 않으며, 번역이 투명해지면 번역은 존재할 자격과 가치를 상실한다. 번역의 타자성에 관해서 아르세르는, "번역텍스트에서 번역에 정체성을 부여하고 자신만의 역사를 가질 수 있도록 하는 적절한 영역은, 정확하게 말하자면, 바로 오역의 공간이다"라고 주장한다.[5)]

그동안 숨겨져 왔던 번역가와 번역가의 역사를 가시화하는 새로운 패러다임은, 배타적 이분법에 자리잡고 있던 기존의 번역의 기술학적(descriptive) 모델의 부적절성을 드러내 보여준다. 그래서 작가성의 융합의 공간으로서, 과거와 미래를 내다볼 수 있는 역할로서, 근원과 목적론, 과거와 미래 등을 모두 포함하는 역할로서, 그리고 타자성을 억압하는 대신 차이의 공간을 만들어내는 역할로서의 번역이론의 필요성을 확인할 수 있다. 그리고 인문학의 다른 영역에서 나온 개념인, '양방향성'(bilaterality) 혹은 '상호관계성'은 번역 분야에서 다루는 이중성과 이중 언급, 양방향적 변형의 공간을 분석하는 적절한 수단이 될 수 있음을 보여주었다. 20세기 비평가 들뢰즈의 '이중 구속'(double capture) 개념이나, 뤼스 이리가레이(Luce Irigaray)의 '양방향 변형'(bilateral transformation)은 브라질 포스트식민주의 비평의 틀 안에서의 실비아노 산티아고의 '사이성'(in-betweeness) 개념과, 미국 철학자 찰스 퍼스(Charles S. Peirce)의 '해석체'(interpretant) 개념과도 비교될 수 있다. 이 같은 개념들은 번역이론에서 이분법적 양극화를 극복할 수 있게 하고, 번역에 내재된 모호성을 더욱 강조하면서 번역 이론이 이분법적 대립과 사고로부터 벗어날 수 있는 여지를 마련한다.

논의를 라틴아메리카로 확장하는 과정에서, 콜롬비아 모더니즘 시인이자 번역가인 길예르모 발렌시아(Guillermo Valencia)에 대한 간단한 언급이 필요할 것 같다. 발렌시아에게 있어서 원본은 번역을 위한 '사전 텍스트'(pre-text)인데, 여기서 번역은 원본을 보충하는 역할을 하며, 한 걸음 더 나아가 발렌시아는 번역을 통해 식민 관계를 역전시켜 놓는다. 그리고 원본과 번역이라는 이분법은, 변화를 수반하는 '영속성'이라는 보다 복잡한 관계로 대체된다. 이 같은 번역 프로젝트가 불러일으킨 반향은 칠레 현대 시인 디에고 말키에이라(Diego Malquieira)에서도 발견할 수 있다. 말키에이라에게 있어 번역은 극단적인 재창조, 즉, 수혈과도 같은 맥락으로, 라틴어 단어 'fundere'의 어원적 의미인 'fundo' [pour, melt, cast]를 떠올리게 하는데, 바로 완전히 녹여서 다른 형태로 만들어내는 것을 의미한다. 예를 들면, 말키에이라는 세 편의 시를 번역을 통해 한 편의 시로 녹여버린다. 발렌시아나 말키에이라의 경우에서처럼 권력관계를 굴종에서 연속으로 재배분하는 것은, 브라질에서 번역이라는 미미한 공간과 주변부 문화를 동시에 탈식민지화시키는 번역의 궁극적인 역할에 대한 브라질적인 사상과 철학적 움직임과도 연관시켜 볼 수 있다.[6)]

라틴아메리카에 대한 논의에서 마지막으로 빼놓지 않고 언급할 작가는 콜롬비아 시인 길예르모 M. 곤잘레스(Guillermo M. Gonzalez)이다. 곤잘레스는 자신의 모국어로 쓰인 시와 다른 언어로 쓰인 시의 관계를 분석하면서, 물리학에서 사용되는 '연통관'(communicating vessels)이라는 비유를 사용하는데, 양방향적인 관계의 흐름에서 이 두 용어는 "원본의 표현과 새로운 언어적 중심지에 가까워지는 감수성과 직관력에 의해 하나로 통합된다"(1993: 7).

본 논문은 번역의 가시성과 변형성에 대한 논의를 발전시키고 포스트식민주의 라틴아메리카에서 번역이론의 새로운 구조의 변화의 궤적을 보여주고자 했다. 특히, 권력의 이분법적인 대립에 근거하는 것이 아니라, 해체하고 다시 엮어가는, 계속 이어지고 생성되는, 그 '생성'은 융합과 차이, 그리고 영속성과 초월성의 입구에서 작동하는 그런 개념에 기반하고 있다. 앞서 언급한 연통관의 비유도 이와 마찬가지로 이분법으로서가 아니라 이중성으로서 이해할 수 있다.

이형진 번역

미주

1) 1989년부터 1992년 사이에 비에이라(Vieira)에 의해 활발한 논의가 이루어진 식인문화 관련된 번역이론은 수잔 바스넷(Susan Bassnett) 같은 학자들로부터 호평을 받았다. 바스넷은 스페인 출신의 멕시코 정복자인 에르난 코르테스(Hernán Cortés)의 연인이자 번역가였던 멕시코 원주민 라말린체(La Malinche)와 식민지 과정 초기동안의 그녀의 역할에 대한 논의로부터 시작해서, 브라질에서의 번역의 정치적 영역을 캐나다의 여성 번역가들의 상황과 연결시키고 있다(바스넷, 1993: 153ff). 바스넷은 번역학 연구의 발전이라는 측면에서 이 같은 논의와 사례의 가치를 높이 평가하고 있다.

2) 산티아고의 번역 프로젝트와, 그 프로젝트가 그의 비평과 소설과 가지는 관계에 대한 전반적인 논의를 확인하기 위해서는 비에이라의 1992년 연구의 1장을 참고하고, 요약된 내용은 비에이라의 1994년 연구를 참고하기 바란다.

3) 해롤도 데 캄포스(Haroldo de Campos)의 프로젝트에 관한 전반적인 논의를 확인하기 위해서는 비에이라의 1992년 연구의 1장을 참고하고, 요약된 내용은 비에이라의 1994년 연구를 참고하기 바란다.

4) 수잔 바스넷은 브라질 번역학 관련 새로운 연구에서 찾아볼 수 있는 신체에 대한 은유는 종종 폭력적인 성향을 지닌다고 강조한다(1993: 155). 자연물의 영혼 숭배사상인 '애니미즘'(animism)이 이 같은 원주민 문화, 특히 타자의 정수를 흡수하는 방법으로서의 신체적인 접촉, 예를 들어 타인에 대한 감사나 경의의 표현의 방법 등을 설명하는 단초를 마련한다고 보는 관점도 있다.

5) 조르지 반델레이(Jorge Wanderley), 주앙 무라(João Moura), 호세 리노 그루네발드(José Lino Grünewald), 파울로 브리토(Paulo Britto), 우초아 라이테(S. Uchoa Leite), 넬슨 아르셰르(Nelson Arscher) 등의 번역가들에 대한 포괄적인 논의를 확인하기 위해서는 비에이라의 1995b 연구를 참고하기 바란다.

6) 길예르모 발렌시아(Guillermo Valencia)에 대한 전체적인 논의를 확인하기 위해서는 아파리시오(Aparicio)의 1991년과 1993년 연구를 참고하고, 발렌시아와 디에고 말키에이라(Diego Malquieira)에 대한 논의는 비에이라의 1996년 연구를 참고하기 바란다.

참고문헌

1. Albó, Xavier. 1993. "Our Identity Starting with Pluralism in the Base". *Boundary 2* 20(3): 18-33.

2. Andrade, Mário de. 1985. *Macunaíma: O Herói Sem Nenhum Caráter.* Belo Horizonte: Itatiaia.

3. Andrade, Oswald de. 1968 "Manifesto Antropófago". In Candido, Antônio, Castello, J. A. *Presença da Literatura Brasileira*, Vol. 3. São Paulo: Difusão Européia do Livro, 68-74.

4. Aparicio, Frances R. 1991. *Versiones, Interpretaciones, Hispanoamérica en el Siglo Veinte*, Gaithersburg: Ediciones Hispamérica.

5. Arscher, Nelson. 1989. O Texto e Sua Sombra (Teses sobre a Teoria da Intradução). In *34 Letras* 3:142-157.

6. Bassnett-McGuire, Susan. 1991. *Translation Studies: Revised Edition*, London and New York: Routledge. First Edition 1980.

7. Bassnett, Susan. 1993. *Comparative Literature: A Critical Introduction*. Oxford UK & Cambridge USA: Blackwell.

8. Campos, Augusto de.1977. "John Donne, O Dom e A Danação". In *NoaNoa*. Florianópolis, 1977. rpt in *O Anticrítico*. Sao Paulo: Companhia das Letras, 1986.

9. Campos, Augusto de. 1978. *Verso, Reverso, Controverso*. 2.ed. rev. São Paulo: Perspectiva.

10. Campos, Augusto de. 1993. *Rimbaud Livre*. São Paulo: Perspectiva.

11. Campos, Haroldo de. 1981. *Deus e o Diabo no Fausto de Goethe*. São Paulo: Perspectiva.

12. Coutinho, Afranio. 1959 *A Literatura no Brasil*, Vol. 3, T.I. Rio de Janeiro: Livraria Sao Jose.

13. Deleuze, Gilles. 1974. *Logica do sentido*. Transl. Luiz R. S. Fortes. Sao Paulo: Perspectiva.

14. Derrida, Jacques. 1985. "Des Tours de Babel". Transl. Joseph Graham. In Graham (ed.) *Difference in Translation*. Ithaca & London: Cornell University Press, 149-164.

15. *Folha de São Paulo*. Cademo 5, 8-9, 8-12-1996. (A Certeza da Influência: Décio Pignatari, Haroldo e Augusto de Campos avaliam os 40 anos do movimento).

16. Gonzalez, Guillermo Martinez. 1993. 'Traduttore, Traditore?". In *El Espectador: Magazin Dominical*, 532, 4-7-1993, 7-8.

17. Hermans, Theo. 1985. "Images of Translation: Metaphor and Imagery in the Renaissance Discourse on Translation". In Theo Hermans (ed.), *The Manipulation of Literature: Studies in Literary Translation*. London: Croom Helm, 103-135.

18. Jenkins, Timothy. 1989. "On the Trajectory of Gnosis; St. John of the Cross, Reverdy, Derrida, Levinas" In Bernard McGuirk (ed), *Pierre Reverdy*, v. *28(2), Autumn: Nottingham French Studies*.

19. Lewis, Philip. 1985. "The Measure of Translation Effects". In Joseph Graham (ed.). *Difference in Translation*. London: Cornell University Press, 31-62.

20. Lima, Enezila. 1984. "Uma Revisão dos Conceitos do Livro Didático numa Visão da Historiografia"', *Anais do Encontro Interdisciplinar de Leitwa*, 1, 1984, Londrina.

21. McGuirk, Bernard. 1996. "Introduction: Violent Hierarchies and Reconstructions". In Bernard McGuirk and S. R. Oliveira (eds). *Brazil and the Discovery of America - Narrative, History, Fiction 1492-1992*. Lewiston/Queenston/Lampeter: The Edwin Mellen Press, pp. i-xv.

22. Martin, Gerald. 1989. *Journey through the Labyrinth: Latin Americam Fiction in the Twentieth Century*. London: Verso.

23. Memmi, Albert. 1977. *Retrato do Colonizado Precedido pelo Retrato do Colonizador*, Transl. Roland Corbisier. Rio de Janeiro: Paz e Terra.

24. Moffat, Alfredo. 1975. *Psicoterapia del Oprimido: Ideologia y Tecnica de la Psiquiatria Popular*. Transl. Roland Corbisier. Rio de Janeiro: Paz e Terra.

25. Niranjana, Tejaswini. 1992. *Siting Translation: History, Post-Structuralism and the Colonial Context*. Berkeley, Los Angeles, and Oxford: University of California Press.

26. Piglia, Ricardo. 1990. "Memoria y tradición". *Anais do 2° Congresso Abralic: Literatura e Memória Cultural Belo Horizonte, 8-10 de agosto de 1990*. Vol. 1:60- 66.

27. Prévert, Jacques. 1989. *Poemas*. Introd., transl. Silviano Santiago. Rio de Janeiro: Nova Fronteira.

28. Santiago, Silviano. 1978. *Uma Literatura nos Trópicos: Ensaios de Dependência Cultural*. São Paulo: Perspectiva.

29. Souza, Eneida M. de. 1988. *A Pedra Mágica do Discurso: Jogo e Linguagem em Macunaíma*, Belo Horizonte: Editora UFMG.

30. Souza, Eneida M. de (in press). "Times of Postcriticism". In Bernard McGuirk and Else R. Pires Vieira (eds), *Retranslating Latin America: Dimensions of the Third Term*. Nottingham: Nottingham Monographs in the Humanities.

31. Todorov, Tzvetan. 1983. *A Conquista da América: A Questão do Outro*. Trans. Beatriz Perrone Moisés. São Paulo: Livraria Martins Fontes Editora.

32. Venuti, Lawrence. 1992. "Introduction". In Lawrence Venuti (ed), *Rethinking Translation: Discourse, Subjectivity, Ideology.* London and New York: Routledge.

33. Venuti, Lawrence. 1995. *The Translator's Invisibility: A History of Translation.* London and New York: Routledge.

34. Vieira, Else Ribeiro Pires. 1992. *For uma Teoria Pos-Moderna da Tradução.* Belo Horizonte: Universidade Federal de Minas Gerais (unpublished PhD thesis).

35. Vieira, Else R. Pires. 1994a. "A Postmodern Translational Aesthetics in Brazil". In M. Snell-Hornby, F. Pöchhacker and K. Kaindl (eds), *Translation Studies: An Interdiscipline. Selected Papers from the Translation Studies Congress, Vienna, 9-12 Sept. 1992.* Amsterdam: John Benjamins, 65-72.

36. Vieira, Else R. Pires. 1995. "Towards a Minor Translation". In Mark Millington & Bernard McGuirk (eds), *Inequality and Difference in Hispanic and Latin American Literature.* Toronto, New York and Lampeter: Edwin Mellen Press, pp.141-52.

37. Vieira, Else R. Pires. 1995b. "Alguma Coisa Esta Fora da Velha Ordem Mundial". In *Limites: III Congresso da Associação de Literatwa Comparada, Niterói10-12 agosto de 1992.* Sao Paulo: EDUSP, pp.451-58.

38. Vieira, Else R. Pires. 1996. "From Subservience to Subsequence". In *Theoretical Issues and Practical Cases in Portuguese - English Translations.* Malcolm Coulthard and Patrícia A. Odber de Baubeta (eds). Lewiston/Queenston/Lampeter: The Edwin Mellen Press, pp.17-34.

39. Zins, Céline. 1985. "Le Traducter et la Fonction du Double". In *Assises de la Traduction Littéraire*, 1, 1984, Arles. Arles: Actes Sud/Atlas, 34-59.

존 벤자민스 통번역 총서 10

문학번역 : 대학에서 어떻게 가르칠 것인가?

Rimbaud's Rainbow

초판 인쇄 2015년 9월 8일
초판 발행 2015년 9월 15일

지은이 피터 부시, 키스턴 맴키아르
기 획 정호정(한국통역번역학회 회장)
옮긴이 이형진, 윤선경
발행인 김인철
발행처 한국외국어대학교 지식출판원
02450 서울특별시 동대문구 이문로 107
전화 02)2173-2493~7
팩스 02)2173-3363
홈페이지 http://press.hufs.ac.kr
전자우편 press@hufs.ac.kr
출판등록 제6-6호(1969. 4. 30)
디자인 · 편집 (주)이환디앤비 02)2254-4301
인쇄 · 제본 네오프린텍(주) 02) 718-3111

ISBN 979-11-5901-001-9 94700 정가 25,000원
978-89-7464-914-2 (세트)

*잘못된 책은 교환하여 드립니다.

HUiNE은 한국외국어대학교 지식출판원의 어학도서, 사회과학도서, 지역학 도서 Sub Brand이다. 한국외대의 영문명인 HUFS, 현명한 국제전문가 양성(International +Intelligent)의 의미를 담고 있으며, 휴인(携引)의 뜻인 '이끌다, 끌고 나가다'라는 의미처럼 출판계를 이끄는 리더로서, 혁신의 이미지를 담고 있다.